Gemüse

Die große Vielfalt
entdecken, anbauen und genießen

Danksagung

an meine Großeltern
für das Gärtner-Gen

an meine Eltern
für die Lust auf Geschmack und gute Lebensmittel

und an meine rezeptreiche Frau,
die mich auf dem Weg zum Vielfalts-Gärtner
immer unterstützt und begleitet hat.
Ohne Dich gäbe es dies alles nicht.

Christian Havenith

Gemüse

Die große Vielfalt
entdecken, anbauen und genießen

Dort-Hagenhausen-Verlag

Inhalt

Vorwort

Angefangen hat alles mit Omas buntem Gemüsegarten in der Eifel: Die Emaille-Schüsseln, voll mit frisch geernteten, prachtvollen Dicken Bohnen und Erbsen haben mich sehr geprägt. Diese unmittelbare und pure Frische vom Garten in den Teller war es, die meine Leidenschaft als Gärtner lebendig werden ließ. Dazu kam die Neugierde meiner Mutter, die mich als gewiefte Köchin dazu eingeladen hat, neue Rezepte mit dem traditionellen Gemüse auszuprobieren. Heute ist es meine Frau, die es immer wieder schafft, meine pflanzlichen Experimente in etwas Genussvolles zu verwandeln. Von ihr stammen die Rezepte in diesem Buch. Dass ich mit meiner Leidenschaft nicht alleine bin, durfte ich besonders beim UN-Vielfaltsgipfel 2008 und auf der Bundesgartenschau 2011 erfahren. Hier habe ich gespürt, dass es viele interessierte und interessante Gleichgesinnte gibt und dass der Wunsch nach eigener, authentischer Nahrung weit verbreitet ist. Und nun mein erstes Gartenbuch. Ich bin gespannt, wo mich mein Lebensweg als Gärtner noch hinführt.

Garten und Küche als Kulturräume

Ein Garten als Kulturraum? Ein Balkon als kultureller Ort? Ja, auf verschiedenen Ebenen! Ganze Landstriche erhalten ihren ureigenen Charakter von den jeweils angebauten Pflanzen. Regionen bekommen ihr typisches „Gesicht", wie beim Filderkraut im Schwabenland, dem Rettich in Bayern oder dem Grünkohl aus dem hohen Norden. Bestimmte Früchte prägen traditionell ganze Ortschaften, es gibt Spargeldörfer und Brombeerstädte. Dann landen Gemüse und Früchte auf unseren Tellern und bestimmen unsere Esskultur. Und da wir sie letztlich verspeisen, sind auch wir zutiefst von unserer Nahrung geprägt: nicht nur durch faktische Inhaltsstoffe, sondern auch durch Erinnerungen, Vorlieben und Gefühle. So hat jeder Mensch seine ureigenen Geruchs- und Geschmackserlebnisse, die er mit bestimmten Speisen verbindet – sei es der Apfelpfannkuchen von Oma, den wir nie vergessen, weil er ein Leben lang das Gefühl von Heimat und Sicherheit erweckt. Das eigene Stück Land wird zum persönlichen Kulturraum: Hier dürfen unsere ureigenen pflanzlichen Vorlieben gedeihen. Ein Garten wird zum Zuhause.

Permakultur: Der nachhaltige Gartentrend der Zukunft

Zur Gartenkultur gehört auch die Permakultur: Hier werden stabile Ernte- und Ökosysteme im Garten eingerichtet, bei denen man fortwährend, also permanent etwas ernten kann. Es gibt intensiv genutzte Zonen mit kurzen Kulturen wie Salate und Radieschen. Dann kommen die zweijährigen Pflanzen wie Kohl und Lauch bis hin zu den pflegeleichten und beständigen Gemüsen wie Ewiger Kohl, Schnittlauch und Topinambur. In den Randbereichen der Beete finden sich Beerensträucher und einzelne Obstbäume, die mit nutzbaren Wildkräutern wie Bärlauch oder Wunderlauch unterpflanzt sind. Das Ziel ist ein dauerhaftes Ernten auf allen Ebenen – durch die Nutzung von natürlichen Gegebenheiten. Das Motto lautet: Stabilität durch Vielfalt, Biodiversität und Verschiedenartigkeit statt Monokultur.

Die „Kulturführung" …

… ist der Schlüssel zum erfolgreichen Gärtnern: von der Anzucht aus dem Samenkorn über die sommerliche Wachstumsphase zur herbstlichen Reife, der genussvollen Ernte bis hin zur Verarbeitung für Küche und Vorratskammer – diesen Weg bezeichnet man als Kulturführung. Die besten Wegbegleiter sind Neugier und Geduld: Je mehr man selbst ausprobiert, desto erfolgreicher wird die eigene Gartenarbeit. Dabei kommt es nicht auf die Menge an. Der professionelle Gemüsegärtner, der auf mehreren Hektar Land Tausende von Gemüsepflanzen bis zum Großmarkt führt, ist genauso erfolgreich wie ein Hausgärtner mit seinen Salat-, Möhren- und Kräuterbeeten. Erfahrung und Wissen zu den jeweiligen Ansprüchen der Gemüse- und Kräuterarten leiten die Pflanzen beschützend durch das Jahr. Unter einer solch liebevollen Führung entstehen auch Dauerkulturen, die unter einer immer sicherer werdenden Gärtnerhand bestimmt länger halten als nur vom Supermarkt in die Küche.

Der Begriff „Gartenkultur" klingt erst einmal etwas hochtrabend und weit weg vom üblichen Gärtnerhandwerk mit den schmutzigen Händen. Aber hier geht es nicht etwa nur um das hochherrschaftliche Erschaffen von pompösen Gartenräumen bei Schlössern und Palästen, nicht nur um das, was der Architekt in einen ausgefallenen Vorgarten zaubert oder was der Berufsgärtner bei seinen Kunden anpflanzt. Zur Gartenkultur gehören die Erlebnisse in den Gärten von Nachbarin und Großvater voller Köstlichkeiten zum Naschen, die Schrebergärten, die kleinen und kleinsten Gärtchen von Kräuterfreunden, Gemüsegenießern und Nasenmenschen im Hinterhof, auf der Terrasse oder dem Balkon. All diese Menschen gärtnern aus Lust am Genuss: Sehen, Riechen, Naschen, Kochen und neues Entdecken sind die stärksten Triebfedern gärtnerischen Tuns.

Die Gartenkultur führt unmittelbar weiter zur Geschmackskultur: Gemeinsam ist allen Gärtnern der Wunsch nach eigener und frischer Kost, die man gleich nach der Ernte in der Küche verarbeitet und zu guter Letzt verspeist. So entstanden und entstehen Gerichte aus regionalen Gemüsen und Kräuterbesonderheiten, die über Jahrhunderte hinweg bewahrt werden. Sie gehören zu den bleibenden Werten: Guter Geschmack und Frische sind unbestechlich! Mit der Liebe zur ursprünglichen Arbeit in der freien Natur und durch die Verbundenheit mit den „Lebens-Mitteln" tut man sich selbst nur Gutes. Damit ist Gesundheit, aber vor allem Wohlbefinden gemeint. Ein Gärtner weiß, wie ausgleichend und erfüllend sein „Handwerk" sein kann. Seine Ernte sind pure, un-

verfälschte Produkte. Auf diesem Hintergrund ist die heutige Sehnsucht nach dem ursprünglichen, naturverbunden Leben zu verstehen. Wer sich für Garten- und Geschmackskultur interessiert, geht zurück zu seinen Wurzeln und erdet sich selbst. Selbst im fünften Stock eines Stadthauses ist das möglich – wie die heutigen Bewegungen des „Urban Gardening" und des „Guerilla Gardening" zeigen. Das Gärtnern liegt uns Menschen einfach im Blut!

Ernten, was man gesät hat: Diese wunderbare Lebensfreude spüren Groß und Klein.

Klassische Hausgärten

Der traditionelle Gemüsegarten am Haus wird meist schon seit Generationen gehegt und gepflegt. Gerade im Dorf wandern die Pflanzen hier oft über den Gartenzaun, man tauscht Samen gegen gute Ratschläge.

Zur Ausstattung von solchen dauerhaften Gartenstücken gehören sowohl einjährige Gemüsepflanzen als auch Dauer- und Wintergemüse. Wenn Letztere etwas freier stehen, werden die Lücken mit schnell wachsenden Arten wie Salate, Kohlrabi oder Radieschen gefüllt. Es gibt Beete mit Zucchini, Gurken oder Kürbissen, die den Boden bedecken und in Mischkultur mit hoch wachsenden Arten wie Bohnen oder Mais gepflanzt werden. Jeder Quadratmeter wird sinnvoll ausgenutzt. Oft gibt es auch ein kleines Gewächshaus oder einen Unterstand für die regenempfindlichen Früchte wie Tomaten oder Paprika.

Moderne Gartenplätze

Heute gibt es mehr Möglichkeiten als den klassischen Gemüsegarten beim Haus. Auf dem Land sieht man oft Zeitungsanzeigen, in denen Gartenstücke billig vergeben werden. In städtischer Umgebung macht sich seit einigen Jahren ein neuer Trend bemerkbar: Die Schrebergärten werden wiederbelebt! Hier kann jeder gegen geringes Entgelt ein Gartengrundstück in Pflege nehmen. Die Nachfrage ist aktuell so angewachsen, dass mit Wartezeiten gerechnet werden muss. In den Schrebergärten ist klar geregelt, in welchem Rahmen die Parzelle gestaltet und bepflanzt werden soll.

Darüber hinaus gibt es noch eine weitere moderne Form des Gärtnerns auf dem Land: das Teilen eines Landstücks mit einem Bauern oder einer Interessengemeinschaft. Die bundesweite Aktion heißt „Meine Ernte" oder auch „Gemüse-Selbst-Ernte". Diese interessante Möglichkeit hat einiges zu bieten: Meist wird ein vorbereitetes Stück Acker zur Verfügung gestellt, das nach eigenen Wünschen bepflanzt werden darf. Die Pflege übernimmt man selbst oder teilt die Arbeiten mit dem Bauern auf. Die meisten Anbieter sind Bio-Bauernhöfe, sodass man unbelastetes, gesundes Gemüse ernten kann. Aufgeschlossene Landwirte bieten ihren Mietern auch gerne alte, regionale Gemüsesorten an. Oft findet man hier einen direkten Draht zu allen gärtnerischen Fragen. Ein weiterer Vorteil ist, dass man jederzeit gärtnern darf und mit leeren Händen kommen kann: Wasser und Gartengeräte sind schon vorhanden.

Wer sich aber in unmittelbarer Nähe ein kleines, feines Garten-zimmer einrichten will, der sei herzlich dazu eingeladen, Gemüse und Kräuter auf Balkon und Terrasse zu kultivieren. Dazu gibt es viele praktikable und wunderbare Möglichkeiten! Erstaunlich zahlreiche Gemüsearten lassen sich in Kästen und Kübeln anbau-en — mehr dazu steht in den jeweiligen Gemüseporträts in diesem Buch. Buschbohnen wachsen in Balkonkästen, dazwischen Ra-dieschen und nebenan Erbsen in einem alten Blecheimer. Pflanz-gefäße in allen Farben und Formen bieten eine bunte Basis für die lebendige Vielfalt, die bald zur Entspannungs- und Ruheoase wird.

Die Basis des Topfgärtners ist eine gute, torffreie Pflanzerde: ein strukturstabiles, mehrjähriges Substrat für Tomaten, Paprika & Co sowie ein Kräutersubstrat für die Gewürze. Die wichtigsten Pflegemaßnahmen sind regelmäßiges Gießen und mäßige Gaben von Bio-Flüssigdünger, auch Gesteinsmehle sind zu empfehlen. Zu bedenken gilt: In einem Pflanzgefäß hat man die Kultur im wahrs-ten Sinne des Wortes selbst in der Hand. Nur das, was in den Topf hinein gegeben wird, steht der Pflanze zur Verfügung, und genau das wird auch später von uns verspeist. In diesem Sinne sollte in Pflanzgefäßen besonders auf eine unbelastete, biologische Quali-tät von Samen, Pflanzen, Dünger und Substraten geachtet werden — es kommt alles unmittelbar zurück auf unseren Teller. Und was genauso wichtig ist: Es schmeckt einfach besser!

Ob Beet oder Balkonkasten: Über-all ist Platz für einen individuell gestalteten Gartenraum.

Christian Havenith (rechts) mit dem Kabarettisten Konrad Beikircher.

Die große Vielfalt

Biologische Vielfalt findet in jedem natürlichen Lebensraum statt – nicht nur weit weg im Regenwald, sondern in allen kleinen und großen Ökosystemen. Im Moor gibt es seltene Schmetterlinge, die nur hier vorkommen, in einer Sanddüne finden sich Laufkäfer, die genau dort ihre Eier ablegen, und auf den Alpengipfeln wächst das Edelweiß, das nie unter 1000 m Höhe vorkommt. Jede Art hat ihren Platz in der Natur. Einige Biotope sind auch erst durch den Menschen entstanden, dazu zählen Streuobstwiesen, Trockenrasen, Heckenlandschaften oder Magerwiesen. Für den Erhalt der biologischen Vielfalt („Biodiversität") ist es entscheidend, alle unterschiedlichen Lebensräume zu schützen.

Nicht nur die ursprüngliche Vielfalt ist auf unseren Schutz angewiesen, sondern auch die Sorten, die der Mensch selbst aus den Wildarten herausgezüchtet hat. Über Jahrtausende hinweg entstanden aus Wildgräsern schließlich Getreidearten wie Dinkel, Einkorn oder Hafer. Aus Wildkräutern züchtete man Kohl, Radieschen und Salate. Dabei wurden immer die Exemplare weitervermehrt, die bestimmte Merkmale aufwiesen – bis sich diese mit der Zeit durchsetzten.

Einige Wildformen sind sogar schon völlig auf den Menschen angewiesen, beispielsweise gibt es Erbsen und Mais in der freien Natur nicht mehr. Auch die Hunderte verschiedener Gemüsesorten, auf die sich unsere weltweite Ernährung stützt, könnten ohne gärtnerische Tätigkeit nicht existieren. Unzählige spezielle Sorten sind herausgezüchtet worden: trockenheitsverträgliche Tomaten, sonnenresistente Weintrauben und vieles mehr. Sie alle sind in ihrer Genetik einmalig und beherbergen einen Schatz für unsere Zukunft.

Pro Tag sterben weltweit mehrere Pflanzensorten und zwei Tierrassen für immer aus. Regionale Gemüsepflanzen, die Jahrhunderte lang Zeit hatten, sich auf örtliche Lebensräume einzustellen, können der modernen, technisierten Landwirtschaft nicht standhalten und verschwinden. Da der Fokus nur auf der Massenproduktion liegt, gehen andere positive Eigenschaften verloren. So gab es früher zahlreiche, mehrfach nachwachsende Gemüsesorten und solche für den ganz frühen oder späten Anbau: Diese robusten, wohlschmeckenden und individuell unterschiedlichen Sorten, von denen sich die Gärtnerfamilie das ganze Jahr über ernähren kann, sind heute wieder gefragt. Sie ermöglichen den Einsteigern, auch ohne „Garten-Diplom" gleich loszulegen und erntesicher zu gärtnern. Durch das spannende Ausprobieren findet jeder Gärtner sein „Lieblingsgemüse". Der Slogan von Slow

Food „Erhalten durch Aufessen" ist ein wunderbares Motto zur genussvollen Förderung altbewährter Arten und Sorten.

Die Vielfalt der Arten erfährt heute endlich die dringend nötige politische Aufmerksamkeit. Bei der Hauptveranstaltung der Vereinten Nationen, dem „UN-Biodiversitätsgipfel" (CBD) 2008 in Bonn dufte ich einen eindrucksvollen Einblick in die weltweite Vielfalt erleben und prominente Förderer wie Vandana Shiva und Percy Schmeiser kennenlernen. Auch hier habe ich erfahren, dass meine lokale Arbeit des Erhaltens traditioneller Arten und Sorten ein kleiner, aber wichtiger Anteil ist. Dazu kann jeder einzelne Gärtner mit seinen Pflanzen beitragen. Darüber hinaus gibt es zahlreiche regionale und überregionale Vereine und Gruppen, die sich garantiert über Unterstützung freuen!

Mit vielen verschiedenen Gemüse-sorten lässt sich die bunte Vielfalt genießen und erhalten.

Traditionelle Gemüsesorten – damals und heute

Warum ist gerade das alte Gemüse für uns moderne Menschen von Interesse? In den Haus- und Hofgärten unserer Großeltern haben die traditionellen Sorten seit Generationen überlebt. Erfreulicherweise finden sich in den letzten Jahren viele dieser alten Bekannten auf Wochenmärkten und bei Anbietern von Gemüse- und Kräuterspezialitäten wieder. Nach längerer Zeit erneut populär sind beispielsweise der Lollo-Rosso-Salat oder die Rucola. Diese wunderbar aromatischen und bunten Sorten sind alte italienische Salate, die mehr oder weniger zufällig als wieder vermarktbar ausgewählt wurden – mit durchschlagendem Erfolg. Wiederum wegen ihres fantastischen Aromas sind auch die echten italienischen Flaschentomaten ('San Marzano') eine begehrte Rarität für Suppen und Pizza. Die wirtschaftliche Devise „Masse statt Klasse" wird so in ihre Grenzen verwiesen, denn jeder Mensch bevorzugt ein ursprüngliches, pures und kräftiges Aroma.

Aufgrund ihres intensiven Geschmacks sind die alten Gemüsesorten die authentische Grundlage für traditionelle Speisen. Moderne Sorten sind dagegen meist nur ein schwacher Nachklang des ursprünglichen Aromas. Ein gutes Beispiel dafür sind Bohnenrezepte. Althergebrachte Bohnen enthalten, wie Zuckererbsen, jeweils zwei Fäden entlang der Hülse. Diese müssen bei der Zubereitung einzeln abgezogen werden, weil sie sehr zäh sind. Deshalb wurden sie bei den neuen Sorten weggezüchtet, wobei aber auch das ursprüngliche Aroma auf der Strecke geblieben ist: Das Geschmacks-Gen ist bei Bohnen an das Faden-Gen gekoppelt. Deswegen schmecken die alten Sorten bedeutend aromatischer! Für Gartengourmets lohnt es sich also, das traditionelle Gemüse zu kultivieren. Bei den Bohnen bedeutet das zwar einen etwas größeren Aufwand in der Küche – dieser wird aber mit einem außergewöhnlichen Geschmackserlebnis belohnt.
Besonders was das ureigene Aroma pflanzlicher Nahrungsmittel betrifft, gibt es also bei den alten Gemüsesorten noch viel zu entdecken: In Großmutters Gärten und Opas Samentütchen steckt noch so manche kulinarische Kostbarkeit.

Traditionelles Gemüse findet sich oft in den typischen Gerichten der jeweiligen Region wieder. Beispiele sind der rote Reis aus der Camargue, der ungarische Würzpaprika oder die Cassoulet-Bohnen aus Frankreich. Deutsche Beispiele sind „Grünkohl mit Pinkel" (Braunkohl) oder „Schupfnudeln mit Sauerkraut" ('Filderkraut'). Wer also in traditionellen Rezepten stöbert, stößt dabei schnell auf die altbewährten Sorten: Eine solche Suche ist meist von Genuss gekrönt!

Neben den geschmacklichen Besonderheiten gibt es aber auch noch andere wichtige Vorzüge. Die alten Sorten sind frei von Genmanipulation, was heute eine gefragte Tatsache ist. Zudem wurde das Gemüse in Zeiten gezüchtet, als es noch keine Kunst- oder mineralischen Dünger gab. Man zog die Pflanzen alleine mit organischem Dünger groß – das waren vor allem Kompost und Mist. Von dem traditionellen Gemüse kann man auch heute noch ohne teure Düngemittel reichlich ernten.

Zu unseren Zeiten des Klimawandels ist ein weiterer Aspekt besonders bedeutsam: Die althergebrachten Gemüsepflanzen sind robuster und können sich leichter an wechselhafte klimatische Bedingungen anpassen. Durch ein stark ausgeprägtes Wurzelsystem und zahlreiche Verzweigungen der Triebe überstehen die Gewächse schwankende Wassermengen, Trockenheit, Hitze und massive Regengüsse weitaus besser.

Da alte Sorten oft über einen relativ langen Zeitraum im Garten angebaut werden können, sind sie einem Befall durch Schädlinge und Krankheiten besonders ausgesetzt. Sie sind jedoch genetisch viel breiter angelegt und können auf diese Bedrohungen besser reagieren: Althergebrachtes Gemüse passt sich schneller an und hält so deutlich mehr Befall aus! Aktuell wird beispielsweise bei den Wildtomaten nach Resistenzgenen gegen die gefürchtete Braunfäule gesucht, bei den Wildmöhren fahndet man nach Sorten, die die Möhrenfliege abhalten können. In der Salatzüchtung haben sich alte Latticharten bei der Bekämpfung von Wurzelläusen als erfolgreich erwiesen. Hier können wir aus einem reichhaltigen Schatz für die Zukunft schöpfen.

Die genetische Vielfalt von den alten Sorten ist auch optisch gut zu erkennen. Je nach Exemplar fallen Pflanzen und Früchte ganz unterschiedlich aus. Es gibt vielerlei verschiedene Größen, Wuchsformen, Farben und Aromen. Ein Beispiel dafür sind Tomaten: ob gelb, braun, grün, schwarz oder weiß, gestreift oder marmoriert, länglich, oval oder birnenförmig – in jeder Frucht steckt ein eigenes Aroma. Tatsächlich ist dieser Variantenreichtum jedoch nichts Neues, sondern uralt! Wir alle sollten diese Fülle der weltweiten Vielfalt für die Zukunft erhalten – nicht in einer Genbank, sondern in den Gärten und auf den Äckern.

Auch Sternekoch Johann Lafer schätzt das Aroma von traditionellem Gemüse, hier mit dem „Ewigen Kohl".

Ansichten aus der Vielfaltsgärtnerei des Autors

Suchen und Finden

Wo findet man die alten Gemüsesorten? Leider ist es oft gar nicht so einfach, diese von den vielen „normalen" Samenpäckchen im Baumarktregal abzugrenzen. In den Gartenbüchern wird als Merkmal vor allem das Alter der Sorten genannt. Aber steht auf der Packung wirklich ein alter Name oder ist es ein Fantasiename der modernen Vermarkter? Auch der Begriff „altes Gemüse" hilft oft nicht weiter. Er besagt lediglich, dass sich dieses Gemüse schon seit Jahrhunderten in menschlicher Kultur befindet. Ob es sich im Einzelfall tatsächlich um eine alte, regionale Sorte handelt, bleibt ungewiss.

Nach welchen Kriterien erkennt man also die alten Namen? Eine eigene Bezeichnung erhielten die alten Gemüsesorten dann, wenn sie eine geschmackliche Besonderheit, eine regionale oder religiöse Bedeutung oder auch eine optische Auffälligkeit aufwiesen. Das waren zum einen die Namen der jeweiligen Anbaugebiete wie z. B. bei der 'Kesselheimer Zuckererbse' und dem 'Schifferstädter Mairettich'. Oder sie wurden einfach nach den Verwandten und Bekannten benannt, von denen man diese Sorten erhalten hatte (z. B. „Onkel Johannes"). Zum anderen entstanden die Namen aufgrund optischer Merkmale, beispielsweise bei der Trockenbohne 'Möscheeier'. Hier ist es das rheinische Wort für Spatzeneier, denen diese Bohnen mit ihrer hübschen Musterung ähnlich sehen. Ein weiteres Beispiel ist die Zuckererbse 'Ochsenhörner'. Als Besonderheit ist die 'Monstranzbohne' zu nennen, die sich aufgrund ihrer auffälligen Zeichnung in Form einer Monstranz hervorhebt und deswegen in katholischen Haushalten verehrt wird.

Im Anhang des Buchs habe ich Bezugsquellen für traditionelles Gemüse aufgelistet. Hat man erst einmal „Feuer" für dieses Thema gefangen, trifft man an verschiedenen Orten gleichgesinnte Gartengourmets, die an einem regen Austausch zumeist sehr interessiert sind: sei es das Internet, der Wochenmarkt oder im Umkreis der Sorten-Erhalter. Oft sind es die älteren Menschen, von denen wir dazulernen können: Großeltern, Eltern oder erfahrene Gärtnerfreunde. Wenn man diese generationenübergreifende Quelle nutzt, kann man sowohl alte Beziehungen vertiefen als auch neue und interessante Bekanntschaften schließen. Denn eines gilt es festzuhalten: Gärtnern wird schnell zur Leidenschaft, die man gerne mit anderen teilt.

Auch Blumen aus dem Bauerngarten gehören bei uns dazu, sie sind oft schön und nützlich zugleich. Hier sind Klatschmohn, Phacelia und Luzerne zu sehen.

Meine Vielfaltsgärtnerei

Eine Gärtnerei der besonderen Art: Im November 2009 habe ich diesen Traum zum Leben erweckt. Immer auf der Suche nach traditionellem Gemüse und heimischen Kräutern, gründete ich schließlich meine eigene „Bezugsquelle": die Vielfaltsgärtnerei in Wassenach.

Zuvor hatte ich mehrere Jahre als stellvertretender Abteilungsleiter in einem Gartencenter gearbeitet. Schon lange besuche ich „nebenher" historische und gärtnerische Märkte – als Verkäufer von alten und regionalen Gemüsesorten. Auch engagierte Projekte für den Umweltschutz gehören zu meinem Arbeitsalltag.

Beim regen Austausch mit Hobby- und Berufsgärtnern, Kunden und Freunden drehten sich unsere Gespräche immer um denselben Themenkreis: Wo bekommt man diese oder jene erstklassige Gemüsesorte? Woher ökologisch einwandfreie Jungpflanzen und Saatgut? Wirklich winterharte Kräuter? Robuste Pflanzen und optimale Substrate für Balkonkästen und Kübel? Pflanzenschutzmittel, die Pflanzen, Menschen und Umwelt schützen? Robustes Gartenwerkzeug?

Fündig wurde ich zunächst auf verschiedenen Gartenmärkten, wo ich mir nach und nach ein großes Sortiment an Pflanzen zusammengestellt habe. Um genügend der meist seltenen Samen anzusammeln, folgte eine Phase der Sichtung. Die raren Exemplare habe ich eifrig im eigenen Garten vermehrt. Mithilfe einer Ausnahmegenehmigung konnte ich lokale, wild wachsende Gemüse und Kräuter erkunden. Geeignete Arten habe ich vorsichtig entnommen und weiterkultiviert. Dabei konnten wir einige Exemplare unmittelbar vor der Baggerschaufel oder dem Häcksler retten, bevor sie bei Pflegemaßnahmen an Burgen oder historischen Gärten als „Unkraut" ausgemerzt wurden.
Die Recherche blieb nicht auf unsere Region begrenzt: Wir haben ursprünglich deutsche Samen in Australien, Österreich, Russland, der Schweiz, Tschechien und den USA wiederentdeckt. Diese Sorten waren hier längst verschollen und kamen auf diesem Weg in ihr Ursprungsgebiet zurück.

All diese traditionellen und regionalen Pflanzen kann ich heute in meinem Schaugarten präsentieren – als lebendige Vielfalt. Dazu zählen ein malerischer Gemüsegarten mit zahlreichen verschiedenen Sorten und eine Wildobsthecke mit essbaren Stauden und Wildpflanzen. Weiterhin gibt es viele Ideen aus der Permakultur zu sehen, eine große Kräuterspirale und ein Topfgarten mit rund

60 verschiedenen Kräutern. Dazu kommen moderne Stauden-
beete mit den Arten des „New German Style". Die Visitenkarte
meines „Rheinischen Paradiesgärtleins" ist der üppige Kiesgarten
vor dem Haus, der die Besucher empfängt und auf den Vielfaltsgarten einstimmt.

Im Sommer finden sich zahlreiche unterschiedliche Gartengrup-
pen ein, am Tag der „Offenen Gartenpforte" kommen Besucher
von überall her, Kräuterwanderungen starten von hier und Work-
shops zu allerlei grünen Themen finden bei uns einen passenden
Rahmen. Auch Praktika für Gartenfreunde, Junggärtner und
Sorten-Erhalter finden statt. Besondere Aktionen wie Tomaten-
tage, Kräuterpräsentationen, Erntetage und Gartenpartys runden
das Leben in unserer besonderen Gärtnerei ab. Da wir keinen
Verkaufsraum haben, sind wir auf zahlreichen Gartenmärkten mit
unseren Samen vertreten. Unser Webshop im Internet ergänzt das
Angebot. Besucher sind immer herzlich willkommen – sowohl bei
unserem Markstand als auch in unserem Vielfaltsgarten in Wassenach am Laacher See! Um Voranmeldung wird gebeten.

*Der Eingang zum „kleinen Para-
diesgärtlein" von meiner Vielfaltsgärtnerei.*

Unsere Projekte zum Erhalt der Vielfalt

Das Gemüsesortenprojekt Rheinland (+) Pfalz

Auf der Bundesgartenschau in Koblenz konnten wir unsere gesammelte Vielfalt zeigen: fast 400 verschiedene traditionelle Gemüse und Kräuter in Samenform. Der „Vielfalts-Tisch" erwies sich dabei als lebhafter Treffpunkt für alle Generationen.

Dieses Projekt wurde 1998 von mir ins Leben gerufen – unter der Schirmherrschaft des BUND Landesverbands Rheinland-Pfalz. Mittlerweile ist es zum größten regionalen Sortenarchiv Deutschlands herangewachsen. Das Ziel ist die Sammlung, Sichtung und Sicherung traditioneller Gemüsesorten. Zu Beginn stand der Versuch der „Erzeuger- und Verbrauchergemeinschaft Rhein-Ahr", interessierten Kunden eine wöchentlich gelieferte Biogemüse-Abo-Kiste anzubieten. Zu dieser Zeit gab es aber noch zu wenig Biobauern, und die konventionellen Sorten erwiesen sich als ungeeignet. Daraufhin habe ich das „Gemüsesortenprojekt Rheinland (+) Pfalz" gegründet, um in Nordrhein-Westfalen und Rheinland-Pfalz nach den alten Sorten Ausschau zu halten. Die zusammenhängenden Naturräume und auch die langjährige historische und politische Konstanz der beiden Bundesländer boten sich für eine überregionale Arbeit an. Schon in den ersten Jahren konnten zahlreiche Gemüsesorten gesichert werden. Bald berichteten Printmedien, Radio und Fernsehen über unser Projekt. Die zahlreichen Telefonanrufe nach den TV-Sendungen brachten uns wiederum viele neue, alte Samen ein. Mittlerweile betreuen wir mehr als 450 Sorten und Herkünfte. Besonders bei Bohnen- und Erbsensamen waren wir fündig, gefolgt von Blattgemüsen und einzelnen Spezialitäten. Um das komplette Sortiment der traditionellen Sorten aus der Region zusammenzutragen, bleibt unser Gemüsesortenprojekt weiter am Ball!

Aber nicht nur das Sammeln, auch das Sichern der Sorten ist ein nachhaltiges Ziel des Projekts. Deswegen steht zurzeit besonders die Vermehrung im Vordergrund. Bei dieser Arbeit helfen praktische Paten, die Mittel werden von finanziellen Paten gespendet. Zudem betreiben wir in Kooperation mit dem BUND und dem Umweltbildungsnetzwerk Rhein-Mosel (UBN) auch Umweltbildungsarbeit – in Form von Seminaren für Schulklassen, Umweltgruppen und Bio-Gartenfreunde. Ein reger Austausch besteht mit den Organisationen Arche Noah (Österreich), Pro Specie Rara (Schweiz) und dem Verein zur Erhaltung der Nutzpflanzenvielfalt (VEN). Aktuell gibt es intensive Kontakte mit dem Ministerium für Umwelt, Landwirtschaft, Ernährung, Weinbau und Forsten in Mainz. Hier unterstützen wir fachlich die Sortendatenbank und die Sortensuche des Landes Rheinland-Pfalz. Auf diesen Wegen konnten wir viele Hobbygärtner, Landwirte, Köche, engagierte

Schulen und andere Initiativen unmittelbar in unsere Arbeit des Erhaltens einbinden: ein nachhaltiges Projekt aus der Region – für die Region.

Der „Garten Eden" auf der Bundesgartenschau in Koblenz 2011

Mit unserem „Gemüsesortenprojekt Rheinland (+) Pfalz" waren wir 2011 auch auf der Bundesgartenschau in Koblenz vertreten. Unter dem Namen „Garten Eden" haben wir hier die ganze Fülle der traditionellen und regionalen Gemüse- und Kräutersorten gezeigt. In unserem Schaubeitrag waren Hunderte alte, scheinbar vergessene Nutzpflanzen zu bestaunen: aus dem Bergischen Land, dem Rheinland, dem Vorgebirge sowie aus Eifel, Hunsrück und Westerwald. Zu sehen war ein großes Gartenstück voller bunt und üppig wachsender Pflanzen – ein wahrer Garten Eden. Die Besonderheit fiel auch auf der riesigen Bundesgartenschau gleich ins Auge: Hier kommt kein einfaches Beet mit akkurater Rasenkante, sondern ein vielfältiges Durch- und Miteinander von Gemüsen, essbaren Wildstauden, Getreiden und Kräutern.
Die gesamte Fläche wurde im Stil eines alten Bauerngartens von

Unsere Ausstellung zum Thema „Biodiversität" fand Platz in einem Kuppelpavillon auf der Bundesgartenschau n Koblenz.

einem Staketenzaun aus Kastanienholz umschlossen. In dem Zaun bewegten sich die Gartenfreunde durch eine große Spirale entlang der Regionen-Beete: Hier wuchsen Gemüsepflanzen aus mehreren Jahrhunderten. Der Weg führte schließlich zum Zentrum: ein weißer Kuppelpavillon mit der Ausstellung „Biodiversität" – das Schlüsselthema der Zukunft. Die Reise von der gärtnerischen Vergangenheit hin zur vielfältigen Zukunft wurde auf diesem Weg unmittelbar erfahrbar. Der nachempfundene Bauerngarten veranschaulichte wunderbar den Begriff der biologischen Vielfalt, sodass die Besucher schnell Überlegungen zu den eigenen Beeten und dem Anbau traditioneller Sorten anstellten. Mit unseren Pflanzungen zur heimischen Wildkräuterflora wollten wir auch dafür sensibilisieren, dass „Unkräuter" bei genauerem Hinsehen oft Heilkräuter oder Pflanzen mit ganz persönlichem Nutzen darstellen.

Im zentralen Pavillon fanden die Gartenfreunde weiteres Anschauungsmaterial und Informationen. Hier wurden die seltenen Sorten aus der „Arche des Geschmacks" von Slow Food e. V. gezeigt. Vertreten waren auch lokale Produzenten zum Thema „Produkte aus Vielfalt" und die Initiative „Kräuterwind".

Als Sammelpunkt der Generationen erwies sich unser „Vielfalts-Tisch". Unter einer großen Glasplatte haben wir fast 400 verschiedene traditionelle Gemüse und Kräuter in Samenform präsentiert: das Ergebnis einer zweijährigen, regionalen und weltweiten Suche. Der wunderbare Reichtum der Samenfarben und -formen regte alle Anwesenden zum munteren Austausch an. Die Oma zeigte ihrem Enkel frühere Sorten aus ihrem Garten, der Gartengourmet tauschte mit dem Einsteiger tolle Tipps und ganze Schulklassen erfuhren, dass Mais nicht aus der Dose kommt.

Bei Vorträgen und Gesprächen kam es zu lebhaften Diskussionen. Der BUND Landesverband Rheinland-Pfalz war mit Themen wie „Regionale Arten und Lebensräume als Grundlage der Ernährungssicherheit" und „Problematiken der Gentechnik" vertreten. Einen weiteren positiven Ansatz präsentierte „Slow Food" mit seinem weltweiten Engagement für fair, hochwertig und regional erzeugte Lebensmittel.

Die Anbaugeschichten vieler Sorten wurden gezeigt und erzählt, was auch kulturhistorisch bedeutsam ist. Die Sorten-Geschichten wurden hier erstmals außerhalb der „Erhalterfamilien" bundesweit vorgestellt. So erfuhren Gemüsesorten, die teilweise mehr als 300 Jahre in Familienbesitz waren, endlich eine öffentliche Anerkennung. Ein Briefkasten vor der Kuppel forderte die Besucher auf, selbst nach alten Gemüsesamen Ausschau zu halten und diese dort einzuwerfen. Diese Form der Suche brachte innerhalb von sechs Monaten 50 neue, noch nicht erfasste traditionelle Sorten zu uns. Zu den Samen gesellten sich teilweise sogar die überlieferten Anbaurichtlinien.

Mein besonderer Dank geht an Frau Maryam Stock, die den „Garten Eden" fachlich betreute und uns dabei freundlich und sehr engagiert unterstützt hat. Das war im Sommer 2011, der Garten Eden wächst jedoch weiter – in unserer Vielfaltsgärtnerei in Wassenach!

Die „Arche des Geschmacks"

Durch die Umstellung der Landwirtschaft von kleinen Flächen auf die heutige Massenproduktion sind viele Arten und Sorten vom Aussterben bedroht. Auch damit verbundene, handwerklich hergestellte Produkte gehen verloren. Gegen diesen Trend arbeitet der Verein „Slow Food" weltweit. Die engagierten Mitarbeiter haben eine „Arche des Geschmacks" begründet. Bedrohte Arten und Sorten werden hier als „Passagiere" aufgenommen, um die Vielfalt zu bewahren. Schwerpunkt der Arbeit ist das Sammeln, Beschreiben und Erhalten der ausgewählten Tiere und Pflanzen. Weltweit können so über eintausend regional wertvolle Lebensmittel, Nutztierarten und Kulturpflanzen vor dem Vergessen bewahrt werden.

Unser „Gemüsesortenprojekt Rheinland (+) Pfalz" hat im Lauf der Zeit einige traditionelle Samen zusammengetragen, die für eine Aufnahme in die „Arche des Geschmacks" infrage kommen. Nach einer strengen Sichtung haben wir die Arche-Anwärter ausgewählt. Auf der Bundesgartenschau 2011 stellten wir sie schließlich dem Publikum vor – mit großem Presse-Echo. Da es sich um kulinarische Besonderheiten handelt, konnten dafür prominente „Paten" zur Unterstützung gewonnen werden. So wurde Sternekoch Johann Lafer zum Paten für den „Ewigen Kohl", den wir Jahre zuvor in seiner Fernsehsendung „Himmel un Erd" vorgestellt hatten. Der Kabarettist Konrad Beikircher übernahm die Patenschaft für die 'Koblenzer Grünbleibende Schnabelerbse', die Deutsche Weinkönigin Mandy Großgarten wurde Patin für die alte Rebsorte 'Frühburgunder'. Der Krimiautor Carsten Sebastian Henn unterstützt den 'Hunsrücker Schnittmangold'. Unsere aktuellen Anwärter auf einen Platz in der „Arche des Geschmacks" wurden auch im Fernsehen vorgestellt. Im Rahmen der SWR-Sendung „Rezeptsucher" kochten wir mit der 'Kesselheimer Zuckererbse', in der „WDR-Servicezeit" wurde das 'Ahrtaler Köksje' ausführlich porträtiert. Es freut uns besonders, dass wir als Paten den Sternekoch Hans-Stefan Steinheuer aus Bad Neuenahr gewinnen konnten: Er bietet die schmackhaft zubereiteten Köksje-Bohnen auch zukünftig in seinem Restaurant an. Auf diesem Weg werten wir traditionelle Sorten auf, sichern ihr Überleben und sorgen dafür, dass sie in vielen Gärten und Tellern ein neues Zuhause finden.

Keine Angst vorm grünen Daumen – Grundlagen für erfolgreiches Gärtnern

Gärtnern ist eine wunderbare Arbeit, die im wahrsten Sinn des Wortes Früchte trägt. Ob im Beet oder auf dem kleinsten Balkon: Überall findet sich ein Plätzchen für frisches Gemüse und Kräuter. Für Neueinsteiger erscheint die Gartenkultur zunächst als Mysterium, da man hier ein ganz neues, umfassendes „Fachgebiet" betritt. Schnell ist man beeindruckt, wenn beim Nachbarn alles viel prächtiger heranwächst, der Berater im Gartencenter milde über die gerade drängenden Fragen lächelt, der bunte Katalog die schönsten und größten Pflanzen verspricht. Eingeschüchtert vom Wissen der Profis, bleibt die eigene Motivation leider schnell auf der Strecke. Das muss nicht sein! Man braucht kein ausgebildeter Gärtner zu sein, um erfolgreich säen und ernten zu können. Am besten ist es, sich auf den eigenen Bereich zu konzentrieren, sei es Garten, Balkon oder Terrasse: Hier soll der individuell schönste Gartenplatz entstehen. Es gibt keinen Grund für Zurückhaltung – die Profis und Vielwisser geben ihre Erfahrungen meist gerne weiter. Dabei sind gezielte und exakte Fragen oft entscheidend.

Der Gartenboden als Basis

Die Grundlage von jedem Wachstum ist der Erdboden. In meinen Seminaren widme ich der Zusammensetzung des Bodens viel Aufmerksamkeit. Die Kombination von Ton, Lehm, Sand und Humus sind der Wurzelgrund für jede Pflanze. Wer die Beschaffenheit des eigenen Gartenbodens kennenlernen möchte, kann auch eine Bodenprobe verschicken. Die Profis der LUFA (Landwirtschaftliche Untersuchungs- und Forschungsanstalt) erstellen daraus eine Bodenanalyse und geben grundlegende Düngetipps. Es ist weiterhin hilfreich, im Beet auf Wildkräuter und „Zeigerpflanzen" zu achten: Sie geben Aufschluss darüber, welche Nährstoffe zur Verbesserung des Bodens gebraucht werden.

Soll der Gartenboden fruchtbar gemacht werden, sind Kompost, Dünger und aktive Bodenorganismen gefragt. Zumeist gibt es in der unmittelbaren Umgebung günstige Möglichkeiten, um lokalen Grünkompost zu beschaffen. Auskunft dazu erteilt der jeweilige Kreisabfallberater oder der Nachbar. Als Dauerhumus ist auch „Terra Preta" geeignet.

Ein Kapitel für sich: Düngen

Beim Düngen entscheidet die richtige Dosis und der passende Zeitpunkt über reiche Ernten oder kümmerliche Hungerhaken. Grundsätzlich sind Nährstoffe für alle Pflanzen lebenswichtig. Lediglich Hülsenfrüchte sind dazu in der Lage, diese einfach der Luft zu entnehmen. Bei allen anderen Gemüsepflanzen sind wir als Gärtner für eine maßvolle und ausreichende Zufuhr verantwortlich. Dabei brauchen die Gewächse von den Hauptnährstoffen die jeweils größte Menge: Stickstoff (N), Phosphor (P) und Kalium (K). Enthält ein Dünger alle drei Nährstoffe (NPK), spricht man von einem Volldünger. Die jeweiligen Mengen sind unterschiedlich; so enthält ein Universaldünger (z. B. „Oscorna Animalin" oder „Maltaflor") andere Werte als ein spezieller Tomatendünger (z. B. „Azet Tomatendünger"). Zusätzlich brauchen Pflanzen Spurennährstoffe, die nur in geringen Mengen zugeführt werden. Fehlen sie ganz, setzt die Pflanze kaum Blüten oder Früchte an. Spurennährstoffe sind in Universaldüngern enthalten.

Ebenso schädlich ist ein Zuviel des Guten: Das schwächt die Pflanzen und führt zu mangelnder Winterhärte. Entscheidend ist das mäßige Ausbringen von langsam und natürlich wirkendem Dünger. Ich nütze grundsätzlich organische Dünger, die für den biologischen und umweltfreundlichen Landbau zugelassen sind. Sie haben eine doppelt positive Wirkung: Zum einen führen sie die benötigten Nährstoffe zu, zum anderen haben sie eine bodenbelebende und pflanzenstärkende Wirkung. Davon profitieren nicht nur die Pflanzen, sondern auch die Bodenlebewesen. Diese sorgen dafür, dass der Dünger langsam und gleichmäßig zur Verfügung

Ein guter Boden, Wasser und Sonnenlicht: Das ist alles, was Gemüsepflanzen zum Gedeihen brauchen.

steht – entscheidend für ein gesundes Wachstum. Nicht benötigte Nährstoffe werden im Humus gespeichert.

Mineralische Dünger wie „Blaukorn" sind nicht zu einer langfristigen Wirkung in der Lage. Sie sind sofort wasserlöslich, dringen schnell in den Boden ein und werden leider umgehend wieder ins Grundwasser ausgewaschen. Ein weiterer negativer Aspekt ist, dass die Inhaltsstoffe für Blaukorn auch aus Bergwerksabfällen und Schlacken gewonnen werden: Stoffe, die im Gemüse nichts zu suchen haben!

Der beste Dünger im Garten ist natürlich immer noch der eigene Kompost, der gleichzeitig Volldünger und Bodenhilfsstoff ist. Er sollte gut abgelagert sein. Um diesen Vorgang zu beschleunigen, sind Produkte wie „Biorott" oder „BioTaurus Kompost-Start plus" erhältlich. Die Düngewirkung wird weiter optimiert, wenn mit dem Kompost ein Bodenaktivator ausgebracht wird (z. B. von Neudorff oder Oscorna). Grundsätzlich reichen drei Liter Kompost als Volldünger für einen Quadratmeter Boden völlig aus. Bei der Nutzung des eigenen Komposts für die nächste Pflanzengeneration schließt sich der Kreis wieder – was beim Gemüse und natürlich beim Gärtner für große Zufriedenheit sorgt.

Käufliche, organische Bio-Dünger werden auch aus natürlichen Materialien gewonnen und mehrfach überprüft. Beim Einkauf achte ich auch auf innovative und regionale Produkte. Ein positives Beispiel ist „Maltaflor", ein Volldünger, der aus Malzkeimen von Brauereien gewonnen wird. Diesen gibt es zusätzlich mit Mykorrhiza-Pilzen, die vor allem ausgelaugte Böden positiv beeinflussen. Dem „Humeen-Niem Dünger" sind Schalen des Niem- oder Neembaums beigefügt – für einen zusätzlichen Schnecken- und Insektenschutz.

Wachsen die Pflanzen nur kümmerlich oder entwickeln gelbe Blätter, ist schnelle Unterstützung gefragt. Dazu eignen sich Flüssigdünger, die mit dem Gießwasser zugeführt werden und so die Wurzeln schnell erreichen, z. B. „Natural Bio-Dünger". Weiterhin fördert beispielsweise „BioTrissol Tomatendünger" die Bildung von Blüten und Fruchtansatz bei allen Nachtschattengewächsen, Gurken und Kürbissen. Wenn dann noch ein Pflanzenstärkungsmittel eingesetzt wird (siehe Seite 38), sind die Pflanzen bestens versorgt!

Balkongärtner nutzen eine strukturstabile Bio-Blumenerde und Kokosfaser als Torfersatz und Strukturfaser in den Kübeln. Für eine Grunddüngung ist „Oscorna Animalin" geeignet. Für den weiteren Nährstoffbedarf in der Wachstumsphase sind dagegen Flüssigdünger praktisch. Bodenaktivatoren sorgen dafür, dass der Dünger vom Substrat gut aufgenommen wird. Auch Hornspäne fördern das Wachstum zusätzlich.

Wasser und Gießen

Wasser – der wichtigste Faktor zum Überleben einer Pflanze. Zu viel oder zu wenig Gießen führt zum schnellen Ableben: Mäßig, aber regelmäßig heißt die Devise. Dabei sind frisch gekeimte Pflänzchen am empfindlichsten. Man gießt sie deswegen besonders vorsichtig mit einer Gießkannenbrause oder einem weichen Strahl warmen Wassers. Aussaatschalen können optimal von unten bewässert werden: Zu viel Gießwasser drückt die zarten Pflänzchen auf den Boden, sodass sie sich nicht mehr aufrichten können. Grundsätzlich sollte man darauf achten, die Blätter nicht zu benetzen. Die Wassertropfen wirken wie ein Brennglas und sorgen schnell für Brandschäden auf den Blättern. Auch Krankheitssporen können sich so ausbreiten. Am besten gießt man immer etwa 10 cm neben die Pflanze. Die Wurzeln wachsen zum Wasser hin, sodass man damit einen größeren Wurzelballen fördert. Das erleichtert vor allem im Sommer die Gießarbeit, da die Gewächse mit mehr Wurzeln schneller Wasser aufnehmen können.

Gerade großblättrige Pflanzen wie Gurken, Tomaten und Zucchini scheinen besonders unter sommerlicher Hitze zu leiden. Manch Gärtner hat immer eine Gießkanne griffbereit, um die Pflanzen

umgehend wieder aufzupäppeln. Das ist nicht nötig! Denn die Pflanzen nehmen das Wasser über Nacht wieder auf: Die beste Zeit zum Gießen ist daher abends. Ich stelle meine Kannen tagsüber in die Sonne, damit ich die Pflanzen abends mit lauwarmem Wasser verwöhnen kann. Im Gewächshaus sind Solar-Gartenduschen zu empfehlen. Sie erwärmen sich tagsüber, sodass man abends auch hier mit warmem Wasser gießen kann.

Der aktuelle Wasserbedarf wird einfach geprüft, indem man einen Finger bis zum zweiten Fingerglied in das Substrat steckt. Ist es hier noch etwas kühl, muss nicht gegossen werden.

Damit die Feuchtigkeit möglichst lange im Boden verbleibt, ist eine dicke Mulchschicht aus Rasenschnitt oder Gartenabfällen unerlässlich. Das schattiert den Boden und verhindert die Verdunstung und das Bespritzen der Blätter von unten. Auch ein kurzes Durchhacken der Erde ermöglicht, dass der Boden das Wasser länger halten kann.

Wird Regenwasser zum Gießen verwendet, dürfen die Pflanzen nie direkt benetzt werden. Ansonsten können Krankheitssporen übertragen werden, wie z. B. bei der Kraut- und Braunfäule. Als zusätzliche Wasserspeicher können „Bentonit", Kokosfasern oder etwas Katzenstreu in die Pflanzlöcher ausgebracht werden. Gemüse und

Kräuter in Kübeln benötigen ein sehr durchlässiges Substrat. „Seramis" speichert das Wasser, sodass es nicht zu Staunässe kommt. Als Gießgeräte gebrauche ich ausschließlich Metallbrausen, sie lassen sich bei Verunreinigungen und Kalkablagerungen leichter reinigen. Selbst meinen eher unsanften Umgang überleben sie schon länger als 15 Jahre. Schwere Gießkannen sind für den Rücken oft belastend. Ich nutze die ergonomische Form von „Fiskars": Durch den neuartigen Quergriff muss man sich nicht so weit vorne überbeugen und erreicht alles leichter. Für die Urlaubszeit gibt es Bewässerungsanlagen mit Zeitschaltuhren. Dazu nützt man am besten Tropfdüsen, die das Wasser unmittelbar in den Wurzelbereich bringen. Die Regnerdüsen benetzen zwar eine größere Fläche, verteilen das Wasser aber nicht genau da, wo es gebraucht wird. In diesem Sinne: Wasser marsch!

Vom Aussäen

Im Frühling und Sommer liegen die bunten Samentütchen auf dem Pflanztisch – und los soll es gehen! Aber wie sät man am besten, damit die Pflanzen so prächtig werden wie auf den hübschen Bildern?
Ich verzichte generell auf torfhaltige Produkte und unterstütze seit Jahren die Aktion „Garten ohne Torf" des BUND. Torf wird aus Mooren entnommen, ein bedrohter Lebensraum für seltene Arten. Im Garten findet sich dieser Stoff erst seit etwa 200 Jahren. In der langen Zeit vorher war ein Gärtner stolz auf eigene Rezepte für Aussaat- und Gartensubstrate. Heute kann man auf fertige, ökologische und torffreie Substrate zurückgreifen.

Die Samen von Tomaten und Paprika ziehe ich auf der Fensterbank in einem Minigewächshaus vor. Für diese nicht allzu kleinen Samen bevorzuge ich Kokosfasersubstrat als gepressten, leichtgewichtigen Block. Man lässt es mit Wasser quellen und hat ein fertiges Substrat („Eco-Coir Brikett", „Humusziegel", „Kokohum" oder „Neem-Dics"). Wenn ich Erde benutze, ist es die „Neudohum Aussaat- und Kräutererde" für alle feineren Samen. Große Samen von Gurken und Kürbissen säe ich nach einem zweistündigen Milchbad einzeln in torffreie Quelltabletten oder „Niem-Coins". Alle Sämereien werden mit einer durchsichtigen Plastikfolie bedeckt, damit darunter „gespannte Luft", also ein Gewächshausklima entsteht. Gleichmäßige Feuchtigkeit mit ausreichend Licht und Sonnenwärme fördert die Keimung. Das Gießwasser versetze ich mit „Algan" oder „Neudofix", was den Vorgang beschleunigt. Sind die Pflanzen groß genug, werden sie in strukturstabiler „Neudohum Tomaten- und Gemüseerde" vereinzelt. Um Plastikmüll zu

Ich mische alle Samen mit Sand, um sie gleichmäßig im Beet zu verteilen. Alle Kulturen schütze ich mit einem weißen Gärtnervlies vor Klimaschwankungen, starkem Regen, Spätfrost und Vögeln. Es schattiert und verhindert das Austrocknen der Keimlinge.

Schnecken können im Garten zu einer echten Plage werden. Dann sollte man die Pflanzen schnell schützen, bevor die Ernte ganz verschwindet.

vermeiden, nutze ich die kompostierbaren Töpfe von „BioFibre". Die kleinen Pflänzchen versorge ich mit etwas Flüssigdünger. Sind sie an einem geschützten Platz draußen ausreichend abgehärtet, werden sie nach den Eisheiligen ins Freiland gesetzt.

Bei einer direkten Aussaat ins frisch geeggte Beet bestreue ich die Samen mit dunklem Substrat, damit sich der Boden leichter erwärmt. Die Samen von Hülsenfrüchten (Bohnen und Erbsen) weiche ich zuvor einige Stunden in Kamillentee ein. Bei den Doldenblütlern (Dill, Möhren, Petersilie) vermenge ich die Samen zum Schutz vor der gefürchteten Umfallkrankheit mit Holzasche, Holzkohlestaub und Lehmmehl.

Schnecken und andere Mitesser

Die kleinen tierischen Mitesser machen uns Gärtnern das Leben oft schwer. Scheinbar über Nacht verschwinden ganze Reihen von Salat, erscheinen Löcher auf den Blättern der Zucchini, und die frisch gepflanzten Kohlpflanzen kippen einfach um. Oder es tauchen gekräuselte Blätter auf, die Pflanze wird klebrig und beim Anfassen fliegen lauter weiße Tierchen auf: allesamt Mitbewohner, die an unserer Ernte teilhaben wollen. Diese scheinen teilweise auch noch unsichtbar zu sein: Wenn sich ein Blatt plötzlich verfärbt oder von einem weißen, pelzigen Überzug bedeckt ist, stehen wir oft ratlos davor. Tomaten, die gestern noch saftig dastanden, sind heute mit braunen Flecken übersät und fallen morgen in sich zusammen. Hier sind es die unsichtbaren Mitesser, also Viren, Bakterien und Pilze, die ihr Unwesen treiben. Das Grundwissen dazu ist ein Teil der Gartenkultur. Das Ziel ist ein Gartenklima, das schlecht für Schädlinge und Krankheiten ist, aber gut für Sonne, Wind, Nützlinge und die Pflanzengesundheit.

Die auffälligsten tierischen Mitesser sind die roten Nacktschnecken. Diese gefräßigen Tiere stammen aus Spanien und sind stark auf dem Vormarsch. Dann gibt es die kleinen, grauen oder schwarzen **Schnecken.** Das sind keine Jungtiere, sondern meist Ackerschnecken, die sich in jeder kleinen Ritze finden. Kleine Gehäuseschnecken und große Weinbergschnecken zählen dagegen eher zu den neutralen Resteverwertern, da sie mit ihren Raspelzungen am liebsten absterbende oder tote Pflanzenteile verspeisen.

Um Schnecken zu regulieren, ist es wichtig, den Boden locker zu halten. Die Tiere mögen es nicht, wenn sie unnötigerweise über lockeren und trockenen Grund kriechen müssen. Mit Geräten wie Gartenwiesel, -egge oder Sternfräse lässt sich die oberste Erdschicht leicht auflockern. Man fährt damit einfach zwischen den Gemüsereihen hindurch. Falls die Schnecken in einem gemulchten Garten dominant werden, ist der Einsatz von Schneckenkorn meist unumgänglich. Zum Schutz von Haustieren und Igeln empfehle ich „Ferramol" (Neudorff). Der enthaltene Wirkstoff erreicht, dass sich die Tiere zurückziehen und an einem dunklen Platz sterben – ohne das quälende Ausschleimen. Man bringt das Schneckenkorn am besten breitwürfig unter der Mulchdecke aus; hier liegt es direkt neben dem Tagesquartier der Schnecken. Keinesfalls sollten die Körner kreisförmig um einzelne Pflanzen gestreut werden: Die Tiere werden davon angezogen und finden die Pflanzen dann auch noch im Dunkeln, weil wir sie so schön eingekreist haben. Um Katzen, Igel und andere Tiere vor dem unmittelbaren Kontakt zu schützen, schneidet man ein graues PVC-Rohr in etwa 20 cm lange Stücke und befüllt diese mit Ferramol. So kommt keine Pfote damit in Kontakt. Fertige Köderboxen für Schneckenkorn sind auch geeignet.

Gute Erfahrungen habe ich weiterhin mit dem „Schneckenzaun" oder der „Schnecken-Grenze" (Schacht) aus Neemsamen gemacht. Diese werden einfach aufgestreut und bilden so eine natürliche Barriere. Auch sie müssen nach einiger Zeit erneuert werden.

Deutlich versteckter agiert dagegen eine andere große Gruppe, die sich saugend durch die Pflanzen bewegt: Hier sind **Blattläuse** auf dem Vormarsch. Die Tierchen stechen mit ihrem Saugrüssel in die Pflanzenzelle und entleeren sie, bis sie wie ein Luftballon zusammenschrumpelt. So verlieren die Pflanzen den inneren Druck, der für die notwendige Stabilität sorgt. Blätter rollen sich ein, Stängel knicken um, das ganze Gewächs wird instabil. Zudem verringert sich die Fläche zur Fotosynthese, ein Hauptschaden. Ein instabiles Blatt ist anfälliger für Pilze, die bei weichen Blättern ein leichtes Spiel haben. Zu allem Überfluss scheiden Blattläuse einen unverdauten, zuckerhaltigen Pflanzensaft aus, den sie auf den Blättern verteilen. Er bietet einen wunderbaren Nährboden für schwarzgraue Rußpilze. Diese wuchern dann auf der Zuckerschicht und bedecken die grünen Blattoberflächen zusätzlich. Weil Blattläuse gerne den Wirt wechseln, schleppen sie auch aggressive Viren und Bakterien mit sich herum, die sie massiv an den Saugstellen verteilen. Alles in allem sind Blattläuse also mit das Übelste, was eine Pflanze befallen kann.

Schmetterlinge tanzen spielerisch durch die Luft, sind aber nicht immer so wohlgesonnen wie sie aussehen. Das gilt auch für Kohlweißlinge, die weiß und unschuldig umherflattern. Wenn sie aber ihre Eier auf einem Kohlblatt abgelegt haben, entwickeln die Raupen schnell einen großen Appetit. Je älter sie werden, desto größer fallen die Löcher in den Blättern aus, bis diese schließlich ganz skelettiert sind. Auch Kleinschmetterlinge mit ihren grünen und bräunlichen **Raupen** tun sich am Kohl gütlich. Sie tarnen sich an

Der beste Fall tritt ein, wenn die Natur selbst reguliert: Der Marienkäfer verspeist die Blattläuse.

Optimal zur Bekämpfung von Blattläusen, Käfern, Raupen und Schadschmetterlingen ist ein Wirkstoff, der aus Chrysanthemen gewonnen wird.

den Blattunterseiten und schaben die Blätter immer dünner. Die Raupen fressen vor allem nachts, ähnlich wie Eulenraupen, die in der Erde wohnen. Diese großen Exemplare fallen dann ins Auge, wenn man die plötzlich umgefallenen Jungpflanzen aus dem Boden zieht. Sie sind bräunlich-oliv, eingerollt und meist mit einem Streifenmuster versehen. Wurzeln und junge Blätter gehören auf ihren Speiseplan. Da sie sehr gefräßig sind, plündern sie oft ganze Reihen im Beet.

Biologischer Pflanzenschutz und Schädlingsbekämpfung

Entdeckt man krankhafte Auffälligkeiten oder Tierchen an den Pflanzen, müssen diese zunächst näher bestimmt werden. Weit verbreitet ist der Trugschluss, einfach das nächstbeste Mittel einzusetzen, das man sowieso schon zu Hause hat. Wirkungsvoller ist es, ein oder mehrere befallene Blätter abzuschneiden oder diese im Detail zu fotografieren. Damit geht man zum Fachberater im nächsten Gartencenter. Sind weitere Informationen nötig, kann das örtliche Pflanzenschutzamt kontaktiert werden. Die Fachleute stehen auch Berufsgärtnern zur Seite und sind gut informiert, welche Mitesser gerade aktiv sind und welche Gegenmittel angewendet werden können. Oft weiß auch der Gartennachbar einen Rat. Dabei gilt zu bedenken, dass nicht jeder auf dem aktuellen Stand des Pflanzenschutzes ist und immer noch gerne die „viel-hilft-viel-Keule" geschwungen wird. Heutige Pflanzenschutzmittel sind dagegen so konzipiert, dass bei einem sachgemäßen, minimalen Einsatz ein maximaler Effekt erzielt wird.

Der Vorteil von umweltfreundlichen Pflanzenschutzmitteln ist die bessere und schnellere biologische Abbaubarkeit. Das bedeutet nur eine kurze Wartezeit bis zum Verzehr. Die Wirkstoffe schützen sowohl das Bodenleben als auch die Nützlinge – ein nachhaltiger und ganzheitlicher Weg, der sich unmittelbar auf die Gesundheit von Garten und Pflanzen auswirkt. Zu bedenken gilt, dass sich diese Mittel nach dem Öffnen der Packung biologisch abbauen. Daher ist es auch aus finanziellen Gründen ratsam, auf kleine Packungsgrößen zurückzugreifen. Im Folgenden stelle ich einige bewährte biologische Pflanzenschutzmittel vor. Bei ihrem Einsatz sollte man immer die Gebrauchsanweisung beachten und bei Bedarf Schutzbekleidung tragen.

Pyrethrum ist ein sehr effektiver Wirkstoff, der aus Chrysanthemen gewonnen wird. Er ist optimal zur Bekämpfung von Blattläusen, Käfern, Raupen und Schadschmetterlingen geeignet. Die Mitesser werden unmittelbar gestoppt. Das Stäuben mit Pyrethrum ist zu unpräzise, in einer Spritze kann man es mit Wasser zusammen gezielt ausbringen. Für eine gute Wirkung sollte man die befallene Pflanze tropfnass behandeln. In der Sonne baut sich der Wirkstoff relativ schnell wieder ab; die Behandlung erfolgt wiederholt.

Neem wird aus dem tropischen Neembaum gewonnen, Fertigpräparate gibt es in vielen verschiedenen Formen. Das Öl wird zusammen mit einem Emulgator (z. B. „Rimulgan") in Wasser aufgelöst. Der Wirkstofffilm flüssiger Produkte legt sich auf Blätter und Schädlinge, deren Atemöffnungen verstopft werden. Neem wirkt vor allem gegen Spinnentiere (z. B. Spinnmilben), allerlei Insekten, Schnecken sowie Woll- und Schildläuse. Da das Mittel für Säugetiere ungiftig ist, gibt es hier keine Wartezeit vor dem Verzehr.

Rapsöl enthält keinen Wirkstoff, legt sich aber als öliger Film über Blätter, Insekten und deren Eier. Man bringt es am besten mit einer Spritze aus. Die Schädlinge werden inaktiv, die verschiedenen Entwicklungsstadien einfach und ungiftig erstickt. Rapsöl sollte man nicht bei prallem Sonnenschein oder empfindlichen Pflanzen wie Sämlingen und Salaten anwenden.

Kaliseifen sind gegen Blatt-, Schild- und Wollläuse ein hochwirksames Mittel. Da Seifen Wachse und Fette lösen, greifen sie bei Woll- und Schmierläusen deren weiße, flockige Schutzschicht an. Blattläuse werden unmittelbar bekämpft. Kaliseifen lösen auch die Wachsschutzschicht auf den Blättern, daher sollten sie nur bei robusten Pflanzen zum Einsatz kommen. Man nutzt echte Schmierseife oder Kaliseife als Fertigpräparat.

Kupfer ist der bekannteste Wirkstoff gegen Pilze und wird in verschiedenen Produkten angeboten. Als Schwermetall unterbindet es das Wachstum der Pilze und kann auch bei starkem Befall noch angewendet werden. Bei Braunfäule-Infektionen an Kartoffeln, Paprika und Tomaten ist der Einsatz von Kupfer oft die letzte Möglichkeit. Allerdings lagert es sich im Grundwasser und im Boden an. Daher sollte man die erlaubte Dosis keinesfalls überschreiten, auch weil es zusätzlich zu einer Resistenz der Erreger kommen kann.

Natriumkarbonat kennen nur wenige, dabei ist es als Bestandteil von Backpulver in jedem Haushalt zu finden. Es wird in lauwarmem Wasser mit einem kleinen Spritzer Seife aufgelöst und wirkt gegen Mehltaupilze. Dabei ist entscheidend, den Befall frühzeitig durch Spritzen zu bekämpfen (z. B. „Steinhauers Mehltauschreck" oder „Kombipack Mehltauschreck").

Da wir es im Gemüsegarten mit späteren Lebensmitteln zu tun haben, empfehle ich umweltfreundliche Bio-Pflanzenschutzmittel. Sie sind in den letzten Jahren so effizient geworden, dass sie den konventionellen Spritzmitteln in nichts nachstehen.

Pflanzenstärkungsmittel –
Vorbeugen statt Spritzen

In den letzten Jahren hat sich beim Thema Pflanzenschutz viel Neues getan. Dabei sind besonders die vorbeugenden Pflanzenstärkungsmittel in den Vordergrund gerückt, mit denen ich mich intensiv beschäftigt habe. Mit ihrer Hilfe lassen sich die Gemüsepflanzen dauerhaft gesund erhalten, was den Gebrauch von Pflanzenschutzmitteln deutlich vermindert! Anzuwenden sind diese urgesunden Stärkungsmittel auf verschiedenen Wegen: Sie werden aufgestäubt, gegossen oder klassisch gespritzt.

Anorganische Stärkungsmittel sind vor allem Gesteinsmehle, die sich als feiner Staub auf die Pflanze legen. Hier wird insbesondere Silikat aufgenommen, das die Zellwände härtet und so das Eindringen von Pilzen verhindert. Neben den Basaltmehlen verwende ich gerne „Eifelgold", ein regionales Lavamehl mit viel Kieselsäure und Spurenelementen. Diese Mehle werden mit einer Stäubepumpe gleichmäßig verteilt.
Organische Pflanzenstärkungsmittel sind dagegen immer pflanzlicher oder tierischer Herkunft. Die meisten der erhältlichen Produkte sind in dieser Gruppe zu finden. Verwendet werden Algen als Presssaft (z. B. „Algan"), Heilpflanzen und Pflanzenextrakte (z. B. „Orus") oder tierische Produkte aus Eiweiß und Molke (beispielseise „Oscorna Tomatenpflegemittel"). Auch Pflanzenpulver oder -extrakte gehören hierher, z. B. aus Brennnesseln („Brennnessel-Algen-Kombi" von Schacht oder „Brennnessel-Pulver, pelletiert" von Neudorff). Pflanzenjauchen werden auch aus Schachtelhalm („Ackerschachtelhalm" von Schacht) angesetzt. Diese Mittel werden meist gegossen oder mit der Spritze ausgebracht.
Wirksam sind weiterhin ätherische Pflanzenöle (v. a. Lavendel-, Teebaum- oder Thymianöl), die man erfolgreich als Duftsperren gegen Schädlinge einsetzen kann (z. B. „Biplantol Contra X2"). Sie müssen nach Regenschauern neu ausgebracht werden. Auch Pflanzenhormone und Huminsäuren werden als Stärkungsmittel genutzt („AlgoVital Plus", „Humin-Vital"). Ich persönlich verwende gern homöopathische Mittel, welche die Wirkstoffe in stark verdünnter (potenzierter) Form enthalten. Für Gemüsepflanzen gibt es dazu „Biplantol Gemüse", „Vital NT", „Neudorff Gemüse- und Obstelixier" sowie „Biplantol Boden Aktiv" zur allgemeinen Stärkung des Bodens.

Eine weitere Gruppe hat sich in unserem Schaugarten auf der Bundesgartenschau 2011 als besonders wirksam erwiesen: Zubereitungen auf mikrobieller Basis. Die von uns verwendeten Bio-

Produkte zeichnen sich durch eine wissenschaftlich nachweisbare Anzahl lebender Bakterien aus (z. B. „BioTaurus Garten plus" bzw. „Kräuter plus"). Die Bakterienstämme aktivieren und beleben den Boden, der in den meisten Gärten durch übermäßige Düngung, Monokulturen und sauren Regen geschädigt ist. Diese Präparate hatten bei uns einen verblüffend positiven Effekt! Die Pflanzen waren so gestärkt, dass wir nur wenig düngen und kaum Pflanzenschutzmittel anwenden mussten. Der künstlich aufgeschüttete, bauschutthaltige Boden wurde damit in einen wunderbar fruchtbaren Schaugarten verwandelt.

Daneben gibt es auch nützliche Pilze, die sich im Wurzelsystem der Pflanzen einnisten und hier die Angriffsstellen der Schadpilze blockieren. Vor allem die Trichoderma-Arten sind bereits in der Praxis erprobt („Vitalin Trichoderma T 50"). Für Terrassen- und Balkongärtner sind diese Produkte von besonders großem Interesse, da die gekauften Substrate meist biologisch inaktiv sind und damit aktiviert werden können. Auch gegen die gefürchtete Umfallkrankheit der jungen Sämlinge sind sie wirksam. Damit kann die Vorbeugung genau dosiert werden und ist äußerst effektiv.

Mit ausgewählten Pflanzenstärkungsmitteln erhält man üppige, gesunde und robuste Gemüsepflanzen. Ein späterer Einsatz von Pflanzenschutzmitteln ist dann meist nicht mehr nötig.

Meine Gartenwerkzeuge

Zu Beginn meiner Laufbahn als Gärtner habe ich zunächst einmal feststellen müssen, dass Werkzeug als Massenprodukt nicht das Richtige für meine individuelle Gartensituation ist.

Billige und bunte Wegwerfware aus Fernost ist in jedem Discounter zu finden. Im Gegensatz dazu muss man Werkzeug, das ein ganzes Gärtnerleben lang hält, was es verspricht, erst suchen. Da das Angebot verschiedenster Gartenwerkzeuge unüberschaubar groß ist, stelle ich im Folgenden meine persönliche Ausstattung vor.

Manche meiner Werkzeuge haben historische und regionale Wurzeln. Sie wurden da entwickelt, wo es die jeweils typischen Böden gibt. So besitze ich beispielsweise eine Rheinische Gartenhacke und einen Rheinischen Karst mit Spitzen. Damit kann ich die meist lehmige rheinische Erde auflockern, ohne gleich umgraben zu müssen.

Ich arbeite grundsätzlich gerne mit Werkzeug aus Kupfer. Zum einen ist es sehr leicht und damit kräfte- und rückenschonend. Zum anderen hinterlässt es winzige Kupferspuren im Boden. Diese Spurenelemente wirken sich positiv auf die Pflanzengesundheit aus. Für das schnelle Auflockern und Reihenziehen benutze ich eine Kupferhaue, die durch ihren ergonomischen Griff und das geringe Gewicht bestens in der Hand liegt.

Generell greife ich möglichst schonend in die Bodenoberfläche ein. Wenn ich dann doch einmal umgraben muss, setze ich den angespitzten Kieler Spaten oder einen leichten Kupferspaten ein. Bei allerlei Erdbewegungen dienlich ist eine Spatenschaufel mit seitlichem Wellenschliff. Damit hole ich auch große Pflanzen aus dem Beet, die umgepflanzt werden sollen. Kleinere Exemplare setze ich mit einer Pflanzschaufel mit beidseitiger Sägezahnung um. Damit kann ich die Gewächse schnell herauslösen und im festen Boden wieder gut einsetzen. Praktisch und nahezu unverwüstlich ist natürlich auch eine Grabegabel mit Kunststoffgriff.

Meine Saatbeete lockere ich mit einem Gartenwiesel, einer Rollhacke und der Handegge. Ein Kupferrechen ist optimal zum Glattziehen. Während der Vegetationsperiode hantiere ich zwischen den Reihen mit einer schweizerischen Pendelhacke, die mir durch ihren langen Stiel ein aufrechtes Arbeiten ermöglicht. Genial finde ich dazu auch den russischen Flachschneider.

Neben den großen Geräten sind für mich die Kleinwerkzeuge sehr wichtig. Damit führt man alle bodenpflegenden Arbeiten aus: Sie sollten also stabil und ergonomisch sein. Die modernen Klick-Kombisysteme sind angeblich universell einsatzfähig – für mich

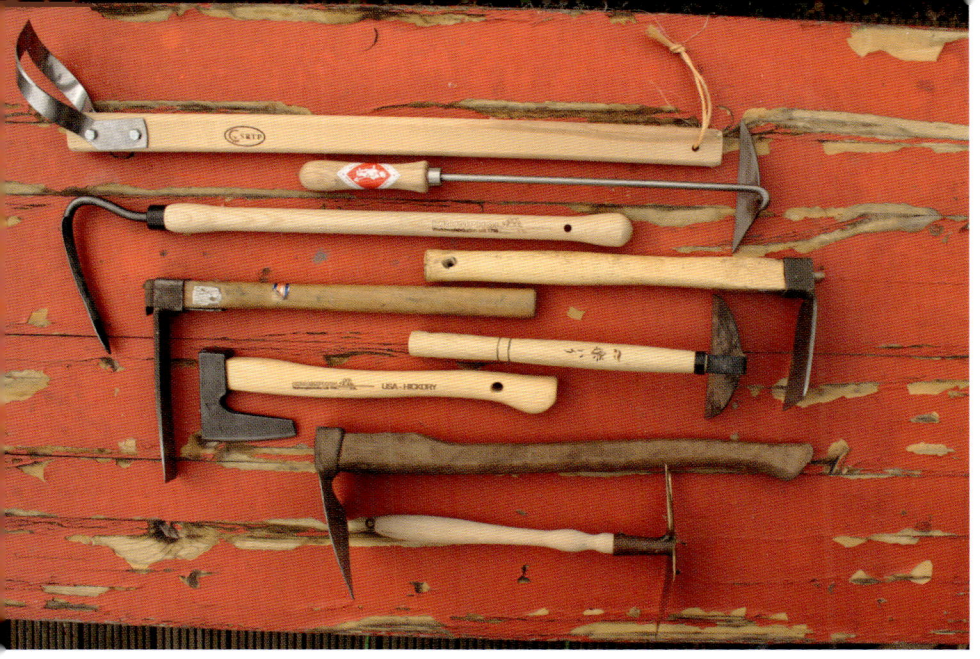

sind sie nicht gut zu gebrauchen. Bei Arbeiten im Boden hantiere ich mit unterschiedlich breiten japanischen Gartenhacken, die relativ tief in das Erdreich eindringen. Mit Handsauzahn und Kupferhacke lockere ich meine Trittspuren wieder auf.

Zum Setzen junger Gemüsepflanzen kommt eine Ananas-Haue zum Einsatz, auch Setzhäundl genannt. Dabei unterstützt mich eine geschmiedete niederländische Handschaufel. Unerwünschte Beikräuter reguliere ich schonend mit geschmiedeten Cape-Cod-Weedern in unterschiedlicher Größe. Dieses qualitativ hochwertige Handgerät unterschneidet die Wurzeln auch seitlich, ohne dabei die Gemüsepflanzen zu beschädigen. Beikräuter mit tiefen Pfahlwurzeln schneide ich mit einem niederländischen Wurzelstecher aus. Dieser ist hervorragend zur Ernte von Wurzelgemüsen geeignet, z. B. Schwarzwurzeln. Bei Feldsalat, Spinat und Kohl erleichtern speziell abgewinkelte Erntemesser die Ernte. Durch ihren Einsatz beschädigt man das Gemüse nicht, sodass es länger lagerfähig ist. Eine saubere Kräuter- und Salaternte ermöglichen kleine Handsicheln.

Zur Aufbereitung von Kompost, Substraten und zum Verlesen von Saatgut sind Holzrandsiebe unersetzlich. Ich benutze schon seit zehn Jahren dieselben Exemplare und finde immer wieder neue Verwendungsmöglichkeiten, z. B. beim Trocknen von Bohnen. Wenn die Gartensaison zu Ende geht, gebrauche ich eine Staudensichel und ein breites Beil zum Beseitigen und Zerkleinern von Ernteresten, beispielsweise Kohlstrünken.

Allgemein lässt sich feststellen: Für jede Gartenzeit, verschiedene Länder und Regionen sowie für alle Gärtner gibt es das „richtige" Werkzeug. Das jeweils Passende zu finden, ist eine individuelle Angelegenheit. Oft sind jedoch die traditionellen Geräte den neuen Werkzeugen überlegen – in ihren Eigenschaften, der Handhabung und ihrer Lebensdauer.

Bohnen – in Hülle und Fülle

Auch sie will hoch hinaus: Die Stangenbohnensorte 'Ahrtaler Köksje' ergibt eine besonders aromatische Trockenbohne.

Stangenbohnen – wer wird Bohnenkönig?
Phaseolus vulgaris var. vulgaris

Die Stangenbohne ist eine der bekanntesten und ertragreichsten Bohnenarten. Heute werden vor allem die grünen Hülsen zubereitet, aber auch die Kerne sind als Trockenbohnen ein Genuss. Sie können die unterschiedlichsten Farbtöne von schwarz und braun bis zu hellgelb und weiß annehmen, manche sind hübsch gestreift oder gefleckt. Auch die Hülsen weisen eine breite Palette an Farben und Zeichnungen auf.

Der Name „Stangenbohne" beruht auf ihrer rankenden, sich windenden Eigenschaft. Sie kann beeindruckende Höhen bis zu 3 m erreichen. Dazu braucht sie eine Rankhilfe, wie eine Stange oder ein Gerüst. Zur Gestaltung gibt es ganz unterschiedliche, dekorative Möglichkeiten (siehe unten).

Um die Bohne und ihre Kultur ranken sich viele Legenden und Hinweise aus dem Volksbrauchtum. Da sie als ehemalige Mittelamerikanerin keinen Frost verträgt, war und ist der richtige Aussaattermin von Bedeutung: nach den Eisheiligen, Mitte Mai. Ostertage wie Gründonnerstag und Karfreitag wurden einst bevorzugt, damit die Bohnen möglichst „bis zum Himmel wachsen". Wichtig war auch, in welchem Sternzeichen der Mond gerade stand. Steinbock galt als günstig für Trockenbohnen, da diese dann besonders hart werden sollten. Keinesfalls durfte man sie im Sternzeichen Stier aussäen, damit der gefürchtete Bohnenkäfer, der „Bohnenstier", den Beeten fernblieb.

Besonders schön ist der Brauch des „Bohnenkönigs": Am 6. Januar, dem Dreikönigstag, wird ein Kuchen gebacken, in dem eine Bohne verborgen ist. Wer sie findet, ist für das neue Jahr der Bohnenkönig – und darf sich etwas wünschen.

Trockenbohnen passen gut in Suppen und herzhafte Eintöpfe, finden aber auch in Salaten schmackhafte Verwendung. Die grünen Schoten werden gerne als Gemüsebeilage, Suppe oder als Salat zubereitet. Leckere Kombinationen ergeben sich mit Speck, Hackfleisch, Kartoffeln, Tomaten oder auch mit Birnen. Kurz blanchiert und in Eiswasser abgeschreckt, kann man sie auch sehr gut einfrieren. Traditionell werden sie in luftdichten Gläsern eingemacht. Besonders gut für die Vorratshaltung geeignet sind Trockenbohnen. Diese werden (nach einer gründlichen Trocknung) in Schraubdeckelgläsern an einem dunklen, kühlen Ort gelagert. So behalten sie mindestens drei Jahre lang ihr Aroma. Für eine noch längere Konservierung können sie auch im Glas eingefroren werden, wie es zurzeit in unserem Spitzbergenprojekt praktiziert wird.

Nahezu alle alten Bohnensorten haben Fäden. Sie werden entfernt, indem man sie an der Naht mit einem scharfen Messer von einem zum anderen Ende der Bohne abzieht. Dieser Aufwand wird mit einem köstlichen Aroma belohnt, denn bei Stangenbohnen ist das Geschmacks-Gen mit dem Faden-Gen gekoppelt: Die fädigen Bohnen schmecken deutlich kräftiger und „bohniger"! Authentische Bohnengerichte gelingen am besten mit den alten, regionalen Sorten. Empfehlenswert ist die Sorte 'Mombacher Speck': Sie stammt aus dem Jahr 1924 und vereint den urigen Geschmack mit nur wenigen Fäden.

Bohnensamen keimen am besten, wenn die Erde schon leicht erwärmt ist und keine Nachtfröste mehr zu erwarten sind, also von Mitte Mai bis Juni. Der Standort sollte hell und luftig sein, damit Blätter und Hülsen schnell abtrocknen. Traditionell werden Bohnensamen in bestimmten Mengen in den Boden gelegt: sieben, neun oder sogar zwölf Stück pro Stange. Da die Wärme die Bohnen aus der Erde lockt, ist es wichtig, sie ganz flach zu säen. Sie müssen „die Glocken läuten hören". Ich lasse die Samen einige Stunden vor der Aussaat in Kamillentee quellen und bestäube sie mit etwas getrocknetem „Mehl" aus Lehm. Das beschleunigt die Keimung und verhindert einen Pilzbefall. Man sollte unbedingt auf zu hohen Humusgehalt, Blumenerden und Düngegaben verzichten (auch Kompost ist ein Dünger!). Die Pflanzen erzeugen mithilfe von Bakterien aus der Luft ihren eigenen Stickstoff als Wachstumsmotor.

Keimende Bohnen werden zuweilen von der Bohnenfliege „geerntet", dagegen hilft ein Gemüsenetz. Es wird zu einem Quadrat geschnitten und mit einem Schlitz für die Bohnenstange versehen. Man legt es über die Keimlinge und deckt es seitlich mit Erde fest ab. Schauen die Keimblätter unbeschädigt aus der Erde, wird es wieder abgenommen. Neben den klassischen Bohnenstangen können auch Bohnentipis, -tunnel und verschiedenste Seilkonstruktionen gestaltet werden. Bei Letzteren ist ein dauerhaft rutschfestes Seil wichtig. Unser Gemüsesortenprojekt „Rheinland (+) Pfalz" macht seit Jahren positive Erfahrungen mit einer Recyclingkordel. Sie ist durch ihren Kunststoffanteil bis zum Saisonende rau genug und über mehrere Jahre verwendbar. Besonders während der drei- bis vierwöchigen Blütezeit sollten die Pflanzen ausreichend gewässert werden; sonst werfen sie die Blüten einfach ab. Die grünen Hülsen erntet man möglichst frühzeitig. Sie haben dann eine leckere, knackige Konsistenz und wachsen sogar noch einmal nach. Wird zu spät geerntet, enthalten sie eine ungenießbare Schicht – ähnlich wie Butterbrotpapier. Die Kerne reifen in den Hülsen aus und werden geerntet, wenn

Bei der Ernte von Trockenbohnen.

diese goldgelb sind und bei Berührung rascheln. Wichtig ist, dass die Bohnen ganz trocken sind. Das testet man, indem man die Kerne mit einem Fingernagel anritzt: Hinterlässt das Spuren, müssen die Früchte nachtrocknen. Ist kein Abdruck sichtbar, sind sie erntereif.

Traditionelle Gemüsesorten: 'Ahrtaler Köksje'

Die Herkunft der „Köksje-Bohne" ist offiziell unbekannt. Es wird vermutet, dass die Trockenbohne zur Zeit der französischen Besatzung nach Deutschland gelangt ist, also vor über 250 Jahren. In Frankreich gibt es die entsprechenden „Cocos-Bohnen", z. B. die Sorte 'Coco de prague langue de feu'. Im Rheinland gehören die Köksje zu den ältesten Bohnensorten. Noch bis vor etwa 30 Jahren waren sie in jeder regionalen, gut sortierten Samenhandlung erhältlich. Da die rundlichen Bohnenkerne nur maximal 1 cm groß werden, heißen sie im rheinischen Dialekt auch „Möscheeier" (Spatzeneier). Sie werden vor allem von Privatgärtnern im Ahrtal angebaut. Um diese besonders leckere Bohnensorte am Leben zu erhalten, habe ich im Jahr 2011 bei „Slow Food Deutschland e. V." ihre Aufnahme in die „Arche des Geschmacks" beantragt. Das Slow Food Convivium Bonn und auch der Sternekoch Hans Stefan Steinheuer aus Bad Neuenahr unterstützten die Sorte bei einem Auftritt auf der Bundesgartenschau 2011. Kulinarisch eignet sich das Köksje hervorragend für deftige Eintöpfe im Winter. Al dente gekocht schmeckt es wunderbar als sättigende Gemüsebeilage oder in Salaten.

Zur Köksje-Bohne gibt es uralte Anbaurichtlinien, die bis heute geltendes Volkswissen sind: Als Wärme liebende Trockenbohne sollte sie „in den Staub", also in trockenen Boden gesät werden. Man tauschte die Samen untereinander und ließ sie durch die Gärten „über die Ahr wandern". Auf diese Weise wuchsen die Köksje-Bohnen immer ein Jahr lang auf der einen Seite des Flusses und im nächsten Jahr „wanderten" sie auf die andere Seite. So verhungerten die Schädlinge und die Pflanzen gediehen prächtig. Eine moderne Idee, die sich heute wissenschaftlich begründen lässt! Auch hier zeigt sich: Schon zu früheren Zeiten war der Erhalt von genetischer Vielfalt ein Thema, ohne dass man es so genannt hätte. Im Mai werden neun bis zwölf Samen pro Pflanzloch flach in die Erde gelegt. Köksje-Bohnen brauchen einen vollsonnigen Standort, keinen Dünger und nicht so viel Wasser wie normale Stangenbohnen, da es sich um eine Trockenbohne handelt. Ab Oktober werden die trockenen Hülsen geerntet.

Traditionelle Gemüsesorten: 'Monstranzbohnen'

Die Monstranzbohne ist die geheimnisvollste Bohne, die ich kenne. Viele Legenden ranken sich um sie. Was an einer Suppenbohne so besonders ist? Eigentlich ist sie eine mittelstark wachsende, kräftig aromatische Stangenbohne vom Speckbohnen-Typ. Die Hülsen sind eher kurz, aber kräftig ausgeprägt. Wenn sie gelb und rascheltrocken ausreifen, wird es spannend: Beim Öffnen wird man von sehr seltsamen Bohnenkernen angeschaut. Am Nabel jeder weißen Bohne kann man eindeutig eine schöne, fast künstlerische Zeichnung erkennen, die einer Monstranz ähnelt.

Zur Erklärung dieses Phänomens gibt es mehrere Geschichten. Eine erzählt von einem Kloster, das im Krieg angegriffen wurde. Zum Schutz vergrub man die Kirchenschätze auf einem Acker. Nach dem Abzug der Feinde waren sie unauffindbar. Als im folgenden Sommer auf dem Acker Stangenbohnen angebaut wurden und man die Hülsen bei der Ernte öffnete, wurde die Zeichnung zum ersten Mal sichtbar. Man grub nach, wo die Bohnen gestanden waren – und fand die verlorene Monstranz wieder.

Auch eine andere Geschichte erzählt von einem bedrohten Kloster zu Kriegszeiten. Die Kirchenschätze wurden in einem Bohnensack versteckt. Als der Feind wieder abgezogen war, holte man die Monstranz wieder aus dem Sack. Die Bohnen zeigten später bei der Ernte das Zeichen Gottes. In einer dritten Version zog ein Pferdekarren an einem Feld vorbei. Plötzlich weigerten sich die Pferde, weiterzugehen. Man sah nach und stoß auf die Bohnen mit der seltsamen Zeichnung. Es wurde gegraben, und man fand dort eine verloren gegangene Monstranz.

Auf den Feldern werden teilweise heute noch zum Schutz und für mehr Fruchtbarkeit einige Monstranzbohnen an den Ecken eingegraben. Der Acker wird so gesegnet. Spannend ist, dass die Bohne fast ausschließlich in katholischen Haushalten weitergegeben wird. Sie ist somit die einzige konfessionelle Bohne der Welt. Bei einer „Ökumene" kann man also die Nachbarn zu einem gemeinsamen Bohnenessen einladen, denn auch dafür ist die Monstranzbohne ein „Knaller".

Die Monstranzbohne wurde früher als heilkräftig angesehen. In einigen Gegenden fertigte man daraus Rosenkränze. So war jede „Perle" von einer Monstranz gezeichnet. Ich habe selbst einmal so einen Rosenkranz geschenkt bekommen und hüte ihn seitdem.

Buschbohnen – klein, aber oho!
Phaseolus vulgaris var. nanus

Buschbohnen sind die kleinen, platzsparenden Schwestern der Stangenbohnen. Sie zeichnen sich durch einen kurzen, gedrungenen Wuchs aus und erreichen selten mehr als 50 cm Höhe. Ganz besonders bei den alten Sorten eröffnet sich eine wunderbare Farbenvielfalt: Es gibt nicht nur grüne Hülsen, sondern auch gelbe, getupfte, blaue und braune. In jeder Hülse steckt eine andere Bohne und ein anderer Geschmack!

Bei der kulinarischen Verarbeitung wird generell kein Unterschied zwischen Stangen- und Buschbohnen gemacht. Es gibt allerdings einen besonders zarten Typ von Buschbohnen, die „Filetbohnen". Diese stammen aus Frankreich; sie sind sehr zart und gleichzeitig bissfest. Aufgrund der kurzen Zubereitungszeit nütze ich sie auch gerne, wenn es mal schnell gehen soll. Für das französische Nationalgericht „Cassoulet", ein Bohneneintopf aus dem Backofen, kommen spezielle „Lingot-Bohnen" zum Einsatz, die besonders sämig sind. Italienische „Borlotti-Bohnen" finden sich als gequellte Trockenbohnen in Eintöpfen, so wie die „Kidney-Bohnen" immer ins „Chili con Carne" gehören.

Aufgrund ihrer geringen Größe eignen sich Buschbohnen für die Aussaat zwischen und neben anderen raumgreifenden Gemüsearten, wie z. B. Kohl. Ich nutze sie besonders gern als Lückenfüller; sie können auch noch relativ spät im Jahr zwischengesät werden. Dann bringen sie noch eine kleine Ernte im Herbst. So lange bedecken die „Spätentwickler" den Boden, sodass keine unerwünschten Beikräuter wachsen. Buschbohnen reichern die Erde durch ihre Knöllchenbakterien aus den Wurzeln an – mit Stickstoff. So brauche ich die benachbarten Starkzehrer wie Kohl, Mais und Wintergemüse nicht zusätzlich zu düngen! Die Wurzeln belasse ich nach der Ernte im Boden, sie dienen als Nährstoffdepot und Gründünger.

Die Reife erfolgt bei modernen Sorten meist auf einen Schlag, was in der Küche schnell zu einem Überangebot führt. Ich bevorzuge auch hier die alten, samenechten Sorten: Sie reifen langsam aus und ermöglichen eine kontinuierliche Ernte. Meine Favoriten sind die „Einlochbohnen". Sie haben meist ein hellbraun-grünliches Korn und eine grüne Hülse mit Fäden. Einlochbohnen werden nicht wie andere Sorten kreisförmig oder mit bis zu neun Bohnen im Haufen gesät, sondern immer nur mit einer Bohne je Pflanze. Diese Bohne wächst dann so kräf-

tig heran, dass sie selbst auf den rauen Mittelgebirgshöhen nicht umfällt. Ihre Hülsen ragen lange nach unten heraus, sodass man sie bei der Ernte schnell findet.

Gefährlich für Buschbohnen ist die Fettfleckenkrankheit, die braune Flecken auf Blättern und Hülsen hinterlässt. Da hier die Samen betroffen sind, sollte nur unbefallenes Saatgut weiter kultiviert werden. Schädlinge der Buschbohnen sind vor allem Blattläuse, Mäuse sind besonders zur Erntezeit der Bohnen aktiv.

Deftiger Bohneneintopf für kalte Tage (Köksjessuppe)

500 g bunte Trockenbohnen
(z. B. Köksje-Bohnen oder
Borlotti-Bohnen)
1 1/2 l kaltes Wasser
1 Lauch
1/4 Sellerie
1 große Möhre
1 Scheibe Beinfleisch
3/4 l Wasser
1/2 TL Salz
250 g geräucherter,
durchwachsener Speck
1 kg Kartoffeln
2 dicke Zwiebeln
Salz, Pfeffer
1/2 Bund Petersilie

Die Trockenbohnen am Vorabend in kaltem Wasser einweichen. Lauch, Sellerie und Möhre waschen und klein schneiden, dann zusammen mit Beinfleisch, Wasser und Salz in einen großen Topf geben. Etwa 1 1/2 Stunden lang zu einer kräftigen Rinderbrühe kochen lassen. In der Zwischenzeit die Bohnen im Einweichwasser rund 1 Stunde bissfest garen, dann das Wasser abgießen. Das Suppenfleisch aus der Brühe nehmen, fein würfeln. Zusammen mit den gegarten Bohnen und dem klein geschnittenen Speck zurück in die Brühe geben. Die gepellten, klein gewürfelten Kartoffeln und die geschälten, klein geschnittenen Zwiebeln zugeben und noch 15 Minuten mitkochen lassen. Salzen, pfeffern und mit Petersilie garnieren.

Bunter Salat mit rheinischen Bohnen

200 g Borlotti- oder Wachtelboh-
nen (z. B. 'Köksje'-Bohnen)
200 g gelbe Wachsbohnen
(z. B. 'Rheingold' oder 'Rheinische Wachs')
200 g grüne Buschbohnen
100 g Speck
100 g Schalotten
150 g Johannis- und/oder
Apfelbeeren (auch -gelee)

FÜR DIE VINAIGRETTE
6 EL Rapsöl
3 EL weißer Balsamessig
1 TL Dijon-Senf
1 Bund Petersilie
1 Bund Bohnenkraut
Salz, Pfeffer

Die Bohnenkerne über Nacht einweichen. In kaltes Wasser geben, aufkochen und etwa 1 Stunde kochen lassen, bis sie gar, aber
noch „al dente" sind (zwischendurch probieren!). Die grünen und
gelben Bohnenhülsen in Salzwasser blanchieren und dann kurz in
ein Eisbad geben. Bei den Wachs- und den grünen Bohnen die Fäden und „Nasen" entfernen, 5–10 Minuten in Salzwasser bissfest
blanchieren. In Eiswasser geben, damit die kräftige Farbe erhalten
bleibt. Speck und Schalotten klein würfeln, anbraten und über die
gemischten Bohnen geben.
Aus den angegebenen Zutaten eine Vinaigrette anrühren und über
die Bohnen geben. Auf Tellern anrichten und mit je einem Löffel
Johannis- und Apfelbeeren garnieren.

Dicke Bohnen – urwüchsig und kraftvoll
Vicia faba var. faba

Dicke Bohnen, auch Puff- oder Saubohnen genannt, begleiten uns Menschen schon seit Tausenden von Jahren. Sie sind die ersten Bohnen im Jahr, die ausgesät werden können – und die einzigen, die hier wirklich heimisch sind. Im Mittelalter zählten sie zu den wichtigsten Grundnahrungsmitteln, da sie durch ihren hohen Stärke- und Eiweißgehalt sehr nahrhaft sind. Heutige Anbaugebiete reichen vom Rheinland aufwärts bis an die Nordsee und ostwärts bis Erfurt. Hier wurde die Dicke Bohne sogar zum Maskottchen der Stadt: in Form von witzigen, kleinen Plüschbohnen mit Gesicht.

Leider haben die Dicken Bohnen in den Nachkriegsjahren an Popularität verloren. Da zu dieser Zeit keine guten Sorten erhältlich waren, baute man Acker- und Saubohnen (*Vicia faba var. equina* und *Vicia faba var. minor*) als Nahrungsmittel an, die eigentlich als Schweinefutter dienten. Die kleinkernigen Formen sind jedoch geschmacklich keinesfalls mit den leckeren, großkernigen Sorten zu vergleichen. Nach wie vor wird aber der abschätzige Begriff „Saubohne" oft für beide Formen gebraucht, sodass sich der negative Eindruck hält: ein hartnäckiger Irrtum! Tatsächlich besitzen Dicke Bohnen ein feines und sehr intensives Aroma, das heute wieder neu entdeckt wird – sogar von Sterneköchen.

Für den besten Geschmack ist es wichtig, junge Körner zu ernten. Da Dicke Bohnen völlig ungiftig sind, genügt bereits ein kurzes Blanchieren, um sie verzehrfertig zuzubereiten. Es empfiehlt sich, die weißen Häutchen der Bohnen nach dem Überbrühen zu entfernen. Das steigert den Genuss und entspannt auch deutlich die Verdauung der mitunter geräuschvollen Puffbohnen.

Im Garten kommen Bohnenpflanzen mit den verschiedensten Böden zurecht, auch auf Balkon und Terrasse lassen sie sich leicht heranziehen. Schon ab Februar werden die Samen in den etwas erwärmten, vom Dauerfrost befreiten Boden gelegt. Es hat sich bewährt, sie flach in eine Bodenrinne zu säen, die dann im Lauf der Saison mehrfach angehäufelt wird. So bilden sich mehr Wurzeln und man verhilft den Pflanzen zu mehr Standfestigkeit. Während der Blüte fallen die alten Sorten sofort ins Auge: Sie haben weiße Blüten mit einem schwarzen Fleck, dem „Fahnenfleck". Moderne Sorten blühen dagegen reinweiß. Eine gleich-

mäßige Wasserversorgung ist wichtig, damit die befruchteten Blüten ihre Früchte ausbilden können. Für die Bestäubung sorgen vor allem Hummeln, die man auch durch spezielle Nistkästen anlocken kann. Ich bemehle die oberen Blätter meiner Pflanzen mit Urgesteinsmehl, was einen Befall mit der Schwarzen Bohnenlaus verhindert. Diese bremst das Wachstum der Pflanze, die Blätter sehen missgebildet aus, und es entstehen keine Früchte. Wirksam sind hier weiterhin Pyrethroide, Neem-Präparate und Kaliseifen.

Früher wurden Dicke Bohnen zusammen mit Getreide ausgesät. Da sich die Pflanzen gegenseitig stützen, ist diese Mischkultur zum gegenseitigen Nutzen. Dicke Bohnen stehen auch gerne neben Kartoffeln, Kohl, Melde, Spinat und Winterportulak. Da sie früh ausreifen, ist nach ihrer Ernte noch genügend Platz für späteres Gemüse.

Nach dem Kochen haben Dicke Bohnen entweder eine hellgrüne, weißliche oder braune Farbe. Die hellen Kerne weisen einen angenehm milden Geschmack auf. In den braunen Sorten steckt das typische kräftige Aroma für die herzhaften Bohnengerichte.

Salat mit Dicken Bohnen, Rauchfleisch und Spargel

200 g gepalte Dicke Bohnen
125 g gepalte Erbsen
je 500 g weißer und grüner Spargel
je 1 Prise Salz und Zucker
1 Spritzer Zitronensaft
1 rote Zwiebel
1 EL Butter
8 Scheiben Rauchfleisch
4 EL gehobelter Parmesan

FÜR DIE VINAIGRETTE
4 EL Olivenöl
3 EL Traubenkernöl
4 EL Weißweinessig
Saft von 1/4 Zitrone
Salz, Pfeffer, Zucker
1/2 Bund gehackter Kerbel

Die Dicken Bohnen in kochendem Wasser etwa 2–3 Minuten blanchieren, dann gleich in Eiswasser abschrecken. Auf einem Sieb abtropfen lassen, anschließend die Haut vorsichtig abziehen. Die Erbsen wenige Minuten in kochendem Wasser garen. Den weißen Spargel schälen, grünen Spargel waschen, alle Enden abschneiden. In einem Topf Salzwasser, etwas Zucker und Zitronensaft zum Kochen bringen. Darin den weißen Spargel je nach Stärke 15–20 Minuten, den grünen Spargel 5–12 Minuten bissfest kochen. In mundgerechte Stücke schneiden, mit Dicken Bohnen und Erbsen mischen.

Die Zwiebel klein schneiden, mit der Butter in einer kleinen Pfanne glasig dünsten. Das Rauchfleisch würfeln, hinzufügen und auslassen. Alle Zutaten für die Vinaigrette verrühren, mit der Zwiebel-Rauchfleischmischung zum Gemüse geben und alles vermischen. Mindestens 30 Minuten ziehen lassen, dann nochmals abschmecken. Abschließend nach Geschmack den Parmesan über den Salat hobeln.

Herzhaft frischer Feuerbohnen-Aufstrich

200 g Feuerbohnen
Salz
50 g Butter
1 Prise Zucker, Pfeffer
Bohnenkraut, Thymian
2 EL Sauerrahm
1 Spritzer Kürbiskernöl

Die Feuerbohnen am Vortag in lauwarmem Wasser einweichen. Am nächsten Tag die Bohnen im Einweichwasser etwa 90 Minuten weich kochen. Nach der Hälfte der Kochzeit das Salz beifügen. Die warmen Bohnen passieren. Butter schaumig rühren und die passierten Feuerbohnen dazugeben. Die Masse mit Zucker, Pfeffer, Bohnenkraut und Thymian abschmecken. Dann so viel Sauerrahm unterrühren, dass eine streichfähige Masse entsteht. Wer es mag, fügt noch etwas Kürbiskernöl hinzu.

Feuerbohnen – die Himmelsstürmer
Phaseolus coccineus

Diese Kletterpflanzen besitzen auffällige, leuchtend rote Blüten – daher der Name Feuerbohnen, auch Prunkbohnen genannt. In der Pfalz und im Saarland heißen sie sogar „Blumenbohnen". Oft werden sie nur zur Zierde an Zäune, Gitter und Spaliere gesetzt, die sie dann üppig und farbenfroh beranken. Auf diese Weise bilden sie einen schönen, natürlichen Sichtschutz. Neben den rot blühenden gibt es weiße, rot-weiße und violette Exemplare. Der Name Wollbohne, auch Schäfchen- oder Wolfsbohne, kommt von der rauen, leicht behaarten Hülse.

Was viele gar nicht wissen: Wie bei Stangenbohnen können von den Feuerbohnen sowohl die frischen, grünen Schoten als auch die getrockneten Kerne geerntet und zubereitet werden. Nicht nur die Blüten, auch die Bohnenkerne sind besonders hübsch anzusehen! Die klassische Variante ist violett mit schwarzer Zeichnung. Je nach Sorte sind die Früchte aber auch rosa, rot, braun, weiß, grau oder schwarz. Oft sind sie gesprenkelt, geschneckt oder getupft. Ein Farbenreichtum, der zum Experimentieren einlädt!

In Österreich sind Feuerbohnen als „Käferbohnen" bekannt; hier sind sie eine kulinarische Spezialität für reichhaltige Suppen, Eintöpfe und den „Käferbohnensalat". Auch ein Chili oder ein köstliches Püree lässt sich aus den Bohnen zaubern. Zum Einmachen, Einkochen und Einfrieren eignen sie sich besonders gut, da sie Farbe und Struktur gut behalten. Feuerbohnen sind sehr nährstoffreich, dürfen aber wie die meisten Bohnen nur gekocht verzehrt werden. Rohe Bohnen enthalten giftige Lektine, die jedoch durch kurzes Blanchieren oder Kochen rückstandslos zerstört und damit wirkungslos werden. Für die Zubereitung werden die Bohnen über Nacht eingeweicht und dann 1,5–2 Stunden mit etwas Natron auf niedriger Stufe gekocht. Dann sind sie gar und können weiterverarbeitet werden. Jedes Böhnchen gibt ein Tönchen? Kräuter wie Bohnenkraut, Lorbeerblätter, Thymian oder Majoran erleichtern die Verdauung (siehe auch Zitronen-Bohnenkraut, Seite 59).

Vor mehr als 150 Jahren wurden die Feuerbohnen unter anderem von italienischen Eisenbahnbauern in den hohen Westerwald mitgebracht. Sie waren deutlich größer als die hierzulande bis dato bekannten Exemplare. Diese Feuerbohnen haben sich bis heute gehalten und entwickelten sich zu einer eigenen Sortenherkunft. Prunkbohnen sind die großen Schwestern der Stangenbohnen. Entsprechend ähnlich sind die Bedingungen für Aussaat und Kultur (Vergleiche Stangenbohnen Seite 45). Wie alle Bohnen werden sie nach den Eisheiligen flach eingesät, wobei man traditionell immer jeweils eine ungerade Anzahl von Körnern an die Stangen legt. Prunkbohnen erkennt man gleich nach der Keimung: Zuerst erscheinen die kleinen Blättchen an der Erdoberfläche. Bei den Stangenbohnen ist zunächst eine gequollene Bohne zu sehen, aus der sich dann die Blätter entwickeln.

Feuerbohnen können Höhen bis zu 5 m erreichen! Dankbar und robust klettern sie an jeder Rankhilfe in ungeahnte Höhen. Die schnell und hoch wachsenden Zauberbohnen aus dem Märchen „Hans und die Bohnenranke" müssen wohl Feuerbohnen gewesen sein. Diese Pflanzen haben so viel inneres Wachstums-Feuer, dass sie auch für schwierige klimatische Lagen die beste Wahl sind. Aus diesem Grund werden sie oft auf den Mittelgebirgshöhen und in den küstennahen Bereichen gepflanzt. Während sommerlicher Hitzephasen brauchen sie eine regelmäßige und großzügige Wasserversorgung, ansonsten werfen sie Blüten und Fruchtansätze ab. Ich habe gute Erfahrungen damit gemacht, die Erde am Wurzelfuß etwas aufzuhäufeln, sodass die Pflanze in einem kleinen Erdhaufen steht. Auf diese Weise werden mehr Wurzeln gebildet, was die Wasseraufnahme erleichtert. Die Pflanzen sind am Naturstandort eigentlich mehrjährig. Ein warmer Wintergarten oder ein helles, warmes Treppenhaus bieten ideale Voraussetzungen, um einen Ernteversuch im Winter zu starten.

Noch eine weitere Verwendung der bunten Bohnen ist bekannt. Gerade den Kindern gefallen die hübschen Früchte, sodass es in vielen Ländern der Welt Bohnenspiele gibt. Ich erinnere mich noch an folgendes Spiel: In ein Säckchen kommen zwölf Bohnen, davon haben vier dieselbe Farbe. Die höchste Punktzahl (10 Punkte) haben die schwarz getupften Körner mit violetter Grundfarbe, es folgen die die einfarbigen, schwarzen (5 Punkte) und dann die weißen Bohnenkerne (3 Punkte). Abwechselnd werden einzelne Bohnen aus dem Beutel genommen. Wer den jeweils höheren Bohnenwert hat, darf die gegnerische Bohne behalten. Sieger nach zwölf Durchgängen ist der Spieler mit den meisten Punkten.
Auch um Kinder ans Gärtnern heranzuführen, ist die Feuerbohne hervorragend geeignet. Die Pflanze ist unkompliziert und pflegeleicht, zudem wächst sie schnell und erreicht imponierende Höhen. Das große, bunte Korn wird einfach eingeweicht und in einen Topf gepflanzt. Mit mehreren Kindern können so lustige Wettbewerbe veranstaltet werden: Wessen Pflanze wächst am höchsten, schnellsten, mit den meisten Früchten? Der Gewinner wird Bohnenkönig für einen Sommer.

Wachsbohnen, blaue Bohnen und andere Raritäten

In der Vielfalt der Gartenbohnen sind **Wachsbohnen** schon immer eine Besonderheit gewesen. Im Gegensatz zu ihren grünen Verwandten entwickeln die Hülsen eine gelbe Farbe, die bis zur endgültigen Reife erhalten bleibt. Die Hülsen sind meist besonders zart und bieten auch optisch eine Bereicherung. Sie werden gerne im Ganzen eingemacht, um zusammen mit den grünen Bohnen Abwechslung auf den Teller zu bringen. Auch zum Einfrieren sind sie bestens geeignet, da sie lange ihre Struktur behalten. Wachsbohnen gibt es als Busch- oder Stangenbohnen. Ihre Körner sind meist schwarz oder braun marmoriert. Gute Erfahrungen habe ich mit den Sorten 'Rheingold' (Stangenbohnen) und 'Rheinische Wachs' (Buschbohnen) gemacht. 'Posthörnchen' sind ebenfalls gelb, aber mit stark gekrümmter Hülsenform. Sie kommen vor allem in der Schweiz und in Österreich vor.

Blaue Bohnen heißen so, weil sie blaue Hülsen haben. Die wunderbare Farbe verschwindet allerdings beim Kochen, sodass die Bohnen wieder grün sind, wenn sie auf dem Teller landen. Die bekannteste Sorte ist 'Blauhilde', ein Klassiker unter den Stangenbohnen, die lange ohne Fäden bleibt. Eine besondere Rarität sind blauhülsige Feuerbohnen; diese sind bisher aber nur bei speziellen Sorten-Erhaltern oder als Hofsorten zu bekommen. Die Kombination der dunklen, blauvioletten Hülsen und Blüten ist einmalig! Bei der Sorte 'Blauhülsige Speck' handelt es sich um eine Stangenbohne mit besonders fleischiger Hülse, also eine „Speckbohne", die zusätzlich blau gefärbt ist. Sie wird besonders gerne für Suppen und Eintöpfe verwendet. Bei Buschbohnen hab ich gute Erfahrungen mit der Sorte 'Purple Teepee' gemacht: Sie ist besonders stabil und reichtragend.

Aufgrund des Klimawandels werden in den kommenden Jahren auch andere tropische Bohnenarten Einzug in europäische Gärten halten. In unserem Gartenbeitrag auf der Bundesgartenschau 2011 in Koblenz (siehe Seite 25) haben wir auf diesem Hintergrund folgende Arten im geschützten Anbau erfolgreich ausprobiert:

Augen- oder Kuhbohnen (*Vigna unguiculata*) stammen aus dem nordafrikanischen Raum. Sie wachsen als Buschbohnen mit aufrechten Hülsen über dem Blattwerk. Zunächst war ihr Anbau nur in Griechenland und in der Türkei erfolgreich, aber die Sorte 'Black eyed peas' hat mit den afrikanischen Sklaven den Weg in die amerikanischen Südstaaten gefunden. Dort ist sie ein fester

Zitronen-Bohnenkraut

Das Zitronen-Bohnenkraut (*Satureja montana subsp. citriodora*) ist eine natürliche Spielart des Berg-Bohnenkrauts (*Satureja montana*). Beim Einsatz in der Küche erwartet uns eine besondere Überraschung! Neben dem bekannten Bohnenkrautgeschmack weist die Art eine frische, zitronige Note auf. Diese hebt sich besonders gut in Salaten und sommerlich leichten Zubereitungen hervor. Neben Bohnen passt es hervorragend zu gegrilltem Fleisch, Fisch und gewagteren Süßspeisen. Auch aromatischen Kräuterölen verleiht es eine wunderbare Note. Die weißen Lippenblüten können zu einem Salatdressing oder einer Kräuterbutter verarbeitet werden. Zitronen-Bohnenkraut ist mehrjährig und liebt trockene, durchlässige Böden in voller Sonne, gern auch in der Kräuterspirale. Ich ernte nur die zarten Spitzen der Pflanze. Das Zitronenbohnenkraut wächst so immer buschiger, weil es an den Seitentrieben neu ausschlägt. In extremen Wintern braucht es eine Decke aus Gärtnervlies und während frostfreier Winterphasen gelegentlich etwas Wasser. Nach meiner Erfahrung sterben die meisten mediterranen Kräuter in Wahrheit keinen winterlichen Kältetod, sondern einen Tod durch Trockenheit!

Bestandteil der regionalen Cayun-Küche. Die sogenannte Kilometer- oder Schlangenbohne ist eine rankende Variante, die Hülsen von mehr als 50 cm Länge hervorbringt.

Bei **Helmbohnen** (*Lablab purpureus* oder *Dolichos lablab*) handelt es sich um eine stark kletternde Bohnenart mit schwarzen oder hellen Körnern. Diese weisen eine auffällige, seitliche Wulst auf. Die potenziell mehrjährigen Pflanzen ranken unter optimalen Bedingungen bis zu 6 m hoch und haben wunderschöne, violette Blüten. Die Hülsen beinhalten meist ein bis zwei Körner und besitzen einen ausgeprägten Bohnengeschmack.

Lima- oder **Mondbohnen** (*Phaseolus lunatus*) sind ein wenig schwächer wachsend und erreichen Höhen von 2–3 m. Im warmen Wintergarten ergeben sie ein tolles Experimentierfeld für den neugierigen Gärtner. Ihre hübschen, flachrunden Körner sind stark gesprenkelt und wurden schon im alten Peru angebaut.

Traditionelle und moderne Salatvielfalt

Kopfsalat & Co

Der grüne **Gartenkopfsalat** (*Lactuca sativa var. capitata*) ist weltweit eine Berühmtheit: Er ist einer der am meisten angebauten Gemüsearten. Kopfsalat ist nicht nur grün und rund, sondern in vielen Farben und Formen erhältlich. Historisch ist der Salat schon so lange in menschlicher Kultur, dass es keine bekannte wilde Art mehr gibt. Man nimmt an, dass der wilde Kompasslattich (*Lactuca serriola*) oder der ausdauernde Lattich (*Lactuca perennis*) zu den Ahnen der heutigen Sorten gehören. Schon bei den alten Ägyptern sind Belege für die Nutzung von Salat zu finden. Allerdings sind die ersten Salate, wie wir sie kennen, bei den Römern als „Römersalat" belegt. Den echten Kopfsalat gibt es seit dem 16. Jahrhundert.

Gartenkopfsalat ist ein beliebtes Gemüse und das ganze Jahr über zu bekommen. Da er schon lange in Kultur ist, gibt es viele Sorten, die einen ganzjährigen Anbau ermöglichen. Leider gibt es durch industrielle Massenfertigung mehr Quantität als Qualität: Kopfsalat aus dem Supermarkt schmeckt oft langweilig und fad. Dagegen verspricht ein Salat aus dem eigenen Garten ganz neue Geschmackserlebnisse! Nicht zuletzt die zarte Konsistenz ist unvergleichlich.

Dazu empfehle ich den Anbau von grünbraunen oder gefleckten Salatsorten, wie 'Brauner Trotzkopf' oder 'Wunder der vier Jahreszeiten'. Die grünbraunen Sorten scheinen mir im Sommer zudem robuster gegen das „Schießen" zu sein. Nach Winterkopfsalaten, also Sorten, die im Herbst gesät werden und den Winter als kleine Köpfe überstehen, muss man aber leider noch suchen. Meine geschmacklichen Favoriten sind hier 'Mombacher Winter' und 'Winter-Butterkopf'.

Eisbergsalat (*Lactuca sativa var. capitata*) ist eine französische Züchtung aus dem Jahr 1771, die allerdings erst durch die amerikanische Fast-Food-Welle in Europa verbreitet wurde. Da dieser Salat lange auf dem Beet verbleiben kann und später auch im Kühlschrank gut lagerfähig ist, wurde er schon früh im großen Stil angebaut. Um eine gute Qualität dieser Sorten zu erhalten, lohnt sich auch hier der Anbau im eigenen Garten: Richtig kräftig, knackig, dunkelgrün und lecker wird Eisbergsalat nur unter der echten Sonne und nicht bei künstlicher Beleuchtung. Eine empfehlenswerte Sorte ist 'Laibacher Eis', sie hat rot geflammte Blätter und ist hitzetolerant.

Eichblatt-, Pflück- und **Schnittsalate** (*Lactuca sativa var. crispa*) sind besonders geeignet für die Kultur in Kübeln und Kästen. Bei diesen Salaten kann man über einen langen Zeitraum hinweg immer

wieder nachernten. Durch das vorsichtige Abbrechen der jeweils unteren Blätter wächst der Strunk immer weiter nach und bildet ständig neue, erntereife Blätter. Die als alte Sorten bekannten „Lollo-Salate" eignen sich ebenfalls hervorragend für Garteneinsteiger, da sie leicht zu kultivieren sind und immer wieder neu nachgesät werden können. Auch sie gedeihen gut auf Balkon und Terrasse, am besten in torffreiem Substrat. Mit diesen Salaten hat man schnell eine küchenfertige, bunte Mischung zur Hand.

Römischer Salat, auch **Binde-** oder **Romanasalat** (*Lactuca sativa var. longifolia*) ist die älteste Sortengruppe, die sich durch eine längliche Kopfform auszeichnet. Um die inneren Blätter auszubleichen, kann er wie Endiviensalat zusammengebunden werden. Besonders bunte Sorten sind 'Forellensalat' (rot getupft), 'Teufelsohren' (knallrot) und 'Brune d'hiver' (rotbraun, weiche Herzen in knackiger Hülle). Die alte deutsche Sorte 'Kasseler Strünkchen' baue ich besonders gerne an. Dieser Salat ist sehr hitzebeständig, im Sommer lange knackig und ermöglicht durch satzweises Säen eine lange Ernteperiode.

In den letzten Jahren werden wieder viele verschiedene neue und alte Salatsorten auf den Märkten und in den Sortimenten der Einzelhändler angeboten. Um diese Vielfalt besser nutzen zu können, stelle ich hier die aktuellen Arten vor.

Bataviasalate (*Lactuca sativa var. capitata*) werden aufgrund der knackigen Blattstruktur auch „Krachsalate" genannt. Sie zeichnen sich durch einen lockeren Kopf aus. Es gibt auch rote und gefleckte Formen, die ein ausgeprägt nussiges Aroma haben.

Wenn der Salat immer gleich schmeckt: Am leichtesten variiert man ein Dressing durch ungewohnte Gewürze. Neben Petersilie, Dill und Schnittlauch passen z. B. auch Oregano, Kerbel oder Schabzigerklee. Vielleicht gibt es im Garten auch Zitronenmelisse oder Pfefferminze? Das Gute liegt meistens nah! Frisch von der Wiese bieten sich beispielsweise Borretsch, Pimpinelle, Gänseblümchen und Löwenzahn an. Oder wuchern zurzeit Vogelmiere und Giersch in den Beeten? Ab damit in die Salatschüssel!

Der Anbau von Kopfsalat & Co ist kein Zauberwerk. Die Samen werden flach in Kokosfasersubstrat oder torffreie Aussaaterde gesät. Bei Temperaturen um 12 °C keimen sie am besten. Der Pflanzabstand beträgt ungefähr 30 cm in alle Richtungen. In den Sommermonaten sollten die Pflanzen bei starker Hitze und Trockenheit mit feuchtem Vlies oder nassen Jutesäcken gekühlt und schattiert werden; ansonsten geht der Salat unmittelbar in die Blüte über. Am besten sucht man sich die Samen nach dem jeweils geplanten Anbaumonat aus, da die Sorten verschieden empfindlich auf Hitze reagieren. Hitzetolerant sind vor allem Römischer Salat und Spargelsalat.

Als Mittelzehrer sollten Salate nur vorsichtig mit organischem Bio-Gemüsedünger oder gut abgelagertem Kompost gedüngt werden. Sobald Salate „schießen" und ihre gelben Blüten zeigen, werden sie sehr bitter. Ein Verzehr ist dann nicht mehr sinnvoll; die Pflanzen kann man stattdessen stehen lassen – bis zur Ernte des Saatguts. Da Salate nicht nur von Menschen, sondern auch von Schnecken geliebt werden, ist ein Schneckenzaun oder die flächige Ausbringung von Bio-Schneckenkorn nötig. Positive Wechselwirkungen sind vor allem bei einer gemischten Pflanzung mit Küchenkräutern wie Basilikum, Dill, Kerbel, Knoblauch und Schnittlauch zu beobachten – alles Partner, die auch wunderbar im Pflanzkübel gedeihen. Wenn man jetzt noch Radieschen sät und ein paar Zwiebeln dazu steckt, hat man eine komplette Salatschüssel im Balkonkasten! Gegen Blattläuse hilft ein Gemüseschutznetz, das die Pflanzen auch vor zu starker Sonneneinstrahlung bewahrt. Gegen Wurzelläuse gießt man gelegentlich mit einer Neem-Lösung oder düngt das Pflanzloch mit Neem-Schalen. Vor allem in Balkonkästen zeigt dies eine gute Wirkung.

Chicorée, Radicchio, Zuckerhut und Endivie

Diese vier Arten sind sehr eng miteinander verwandt. Sie haben sogar denselben botanischen Namen (*Cichorium intybus var. foliosum*), bis auf die Endivie. Die Urform dieser unterschiedlichen Salate ist die Wegwarte, auch Zichorie genannt (*Cichorium intybus*). Durch jahrhundertelange Züchtung entstand aus der Wildblume eine ganze Palette von Arten und Sorten. Chicorée, Radicchio, Zuckerhut und Endivie – gemeinsam ist ihnen der bittere Geschmack, der allerdings in den letzten Jahrzehnten immer weiter weggezüchtet wurde. Dabei sind die Bitterstoffe sehr gesund und wichtig für unser Immunsystem und die Fettverdauung. Ich persönlich esse bitteres Gemüse sehr gerne. Es bringt ein wohltuendes Gegengewicht zu dem süßen Geschmack, der heute viele Speisen bestimmt. Das bittere Aroma fordert unsere Geschmacksknospen ganz neu heraus! Für eine Abmilderung ist schnell gesorgt: Alle vier Gemüsearten können durch Dünsten oder Backen „besänftigt" werden. Salate werden durch die Zugabe von süßen Früchten, wie z. B. Äpfeln

Die wilde Ahnin dieser vier Salate ist die Wegwarte. Diese Wildblume ist ein alter Kulturbegleiter des Menschen und findet sich oft an alten Prozessionswegen. Ihre Blättchen bereichern im Frühjahr Salate, auch die schönen Blüten sind essbar.

gemäßigt. Ebenfalls möglich ist das Wässern des Salats, wobei allerdings auch die gesunden Inhaltsstoffe teilweise im Waschwasser verbleiben.

Endivie ist ein beliebter Wintersalat. Meist wird er als Salatkopf mit einer gebleichten, hellgrünen Mitte angeboten. Beim Bleichen wird das Salatherz von jeglicher Lichtquelle abgeschirmt, auf diese Weise verliert es sein Blattgrün. Dazu wird das Salatherz im Beet ein bis zwei Wochen vor der Ernte mit einer speziellen Plastikhaube abgedeckt. Man kann den Salatkopf auch oben locker zusammenbinden. „Friséesalat" ist eine etwas zartere, stark gekrauste Variante der Endivie, ein Volksname lautet „Wirrkopf". Er ist nicht lange lagerfähig und nur für den sofortigen Verzehr geeignet.

Der bekannteste, völlig gebleichte Salat ist der **Chicorée**. Es handelt sich hier um das Herz eines Salates, der auch im Freiland wachsen kann, dort aber komplett grün ausfärbt. Um gleichzeitig das besondere Aroma zu erhalten, wird der Salat im Herbst ausgegraben und mit der Wurzel zusammen in einen erwärmten, aber dunklen Raum gebracht. Aufgrund des Lichtmangels kann der Salat kein Blattgrün ausbilden, beginnt aber durch die Zufuhr von Wärme und Wasser zu treiben. Vor einigen Jahren wollte ich das selbst ausprobieren: Ich habe mir einen schwarzen Baueimer gekauft und die Wurzeln des Chicorées im Herbst ausgegraben und abgewaschen. Dann habe ich sie in den mit Spielkastensand gefüllten Baueimer gepflanzt und mit etwas Wasser angegossen. Während der Kultur bestand meine Aufgabe nur aus dem gelegentlichen Anfeuchten des Substrats. In unserem warmen, dunklen Heizungskeller ist der Chicorée wunderbar ausgetrieben, sodass wir uns gleich an mehreren Salaternten erfreuen konnten.

Empfehlen kann ich die grüne Freilandsorte 'Grumolo', sie hat einen ausgeprägten Geschmack, bildet kleinere Salatköpfe in Rosettenform und überzeugt mich durch ihre Robustheit gegenüber Schneefall und Frost. Chicorée dieser Sorte kann über Winter im Freiland bleiben und ist im Frühjahr einer der ersten Salate, die man direkt aus dem Beet oder Kasten ernten kann. Auch roter Chicorée wird auf den Märkten angeboten. Er ist noch etwas würziger und gibt ein besonders schönes Bild ab.

Radicchio stammt offenkundig aus Italien. Die knallroten, knackigen Blätter mit dem bitteren Geschmack sind ein Feuerwerk für die Sinne. Leider gibt es immer nur die inneren Salatherzen zu kaufen und nicht die kompletten Köpfe. Ein guter Grund, diesen Salat einmal selbst anzubauen und in seiner ganzen Pracht zu genießen! Neben dem roten Herzen besitzt er wunderbar aromatische, grünlich-rote Hüllblätter mit knackiger Konsistenz.

Der **Zuckerhut** überrascht mich immer wieder durch seine vielfältige Verwendung in der Küche. Der charakteristisch hutförmige, zylindrische Salatkopf wird zum einen als frischer Salat direkt verarbeitet. Er ist sehr dickblättrig, daher stammt auch der Name Fleischkraut. Zusätzlich ist er aber auch, wie der Chicorée, gedünstet oder überbacken ein Genuss. Sein leicht nussiger Geschmack verbindet sich optimal mit allerlei Gewürzen. Ein Gratin aus Zuckerhut und Kartoffeln ist ein wunderbares Hauptgericht. Im Garten ist Zuckerhut lange nutzbar; er verträgt Temperaturen bis etwa -7 °C. Auch nach der Ernte bleibt er noch eine ganze Weile frisch. Ich wickle ihn in Zeitungspapier und lagere ihn an einem kühlen Ort.

Der Anbau im Garten

Alle genannten Arten, Chicorée, Radicchio, Zuckerhut und Endivie, wachsen besonders gut auf tiefgründigem, gelockertem Gartenboden. Wichtig ist die Vermeidung von Staunässe. Auch Wassermangel im Sommer ist ungünstig, weil die Salatköpfe dann bitter werden. Am besten ist eine langsam wirkende, organischbiologische Düngung in Kombination mit Pflanzenstärkungsmitteln. Werden die Pflanzen überdüngt und wachsen zu schnell, bilden sich weiche Fäulnisstellen. Diese führen zum schnellen Absterben des Salats oder zu Fäulnis bei der Lagerung. Vorgezogene Jungpflanzen müssen vorsichtig umgepflanzt werden, da man die Pfahlwurzeln leicht beschädigt. Daher empfehle ich eine direkte, satzweise Aussaat ins Freiland mit anschließender Vliesabdeckung. Ein Abstand von 30 cm in jede Richtung ermöglicht eine optimale Entwicklung der Pflanzen und eine schnelle Abtrocknung der Blätter. Fäulnispilze, die ansonsten Blätter und Wurzeln befallen, sind eine verbreitete Ursache für Krankheiten. Ein exponierter Platz mit frischem Wind und Sonne mindert das Risiko zusätzlich. Werden die äußeren Blätter von Mehltaupilzen befallen, können sie im Anfangsstadium gut mit Bio-Mehltaumitteln oder durch Besprühen mit einer Backpulver-Wasser-Mischung reguliert werden. Schnecken mögen die bitteren Sorten nicht ganz so gerne wie andere Salate. Man kommt dennoch zumeist nicht um ein geeignetes Abwehrsystem herum (Beispiele zur Abwehr von Schnecken siehe Seite 34). Weitere ungebetene Gäste sind Blattläuse; eine Düngung mit Neem-Schalen wirkt sich positiv aus. Bei einem Befall zu Beginn der Kultur ist man mit Pyrethrum-Präparaten gut beraten, später können auch Kaliseifen eingesetzt werden.

Gebratener Chicorée mit Käse und Birnen

4 Chicorée
4 reife Birnen
200 g Blauschimmelkäse
50 g Butter
50 ml Wasser
Salz, Pfeffer

Chicorée waschen, halbieren und den Strunk keilförmig heraus-schneiden. Die Birnen schälen, Strunk und Kerngehäuse entfer-nen. Butter in einer Pfanne schmelzen und die Chicoréehälften von beiden Seiten goldbraun braten. Das Wasser dazugießen und ca. 10 Minuten dünsten lassen, den Pfannendeckel dabei auflegen. Mit Salz und Pfeffer würzen. Die Birnenhälften fächerförmig ein-schneiden, sodass die Scheiben am oberen Ende noch zusammen-gehalten werden. Den Käse in Scheiben schneiden.
Etwa 3 Minuten vor Ende der Garzeit die Birnen zufügen, den Käse auf die Chicoréehälften legen und schmelzen lassen.

Gegrillter Radicchio mit Parmaschinken

4 Radicchio
4 EL Olivenöl
Salz, Pfeffer
8 Scheiben Parmaschinken
1 TL Butter
Zahnstocher zum Feststecken

Radicchio im Ganzen waschen und gut trocken schütteln. Der Länge nach halbieren. Mit dem Olivenöl leicht beträufeln, pfef-fern und nur ein wenig salzen. Den Parmaschinken um die Hälften wickeln und wenn nötig mit Zahnstochern feststecken. Eine feu-erfeste Form mit Butter einfetten und den Radicchio hineinlegen. Im vorgeheizten Backofen bei 200 °C etwa 10–15 Minuten grillen. Das Gemüse kann auch auf dem Gartengrill zubereitet werden, dabei mehrmals wenden und bei Bedarf nochmals einölen.

Endiviensalat mit Orangen und Nüssen

1 Endiviensalat
2 Orangen
10 geschälte Walnüsse
2 EL Sauerrahm
1 EL Sonnenblumenöl
1 EL Sesamöl
2 EL Weißweinessig
Salz, Pfeffer, 1 Prise Zucker

Den Endiviensalat in feine Streifen schneiden, waschen und tro-cken schleudern. Die Orangen schälen und mit einem scharfen Messer die Außenhaut abtrennen, dabei alles Weiße entfernen. Das Fruchtfleisch aus den Zwischenhäuten herausschneiden und in Stücke schneiden. Die Nüsse klein hacken. Aus den restlichen Zutaten ein Dressing bereiten. Alles in eine Salatschüssel geben, vorsichtig mischen und zuletzt die Nüsse darüberstreuen.

Feldsalat – eine Sünde wert
Valerianella locusta, Valerianella eriocarpa

Nüsslisalat heißt er in der Schweiz, Vogerlsalat in Österreich, Feldsalat oder Rapunzel bei uns. Im gleichnamigen Märchen spielt der Salat eine tragende Rolle: Ein Mann erntet das Gemüse im Garten einer alten Zauberin, weil seine schwangere Frau einen unbezähmbaren Heißhunger darauf verspürt. Er wird beim Diebstahl erwischt und muss als Gegenleistung das neugeborene Kind an die Alte abgeben. So geschah es, und wie wir wissen, wird das Mädchen mit den langen Haaren im Turm gefangen gehalten – mit Blick auf weite Flächen von Feldsalat. Zum Schluss wird Rapunzel natürlich doch noch glücklich, vereint mit einem Prinzen. Das Märchen zeigt, wie wichtig und begehrt damals das frische Gemüse war, das die Menschen nach der langen, kargen Winterzeit wieder mit frischen Vitaminen versorgte. Feldsalat wuchs zu früheren Zeiten weit verbreitet und wurde wild gesammelt oder selbst angebaut.

Neben dem uns bekannten Feldsalat sammelte man früher auch den mittlerweile seltenen Wollfrüchtigen Feldsalat (*Valerianella eriocarpa*). Beide Arten werden seit der steinzeitlichen Pfahlbaukultur genutzt, der erste Anbau geht auf die keltisch-römische Zeit zurück.

Rapunzel ist ein beliebter Salat, den auch Kinder gerne essen. Schon mit einer einfachen Vinaigrette zubereitet schmeckt er köstlich. Die deftige Variante bringt gebratenen Speck und Croûtons mit auf den Teller. Zu Feldsalat passen auch fein geschnittene, braune oder weiße Champignons, roh oder angebraten. Weitere leckere Zutaten sind geröstete Kürbis- und Pinienkerne, Walnüsse, frisch gehobelter Parmesankäse oder süße Früchte nach Angebot.

Als Baldriangewächs hat Feldsalat eine wunderbar bodenheilende Wirkung, was ich selbst bei der Neuanlage meines Schaugartens erleben durfte. Auf den winterlichen, nackten Boden sät man einfach eine grüne Decke aus Feldsalat. Es ist schwierig, den Feldsalat im empfohlenen Abstand zu säen (80 Pflanzen pro laufenden Meter). Einfacher ist es, die Samen breitwürfig auszustreuen und so an vielen winterkahlen Plätzen überall im Garten wachsen zu lassen. So wie man es im Märchen von Rapunzel nachlesen kann, wurde Feldsalat schon seit Urzeiten großzügig und flächendeckend im winterlichen Hausgarten angebaut: Jeder Gärtner säte Feldsalat auf seine freien Beete.

Das Salatgemüse mit dem feinen, nussigen Geschmack ist auch heute noch in den bekannten „Neun-Kräuter-Gerichten" zu finden. Hier werden neun Frühjahrskräuter als Suppen oder Soßen zubereitet, denen eine belebende und bezaubernde Wirkung nachgesagt wird.

Die Aussaat der feinen Körnchen erfolgt flach in einen gelockerten, nicht extra gedüngten Boden, ab einer Temperatur von etwa 14 °C. Volle Sonne und hohe Lufttemperaturen im Sommer stören die Keimung, das Abdecken mit einem angefeuchteten Gärtnervlies bringt bessere Erfolge. Sinnvoll ist eine Aussaat im frühen Herbst, da sich die Pflanzen so gleichmäßiger entwickeln. Der Anbau von Feldsalat passt auch sehr gut ins Gewächshaus, das im Winter meistens genug Raum dafür bietet. Als Freilandsalat braucht er zwar keine zusätzliche Wärme, weiß aber einen geschützten Standort durchaus zu schätzen. Im Gewächshaus regeneriert er zusätzlich den ausgelaugten Boden – und man kann im Handumdrehen frischen Salat ernten, der nicht wie im Freiland unter einem Vlies vor der Schneedecke geschützt werden muss.

Feldsalat ist relativ unempfänglich gegenüber Mitessern tierischer Art, aber Pilzerkrankungen wie Mehltau können ihm zu schaffen machen. Die Pflanzen sollten daher immer gut abtrocknen können. Bei den ersten weißen Blättern ist die Anwendung von Bio-Mehltaumitteln oder einer Backpulverzubereitung (siehe Seite 37) dringend anzuraten, da sich der Pilz ansonsten schnell ausbreiten kann. Eine Mischkultur mit anderen Pflanzen (außer Baldrian) ist sehr sinnvoll: Dies schützt alle Arten auf dem Beet vor Krankheiten.

Traditionelle Gemüsesorten: 'Bonner Markt' und 'Kölner Palm'

Feldsalat hat im Lauf seiner Entwicklung unterschiedliche Formen hervorgebracht. Ich empfehle die alten Sorten 'Bonner Markt' und 'Kölner Palm'. Ihre klein bleibenden Rosetten sind sehr geschmacksintensiv und überzeugen mit einem feinen Nussaroma. Da die modernen, rund- oder langblättrigen Formen mehr Masse ausbilden, haben sie schnell die alten Sorten vom Markt verdrängt – zulasten des Aromas. Viel Blatt bringt weniger Geschmack! 'Kölner Palm' (auch 'Doppel-Palm') ist eine Sorte des Wollfrüchtigen Feldsalates (*Valerianella eriocarpa*). Die Sorte 'Mainzer Markt' ist vergleichbar. Sie hat längliche, helle Blätter und eignet sich besonders für den Überwinterungsanbau. Im Gegensatz dazu ist 'Bonner Markt' eine Sorte, deren Blätter wie kleine Löffel geformt sind. Die löffelblättrigen Sorten sind vor allem in Frankreich wegen ihres sehr ausgeprägten Geschmacks sehr verbreitet. Spannend ist auch die aktuelle Entdeckung von gelbblättrigen Sorten. Gerade im Winter wäre so ein bunt gemischter Feldsalat ein schöner Anblick auf dem Salatteller! Übrigens ist der sogenannte „Rote Feldsalat" im eigentlichen Sinne gar kein Rapunzel, sondern ein robuster Romanasalat (*Lactuca sativa*).

Feldsalat mit Speck und Äpfeln

250 g Feldsalat
50 g geräucherter Speck
1 Apfel
4 EL Sonnenblumenkerne

FÜR DIE VINAIGRETTE
8 EL Öl, 3 EL Apfelessig
1 TL Honig, Salz, Pfeffer

Die Wurzelenden vom Feldsalat entfernen, waschen und trocken schleudern. Speck klein würfeln und ohne Fett in einer Pfanne kross ausbacken. Apfel schälen, Strunk und Kerngehäuse entfernen, dann in Würfel schneiden. Den Feldsalat mit Apfelstücken und Speck vermischen. Aus den angegebenen Zutaten eine Vinaigrette anrühren und vorsichtig untermischen. Kurz ziehen lassen und nochmals abschmecken. Vor dem Servieren mit Sonnenblumenkernen bestreuen. Je nach Vorliebe passt zu diesem Salat auch eine Sahnesoße statt einer Vinaigrette.

Rucola und Rauke – frisch und würzig
Eruca sativa, Diplotaxis tenuifolia

Rucola wurde in unseren Küchen erst vor einiger Zeit wiederentdeckt, in den letzten Jahren erfreut sich das Gemüse stetig wachsender Beliebtheit. Früher nützte man die Pflanze als stimulierendes Heilkraut, das sogar schon den alten Germanen bekannt war. Hier galt Rucola als Segen für das eheliche Gemach. Durch die Römer wurde sie wohl im gesamten Römischen Reich verbreitet und hat sich dort bis heute gehalten.

Rucola und Rauke schmecken nussig, würzig und scharf – dank einer reichlichen Portion gesunder, immunstimulierender Senfölglykoside. Das frische Aroma macht Rucola und Rauke zu einer bereichernden Salatzutat. Eine leckere italienische Kombination ist Rucola mit Tomaten und fein gehobeltem Parmesankäse. Das Gemüse verleiht neben der Pizza auch vielen anderen Speisen seine charakteristische Würze, z. B. gemischtem Gemüse, Risotto, Nudelgerichten, Pesto und Suppen. Auch die weißen Kreuzblüten der Rucola und die gelben Blüten der Rauke schmecken köstlich im Salat! Kräuterbutter bekommt damit einen farbigen Frischekick – und wird zudem besser verdaulich.

Rucola ist eine einjährige Kulturpflanze, die im Frühjahr in Gartenbeete und Balkonkästen ausgesät wird. Im jungen Stadium ist sie wie Kresse nutzbar: eine schmackhafte Möglichkeit, die zu dicht gesäten Pflanzen etwas auszulichten. Rucolapflanzen entfalten schnell ihre etwas breiteren, wenig eingebuchteten Blätter. In den Sommermonaten beginnen sie bald damit, Blüten anzusetzen und Samen auszubilden. Neben einer Grundrosette streckt sich ein einzelner Stängel in die Höhe, der weiße, kreuzförmige Blüten trägt. Mit Beginn der Blüte verändert sich der Geschmack, der in den Sommermonaten auch sehr bitter werden kann. Das Erdnuss-Aroma mancher Sorten wird dann herb. Es ist daher empfehlenswert, satzweise immer wieder neue Pflänzchen auszusäen.

Die **Rauke** ist die wilde Schwester der Rucola. Sie hat gefiederte Blätter und bildet im Sommer viele neue Blütentriebe aus, die von zarten, gelben Blüten gekrönt sind. Von den im Vergleich schmaleren Blättern kommt ihr Name „Schmalblättriger Doppelsame". Ihr großer Vorteil gegenüber der Rucola: Sie ist mehrjährig. Man kann ihre zarten Blättchen gleich mehrmals hintereinander ernten, da sie immer wieder nachwächst. In steinigem Untergrund

Verwechslungsgefahr

Rucola und Rauke wurden schon mit dem giftigen Greiskraut (*Senecio spec.*) verwechselt, die Blätter sehen ähnlich aus. Wer nur einmal selbst Rucola und Rauke angezogen hat, verwechselt die Salatpflanzen nicht mehr mit dem gefürchteten Kraut. Die Gewächse sind leicht anhand des Aromas zu unterscheiden: Rucola schmeckt und riecht äußerst würzig, das Greiskraut dagegen weist keinerlei Geruch auf. Sobald die Pflanze blüht, ist ebenfalls keine Verwechslung mehr möglich. Das Greiskraut ist ein Korbblütler mit einer sonnenblumengelben Blüte.

bildet sie eine lange Pfahlwurzel aus, die auch während der heißen Sommermonate ihre Wasserversorgung sicherstellt. In meinem Garten steht sie nicht nur in der Kräuterspirale, sie hat sich auch in unserer kiesigen Einfahrt und an einem sehr trockenen Platz unter dem Dachüberstand breitgemacht. Dort versamt sie sich offensichtlich gerne. Ich werde die jungen Pflänzchen vorsichtig ausgraben und an einen neuen, tiefgründigeren Standort setzen.

Beide Arten, Rucola und Rauke, eignen sich gut für den Balkonkasten. Der Boden sollte locker sein, damit sich Wurzel und Pflanze optimal entwickeln. In Töpfen verwende ich torffreie Bio-Erde oder Kokossubstrat, die zuvor großzügig mit „Seramis" oder Blähton durchmischt wurden. Die Pflanzen zeigen sich zudem dankbar für Wassergaben im Sommer.

Im Jugendstadium entstehen mitunter über Nacht kleine Löcher in den Blättern. Die Übeltäter sind kleine, schwarze Käfer: Kohlerdflöhe, die sehr weit springen können. Um sie wieder loszuwerden, sollte man den Boden gelegentlich hacken und lockern. Auch regelmäßige Wassergaben mögen die Käfer nicht. Ich habe gute Erfahrungen damit gemacht, Gesteinsmehl über die Blätter zu stäuben. Das bekommt den Käfern nicht und stärkt gleichzeitig die Jungpflanzen. Ein Gemüsevlies zum Schutz ist immer die richtige Entscheidung: Es hilft gegen alles, was krabbelt.

Später im Jahr treten manchmal, vor allem an den Blüten, grauwollige Kohlläuse auf. Sie lassen sich oft schon mit einem wiederholten kalten Wasserstrahl regulieren, bei Bedarf kann man auch Neem-Präparate anwenden. Für uns bedeutet der Wirkstoff Neem, dass wir keine Wartezeit vor dem Verzehr einhalten müssen, wie es bei anderen Produkten der Fall ist: einfach abwaschen und fertig! Auf eine Düngung der Pflanzen verzichte ich ganz, da ich keine mastige Pflanze mit matschigen, weichen Blättern haben will, sondern einen knackigen Salat mit Biss.

Über die italienische Kochkunst fand die Rucola als Pizzabelag und Salat wieder zurück in die moderne deutsche Küche. Leider wird sie hier oft auf der Pizza mitgebacken, sodass man „getoastete" Pflanzenkrümel statt eines knackigen Belags vorfindet.

Flammkuchen mit Rucola und Ziegenkäse

FÜR DEN BODEN
400 g Weizenmehl Type 550
200 ml kaltes Wasser
50 ml Weißwein
3 EL Rapsöl, Salz
(oder fertiger Flammkuchenteig
aus dem Kühlregal)

FÜR DEN BELAG
400 g Crème fraîche
2 EL Sahne
250 g Speck oder Parmaschinken
15 Cocktailtomaten
1 Bund Rucola (oder Rauke)
200 g Ziegenfrischkäse
Salz, Pfeffer

Für den Boden alle Zutaten in eine Rührschüssel geben und etwa 5 Minuten mit dem Knethaken des Mixers zu einem festen Teig verkneten. Zu einer Kugel formen und zugedeckt etwa 1 Stunde ruhen lassen. Danach nochmals kurz durchkneten und weitere 15 Minuten gehen lassen. Den Teig so dünn wie möglich ausrollen. Vorsichtig auf ein gefettetes oder mit Backpapier versehenes Backblech legen.

Den Backofen auf 250 °C vorheizen (Ober-/Unterhitze). Für den Belag die Crème fraîche mit der Sahne glatt rühren. Speck in schmale Streifen schneiden, Cocktailtomaten halbieren. Den Rucola waschen und trocken schleudern. Die Sahnemischung gleichmäßig auf den Teig streichen. Speck und Tomaten darauf verteilen. Dazwischen kleine Kleckse Ziegenfrischkäse setzen. Zurückhaltend salzen (Speck!) und pfeffern. Den Flammkuchen 10–15 Minuten knusprig backen. Die Rucolablätter (und evtl. den Parmaschinken) vor dem Servieren auf dem Flammkuchen verteilen.

Löwenzahn – vom Unkraut zur Delikatesse
Taraxacum officinale

Wer kennt sie nicht – die sattgelben Blumen, die im Frühjahr mit ganzen Blütenmeeren unser Herz erfreuen? Auf dem frisch gemähten Rasen wiederum steht sie meistens genau da, wo man sie nicht haben will. Als Kaninchenfutter ist sie gut geeignet, aber für den Menschen?

Ja, denn frische Löwenzahnblättchen sind sehr aromatisch und gesund! Das Wildgemüse wächst weit verbreitet und lässt sich beim Spaziergang meist schnell auffinden, am besten auf einer ungedüngten Wiese fernab von der Straße. Zudem ist der Korbblütler eine besonders robuste Salatpflanze, die man leicht selbst im Garten kultivieren kann. Die Wildform des Löwenzahns schmiegt sich mit ihrer flachen Blattrosette an den Boden und entgeht so jedem Rasenmäher. Seine tiefe Pfahlwurzel treibt nach jedem Abstechen freudig wieder aus und demonstriert uns so seine immense Vitalität. Der holländische Name „Maulwurfsalat" erzählt davon, dass Löwenzahn jeden freien Platz besiedeln kann. Statt ihn mit der Grabschaufel zu vertreiben, lässt er sich auch als Gemüsepflanze betrachten, denn als leckere Frischkost vermacht er uns seine wertvollen Vitalstoffe. Also: Nicht auf den Kompost, sondern in die Salatschüssel damit!

Löwenzahn ist vor allem bei unseren französischen Nachbarn hoch im Kurs. Die Gourmets haben aus einer mittelalterlichen Heilpflanze der Klostergärten ein Salatgemüse erster Wahl gezüchtet. Die Pflanze heißt dort „Pissenlit", also Bettnässer, was auf seine harntreibende und reinigende Wirkung hinweist. Aus dem flachen Wildkraut haben sich Sorten entwickelt, die sehr dicke Stiele und weniger Blattmasse haben. Da die Bitterstoffe vor allem in den grünen Blättern enthalten sind, ist der Salat so deutlich milder und bringt durch die größeren weißen Stiele mehr Gesamtertrag. Wird Löwenzahn gedünstet oder vorsichtig blanchiert, können auch einige Bitterstoffe herausgelöst werden. So zubereitet, verliert er allerdings auch teilweise seine gesundheitsfördernde Wirkung. Ich gebe einfach eine Prise Zucker oder etwas Honig dazu, das mindert den leicht bitteren Geschmack der grünen Blätter ebenfalls.

Die Wurzeln des Löwenzahns nutzte man früher als Ersatz für Kaffee, der sogenannte „Muckefuck". Dazu wurden die Wurzeln getrocknet, geröstet und gemahlen. Man kann sie aber auch „in die Pfanne hauen". Sie werden in feine Streifen geschnitten, mit

Junge und zarte Löwenzahnblättchen schmecken intensiv und passen in allerlei Salatmischungen. Lecker sind Kombinationen mit anderen herzhaften Zutaten wie hart gekochte Eier, gebratene Pilze, Walnüsse, Pinienkerne, Speck oder Ziegenkäse.

Zwiebeln und etwas Knoblauch in Öl gedünstet und dann in Gemüsebrühe weich gekocht. Knospen und junge Blüten können ebenso zubereitet werden; sie sind eine bereichernde Zutat für allerlei Gemüsegerichte. Delikat ist auch ein Löwenzahngelee aus den Blüten.

Eine besonders schmackhafte Form der Löwenzahnpflanze erhält man, wenn sie wie Chicorée gebleicht wird. Während der sommerlichen Wachstumsphase bietet sich das jederzeit an. Ich nehme dazu einen schwarzen Betoneimer und stülpe ihn fest über die Blattrosette. Die neuen Triebe wachsen dann unter Lichtmangel stark nach oben; sie lagern kein Blattgrün und somit weniger Bitterstoffe ein. Die Blätter werden auf diese Weise deutlich weicher und milder. Ich ernte die hellgelben Blatttriebe und entferne den Eimer wieder, sodass die Pflanzen unter Tageslicht neu austreiben. Sie erholen sich sehr schnell – schon nach wenigen Wochen können erneut Blätter gebleicht werden. Um die Einzelpflanze nicht dauerhaft zu schwächen, empfiehlt sich die Kultur in Reihen. Mit einem Pflanzabstand von 50 cm in jede Richtung kann der Eimer hier auf einzelne Pflanzen gestellt werden, ohne dass die jeweilige Nachbarpflanze beeinträchtigt wird. Der Boden in den Beeten sollte tiefgründig gelockert sein, damit die starke Wurzel ausreichend Platz findet. Der ursprünglichen Wildpflanze genügt ein leicht lehmiger Boden mit einer guten Humusversorgung und etwas abgelagertem Kompost. Da die Pfahlwurzel ein Umpflanzen oft nicht gut verträgt, sollten die Pflanzen unmittelbar an ihrem endgültigen Standort gesät werden.

Wenn wir Löwenzahn als Kulturpflanze in unseren Gärten ansiedeln, wird er sich hier auch nicht weiter ausbreiten können: Durch das wiederholte Ernten steckt die Pflanze ihre ganze Kraft in die Bildung neuer Blätter und nicht in die samenbestückten „Schirmflieger". Meine Sortenempfehlungen für Deutschland sind 'Sperlings Lyonel', 'Krausblättriger Löwenzahn' und 'Verbesserter Vollherziger'.

Um auch im Winter frischen Löwenzahn ernten zu können, gräbt man die Wurzelstöcke im Herbst vorsichtig mit einer langen Grabegabel aus. Sie werden gereinigt und in einen schwarzen Betoneimer gepflanzt, der mit Kokosfasersubstrat gefüllt ist. Vorsichtig gewässert treibt die Wurzel an einem warmen und dunklen Standort (z. B. im Heizungskeller) neue gebleichte Triebe aus. Diese sind bei all der weihnachtlichen Leckerei eine wunderbare Entlastung für den Körper und eine anregende Speise.

Löwenzahn-Pesto

Löwenzahn verlesen, waschen und grob hacken. Den Knoblauch schälen und zusammen mit dem Löwenzahn in einen Mixer geben und klein hacken. Öl, Essig und Parmesan zufügen, mit Salz und Pfeffer abschmecken. Das Pesto nach Geschmack mit etwas Zitronensaft abrunden.

200 g Löwenzahn (Blätter und Blüten)
3 Knoblauchzehen
5 EL Olivenöl
3 EL Essig, z. B. Weißweinessig
3 EL frisch geriebener Parmesan
Salz, Pfeffer
1 Spritzer Zitronensaft

Petersilie

Die gekrauste Petersilie (*Petroselinum crispum*) wird heute am meisten kultiviert, die Ursprungsform besitzt glatte Blätter. Diese liefert zwar etwas weniger Masse, besitzt aber ein deutlich intensiveres Aroma! Das gilt besonders für die italienischen Sorten, die auch für den hiesigen Anbau geeignet sind. In der Küche ist Petersilie ein Allroundtalent. In Salaten und Suppen darf sie nicht fehlen, sie passt zu Fisch, Fleisch, Salaten, Soßen, Dips und allerlei Gemüsegerichten. Aber nicht nur die grünen Blätter sind essbar, sondern auch die Petersilienwurzel. Diese wird heute noch gern als Suppengewürz verwendet.

„Peterli" wird zweijährig kultiviert: Über den Winter bleibt die Pflanze draußen und kann im Frühjahr wieder aufs Neue beerntet werden. Das Kraut bevorzugt einen gut gelockerten, lehmigen Boden. Aufgrund eines im Boden lauernden Welkepilzes kann es zu Keimproblemen kommen. Ich stäube die Samen mit getrocknetem „Mehl" aus Lehm und Holzkohle ein, das wirkt pilzhemmend und keimstimulierend. Die Samen streue ich überall verteilt in meinen Beeten aus. Sie keimen da am besten, wo kein Pilz vorhanden ist – und ich finde überall etwas Würziges zum Naschen.

Portulak – vielseitig und lecker
Portulaca oleracea, Montia perfoliata

Viele mögliche Zubereitungen, gesund, aromatisch und leicht anzubauen: Diese Eigenschaften zeigen, dass Portulak zu Unrecht ein Schattendasein in unseren Gärten und Küchen führt. Darf ich vorstellen? **Sommerportulak** (*Portulaca oleracea*) ist eigentlich eine heimische Wildpflanze. Seine kleinen, gelben Blütchen sind eher unscheinbar und nicht zu verwechseln mit dem beliebten und prächtigen Portulakröschen (*Portulaca grandiflora*), das übrigens auch essbar ist. Sommerportulak hat fleischige, sukkulente Blätter, die jedem Salat eine knackige, leicht salzige Note verleihen. Im Sommer sind die Stängel gerne mal rötlich überhaucht, was auch optisch eine Bereicherung ist. Die Pionierpflanze siedelt sich in jeder möglichen Erdritze an. Wird der Boden wieder bearbeitet oder neu bepflanzt, verschwindet er problemlos wieder. Die Pflanzen wachsen sehr schnell; schon etwa vier bis sechs Wochen nach der Aussaat kann von Mai bis September geerntet werden! Die Kultursorten werden etwa 40 cm hoch und liefern entsprechend mehr Blattmasse für die Küche als die wilde Form. Kurz mitgedünstet schenken die Blättchen allerlei Speisen ihr feines Aroma. Die jungen Blütenknospen kann man wie Kapern sauer einlegen – ein würziger Genuss zu Käse oder auf der Pizza. Portulak enthält viel Vitamin C, Magnesium, Kalium und Omega-3-Fettsäuren. Heute hat man seine Heilwirkungen als antibakteriell, antikarzinogen und antiviral nachgewiesen: eine rundum wertvolle Pflanze. Der sogenannte **Winterportulak** (*Montia perfoliata*) heißt auch „Postelein" oder „Tellerkraut". Seine ursprüngliche Heimat ist der amerikanische Kontinent von Mexiko bis Kanada. Durch die globalen Handelsbeziehungen hat er sich weltweit ausgebreitet und behauptet sich gut an Plätzen, die ihm zusagen. In meinem Garten hat er auf dem Spargelbeet und im benachbarten Staudenbereich eine neue Heimat gefunden. Da er sandige und leicht lehmige Böden mag, ist Winterportulak für beinahe jeden Garten geeignet. Durch ihre Fähigkeit, Lücken zu füllen und fast jeden Standort zu besiedeln, passen beide Portulak-Arten auch hervorragend auf Balkon und Terrasse.

Der Name „Tellerkraut" beschreibt seine Form sehr gut: Er hat teller- oder auch löffelähnliche Blättchen, die jeweils einzeln auf einem kleinen Stiel stehen. Über dem „Teller" bilden sich zarte, weiße Blüten, aus denen sich später schwarze Samen entwickeln. Winterportulak ist eine pflegeleichte, dankbare Pflanze. Im Garten ist er eine wunderbare Ergänzung zu Feldsalat, da beide gleich kultiviert werden. Winterportulak wird ab September ausgesät,

ist bis etwa -10 °C winterhart und kann den ganzen Winter über geerntet werden. Sein Name „Kubaspinat" verrät die Verwendung als gedünstetes Gemüse. Da sich die Pflanzenstruktur durch das Dünsten aber stark zersetzt, verzichte ich darauf und gebe den Winterportulak erst unmittelbar vor dem Servieren in Pfanne oder Topf. Auch als lauwarmer Salat mit einer Speck-Kräuter-Vinaigrette ist er ein Genuss!

Portulak-Spinat-Salat
mit Frischkäsebällchen

Portulak und Spinat verlesen, waschen, trocken schleudern und mischen. Aus Öl, Essig, Salz, Zucker und Senf ein Dressing anrühren. In einer Pfanne die Pinienkerne ohne Öl kurz rösten. Den Honig-Frischkäse zu kleinen Bällchen formen und im Thymian wälzen. Das Dressing über die Portulak-Spinatmischung träufeln, die Bällchen zugeben und die Pinienkerne darüberstreuen. Dazu passt geröstetes Baguette.

200 g Portulak
100 g junger Spinat
4 EL Olivenöl
2 EL Weißweinessig
je 1 TL Salz, Zucker und
Dijon-Senf
100 g Pinienkerne
150 g Ziegenfrischkäse mit Honig
2 EL fein gehackter Thymian

Erbsen und
Linsen

Erbsen – mein Lieblingsgemüse
Pisum sativum

Erbsen gehören heute zu den populärsten Hülsenfrüchten. In früheren Zeiten wurden die getrockneten Körner als lagerfähige Eiweißquelle genutzt. So war man im Winter weniger vom Fleisch abhängig und konnte sich stattdessen eine wärmende und kraftspendende Erbsensuppe kochen. Vor ungefähr 9000 Jahren haben sich Mensch und Pflanze so stark angenähert, dass es heute gar keine Wildform der Erbsen mehr gibt. Durch Züchtung ist nur eine Art erhalten geblieben – mit all ihren vielfältigen Eigenschaften. Seit dem 17. Jahrhundert werden neben den Trockenerbsen auch die knackigen, süßen Hülsen als zartes Feingemüse kultiviert. Zu Zeiten des französischen Sonnenkönigs Ludwig XIV. galt es als besonders schick, die Früchte mitsamt der Hülsen zu verzehren.

Auch Fruchtbarkeitszauber wurden mit Erbsen getrieben: Man kochte sie in Natron und Zucker, schmeckte mit Rotwein ab und verzehrte sie dann einzeln mit Blick nach Osten. Von nun an war man unwiderstehlich für die Frauenwelt! Auch eine gute Erbsenernte galt als Hinweis auf Fruchtbarkeit. Während der Raunächte, einer sagenumwobenen Zeit um den Jahreswechsel, wurden Obstbäume mit einem Beutel voller Erbsen geschlagen. Dabei sollten so viele Äpfel heranwachsen wie Erbsen im Sack waren. Aktuell sind uns noch einige alte Bräuche erhalten geblieben: So wird nach wie vor zu Ehren eines Verstorbenen oft ein Erbsengericht serviert. Heute noch wird ein in Erbsenstroh gekleideter Junggeselle, der „Erbsenbär", als Vegetationsgeist durch rheinische Dörfer getrieben.

Ein Erbsenfreund wie ich mischt die kleinen, hübschen Früchte in allerlei Speisen. Sie passen gut in Reisgerichte (Risotto), Suppen, Omeletts, Aufläufe und Eintöpfe. Auch auf die Schnelle in Butter geschwenkt oder mit einer Sahnesoße zubereitet, offenbaren sie ihr herrliches Aroma. Die sattgrüne Farbe bleibt kräftig, wenn man die Früchte zusammen mit einer Prise Zucker gart. Geeignete Gewürze sind Dill, Basilikum, Kerbel, Oregano, Muskat, Petersilie und frische Pfefferminze.
Von meinen Erbsenpflanzen esse ich auch die Blüten und die jungen Ranken sehr gerne, am liebsten ungekocht. In einem Salat schmecken sie frisch und knackig – und bringen das feine Erbsenaroma an bisher ungewohnte Speisen.
So vielseitig die Zubereitungsformen sind, so verschiedenartig sind auch die Pflanzen: Jede Sortengruppe besitzt eine eigene

Besonders Kinder lieben frische Erbsen. Ich selbst war als kleiner Junge ganz wild auf die jungen Körner, die ich heimlich aus den Hülsen gepult habe. Meine Oma hat dann auf die bösen Spatzen geschimpft. Ich glaube, sie wusste genau, wer das „Vögelchen mit dem langen Schnabel" war!

Wuchsform. Die runden, glatten, grünen oder gelben Körner der **Pal-** oder **Schalerbsen** (*Pisum sativum convar. sativum*) sind besonders stärkereich. Sie können frisch zubereitet und getrocknet werden. Durch ihre feste Struktur sind sie lange lagerfähig und zum Einfrieren geeignet. Mit der Ernte sollte man nicht zu lange warten, da die Körner schnell mehlig werden. Die getrockneten Erbsen werden nach dem Aufquellen gern für Suppen verwendet, so auch in der traditionellen „Totensuppe" – für uns Lebende eine echte Kraftbrühe!

Meine Sortenempfehlung ist die 'Allerfrüheste Mai' mit gelbem Korn, die früheste Sorte auf dem Markt. Ebenfalls gute Erfahrungen habe ich mit 'Kleine Rheinländerin' und 'Rheinperle' gemacht: Das sind grünkernige, kleine, frühe Sorten mit weißer Blüte. Sie werden nicht höher als 40 cm, brauchen also keine Wachstumshilfe. Als Naschgemüse passen sie auch sehr gut in den Balkonkasten. Altbewährt ist die etwas höhere Kapuzinererbse 'Blauwschokker' mit dunkelvioletten Blüten und Hülsen: ein Augen- und Gaumenschmaus!

Markerbsen (*Pisum sativum convar. medullare*) werden sowohl frisch als auch zum Einfrieren und Einkochen genützt. Zum Trocknen sind sie nicht geeignet. Die eckigen Erbsenkörner lagern deutlich weniger Stärke und dafür mehr Zucker ein, was die ganze Hülse wunderbar süß macht. Sie sind daher die meist angebauten Erbsen, sowohl in den Hausgärten als auch in der industriellen Produktion.

Die Pflanzen werden oft höher als 70 cm und benötigen daher eine Rankhilfe. Mit einer Schnur auf halber Höhe wird die Erbse unterstützt und stabilisiert, was gerade bei reichem Hülsenansatz sehr gefragt ist. Ich empfehle 'Evita', eine im Bio-Landbau bewährte, dunkelgrüne und sehr robuste Sorte, die auch sehr gut zum Einfrieren geeignet ist. Für den Sommeranbau gibt es 'Vitara' mit etwa 80 cm Wuchshöhe. Diese Sorte toleriert sowohl sommerliche Hitze als auch Mehltau. Ein Klassiker ist nach wie vor 'Wunder von Kelvedon', die mit weißer Blüte nur etwa 40 cm hoch wird. Sie ist besonders früh pflückreif und bietet eine lange Erntephase.

Der Traum eines jeden Gourmetgärtners sind die **Zuckererbsen** (*Pisum sativum convar. axiphium*). Bei den französischen Feinschmeckern heißen sie „Mange-tout", also sinngemäß „ich esse sie alle" – was auf ihren wunderbaren Geschmack hindeutet! Bei Zuckererbsen spielen nicht die Körner, sondern die stark vergrößerte, süße Hülse die Hauptrolle. Bei der Zubereitung entfernt man die Fäden entlang der Hülse. Die Früchte entwickeln nur wenig Stärke, die erst spät im Herbst in das Korn eingelagert wird. Deswegen bleiben sie über eine lange Ernteperiode hinweg wunderbar zart,

Auch in der sagenhaften Welt der Heinzelmännchen waren Erbsen von Bedeutung: Die fleißigen Helferlein wurden von der neugierigen Frau des Schusters entlarvt, als sie auf ausgestreuten Erbsen ausrutschten. Da war es endgültig vorbei mit der „Heinzelei".

knackig und süß. Erst am Ende der Erntezeit wird eine Schicht Pergamin eingelagert, die sich im Mund wie Butterbrotpapier anfühlt. Dann sind die Erbsen ungenießbar, die Pflanzen können jedoch zur Saatgutgewinnung stehen bleiben.

Neben den klassischen, eher glatten Hülsen gibt es noch eine Rarität, die Markzuckererbse. Sie hat eine oft riesig aufgeblähte Hülse mit saftiger Konsistenz. Leider sind diese Sorten nur noch selten zu bekommen. Leichter zu finden sind die 'Bergische Zucker' und die 'Rheinische Zucker', beides hoch wachsende Sorten (bis zu 2 m Höhe) mit violetter Blüte. Sie sind sehr robust und auch für raue Lagen geeignet. In unserem Projekt auf der Bundesgartenschau 2011 (siehe Seite 25) waren sie bei den Besuchern die begehrtesten Sorten.

Weiterhin empfehlenswert sind 'Ambrosia', 'Delicata' und 'Zuccola', allesamt sehr robuste Sorten aus dem biologischen Anbau. Die 'Frühe Heinrich' ist eine bewährte frühe Sorte.

Erbsen im Garten

Neben den Dicken Bohnen sind Erbsen die Hülsenfrüchte, die am frühesten ausgesät werden können – in geschützten Lagen schon ab Ende März. Am wohlsten fühlen sich die Pflanzen in tief gelockerten, sonnenwarmen, leicht lehmigen Böden mit guter Wasserversorgung. Ich decke die Keimlinge mit einem Gemüsevlies ab, um sie vor Austrocknung und hungrigen Vögeln zu schützen. Das Düngen entfällt, da Erbsen als Stickstoffsammler ihren eigenen Dünger mitbringen und die Bodenqualität sogar verbessern. Je nach Sorte benötigen Erbsenpflanzen eine Rankhilfe, wie einen Kaninchenzaun. Früher nutzte man traditionell Birkenreisig oder Haselnussstecken, die auch mit Fruchtbarkeit in Verbindung gebracht wurden. Kleinwüchsige Sorten benötigen keine Rankhilfe, sollten aber nahe zusammengepflanzt werden, da sie sonst bei starkem Regen umfallen.

Pflanzenschutz ist nur im Ausnahmefall nötig. Häufigere Gäste sind Blattläuse. Als Gegenwehr spritze ich die Pflanzen mit einem scharfen Wasserstrahl ab und bestäube sie mit Gesteinsmehl oder nutze ein Kaliseifen-Präparat. Falls einzelne Raupen von Wicklern auftreten, sollte man diese frühzeitig mit einem Bacillus-Präparat regulieren. Mehltau kann besonders in den Sommermonaten und bei zu engem Stand auftreten. Vorbeugend helfen eine gleichmäßige Wasserversorgung und die Behandlung mit einer Backpulvermischung (siehe Seite 37).

Auch für Garteneinsteiger sind Erbsen gut dazu geeignet, um eigenes Saatgut zu gewinnen. Hat man die individuell passende

Sorte gefunden, lässt man einige Pflanzen speziell für die Gewinnung von Saatgut ausreifen. Da Erbsen meist Selbstbestäuber sind, erhält man bei den samenechten, traditionellen Sorten auch immer wieder dieselbe Qualität. So kann man sich über einige Jahre hinweg eine eigene „Hofsorte" auslesen.

Traditionelle Gemüsesorten: 'Kesselheimer Zucker'

Diese Sorte ist eine wunderbare Wiederentdeckung einer traditionellen Zuckererbse. Zart, knackig und zuckersüß schmecken die Hülsen und auch die eingelagerten Körner. Schon 1830 wurde die 'Kesselheimer Zucker' im Koblenzer Stadtteil Kesselheim angebaut. Der Hauptabsatz erfolgte auf den Märkten der Garnisonsstadt Koblenz. Dort ließen sich besonders die hohen Herrschaften die zuckersüßen Schoten gerne servieren. Die Sorte war so begehrt, dass man in den 60er-Jahren mit dem Anbau im Bonner Vorgebirge begann.

Bei der Suche nach regionalen Sorten in Vorbereitung zum „Projekt Garten Eden 2011" auf der Bundesgartenschau (siehe Seite 25) stieß ich auf die 'Kesselheimer Zucker'. Ihre geschmacklichen Qualitäten überzeugten mich so sehr, dass ich zusammen mit dem „Slow Food Convivium Mittelrhein-Mosel" einen Antrag für die Aufnahme in die „Arche des Geschmacks" einreichte. Der Antrag wird zurzeit von der Kommission geprüft.

Die große Zuckererbse besitzt eine eher runder Hülse und gelblich-grüne Körner. Wenn die Hülse reif ist, zeigt sie einen schwarzen Streifen entlang der Hülsennaht. Blätter und Ranken weisen rote, stängelumfassende Flecken auf. Zusammen mit den prachtvollen, violetten, essbaren Blüten ist die Pflanze ein Hingucker in jedem Garten. Auch auf Balkon und Terrasse findet sich vielleicht noch der ein oder andere tiefgründige Kübel, um sie hier wachsen zu lassen.

Erbsenrisotto mit Minze

1 EL Olivenöl
2 Zwiebeln
400 g Risottoreis
200 ml trockener Weißwein
1 l Gemüsebrühe
200 g Zuckerschoten
250 g Erbsen (z. B. 'Kleine
Rheinländerin')
125 g Parmesan
1 Bund Basilikum
1 Stängel Pfefferminze
70 g Butter
Salz, Pfeffer
1 Spritzer Zitronensaft

Das Öl in einem Topf erhitzen. Die geschälten und fein gewürfelten Zwiebeln im Öl glasig anschwitzen, den Reis hinzufügen. Kurz andünsten und mit dem Wein ablöschen. Mit Gemüsebrühe auffüllen und etwa 15 Minuten unter gelegentlichem Rühren köcheln lassen. Die Zuckerschoten von den Fäden befreien und in feine Streifen schneiden. Zusammen mit den Erbsen 6 Minuten vor Ende der Garzeit zum Risotto geben. Der Reis sollte weich sein, aber noch Biss haben. Parmesan reiben, Kräuter klein hacken und mit der Butter zusammen unter das Risotto ziehen. Mit Salz, Pfeffer und etwas Zitronensaft abschmecken

Perlgraupensalat mit Zuckerschoten

2 Tassen feine Perlgraupen
2 Tassen Gemüsebrühe
500 g Zuckerschoten (z. B. 'Kesselheimer Zucker')
1–2 Schalotten
150 g bunte Tomaten
1 grüne Paprika, 1 rote Paprika
2 Lauchzwiebeln
3 EL Joghurt
1 EL Raps- oder Sonnenblumenöl
2 EL weißer Balsamico
2 EL glatte, klein gehackte Petersilie
Salz, Pfeffer

Die Perlgraupen nach Packungsanleitung in der Gemüsebrühe kochen, bis sie gar und bissfest sind. Die Zuckerschoten waschen, jeweils die beiden seitlichen Fäden mit einem scharfen Messer abziehen. Dann in feine Streifen schneiden. Schalotten fein würfeln. Tomaten je nach Größe halbieren oder vierteln, Paprika klein würfeln, Lauchzwiebeln in feine Ringe schneiden. Die restlichen Zutaten für das Dressing verrühren, alles gut in einer Salatschüssel vermischen und abschmecken.

Linsen – Leckereien mit Biss
Lens culinaris

Klein und fein! Linsen sind die kleinsten aller Hülsenfrüchte, die von uns gegessen werden. Aus dem Mittelmeerraum kommend, wurden sie schon in den ersten Ackerbaukulturen der Menschheit angebaut: Linsen sind urheimisches Gemüse. Das berühmte biblische Linsengericht erfreut sich heute wieder wachsender Beliebtheit! Auch hierzulande ist das spürbar – der Linsenanbau in der schwäbischen Alb wurde wieder aufgenommen. Hier haben die Hülsenfrüchte eine lange Tradition, besonders im herzhaften Gericht „Linsen, Spätzle und Saitenwürste".

Im alten Volksglauben waren Linsen vor allem für Reichtum und Fruchtbarkeit zuständig. Besonders an Heiligabend und Silvester sollte man sie essen, damit im nächsten Jahr das Geld nicht ausgeht. Die Ähnlichkeit der kleinen, flachen Früchte mit Geldstücken spielt hier wohl die entscheidende Rolle. Tatsächlich sind Linsen ein Gewinn – für unsere Gesundheit, den Geschmackssinn und auch für den Gartenboden.

In eine sämige Linsensuppe passen am besten die klassischen großen Tellerlinsen (grün oder braun) und die geschälten gelben Linsen. Sie haben eine etwas längere Kochzeit. Für einen Salat empfehle ich Beluga-Linsen (schwarz), Pardina-Linsen (grün-rötlich), Provencal-Linsen (grün-marmoriert), die Sorte 'Verte de Puy' (grün-marmoriert) und die bereits geschälten, roten Tellerlinsen. Alle zeichnen sich durch eine schnelle Kochzeit von ungefähr 30 Minuten aus. Am besten man probiert rechtzeitig; sie sollten unbedingt noch Biss haben.

Linsen eignen sich auch hervorragend für die winterliche Vitaminversorgung – indem man sie als Sprossen keimen lässt. So ist die gesunde, knackige Salatzugabe von der Fensterbank jederzeit griffbereit. Der Keimungsprozess wandelt die Inhaltsstoffe um, sodass die Sprossen zudem sehr gut verdaulich sind.

Die Linsen, die heute auf unserem Teller landen, stammen zumeist aus südlicheren Ländern wie Italien, der Türkei und dem Mittelmeerraum. Dabei sind Linsen auch hierzulande ein besonders nützliches Gemüse für den Gartenfreund. Allerdings sind pro Hülse höchstens zwei Körner zu erwarten, deswegen sollte man schon eine etwas größere Fläche im Beet einplanen. Die Samen werden flach in Reihen ausgesät. Der Boden sollte leicht lehmig-sandig, aber gut durchlässig sein. Die Pflanzen stehen gerne sonnig und etwas exponiert, damit der Wind sie gut abtrocknen kann. Die entstehende Pflanze ist sehr zart, hat gefiederte Blätter

Der Anbau von Linsen ist eine Wohltat für jedes Gemüsebeet! Die Hülsenfrüchte sammeln Stickstoff und fördern so die Fruchtbarkeit des Gartenbodens. Auf kalkhaltigem Boden war die Kultivierung von Linsenpflanzen in Deutschland einst weit verbreitet.

und eine hellblaue Blüte. Man sollte ihr Rankhilfen anbieten, weil sich die reifen Hülsen sonst zur Erde neigen und so nass oder schimmelig werden können. Eine geeignete Stütze ist beispielsweise Reisig, das senkrecht in den Boden zwischen die jungen Pflanzen gesteckt wird. Auch kleine „Zäune", rasch aus Stöcken und Schnur zusammengebunden, erfüllen diesen Zweck. Sind die reifen Hülsen soweit abgetrocknet, dass sie rascheln, kann geerntet werden. An einem luftigen Platz trocknet man sie noch eine Zeit lang nach. Ich dresche sie dann wie Bohnen vorsichtig in einem Leinenbeutel aus, um sie von den Hülsen zu lösen. Im Schraubdeckelglas sind sie so bis zu drei Jahre lang haltbar.

Gute Kombination: Feldsalat, Linsen und Ziegenkäse.

Traditionelle Gemüsesorten: 'Verte de Puy' und 'Späth's Alblinse'

Besonders zu begrüßen ist eine von „Slow Food" unterstütze Anbau-Initiative der „Alb-Leisa", einer Öko-Erzeugergemeinschaft von der Schwäbischen Alb. Sie baut nach biologischen Maßstäben Linsen an, darunter auch die traditionellen Sorten. Mit der französischen 'Verte de Puy' haben sie sich eine der besten Linsensorten weltweit ausgesucht. Die grün gesprenkelte, kleine Hülsenfrucht hat ein feines, nussiges Aroma und ist sehr robust. Ein besonderer Glücksfall ist der Wiederfund der originalen 'Späth's Alblinse' in der russischen Genbank von Sankt Petersburg. Die etwas größere, einfarbige Linse wurde einst auf der Alb gezüchtet und wird in wenigen Jahren wieder für den Verzehr zur Verfügung stehen. Diese Linsen kann man sich vormerken, sie schmecken ganz besonders aromatisch!

Roter Linsensalat mit Chili

200 g rote Linsen (z. B. 'Späth's
Alblinse')
125 g Cocktailtomaten
2 Lauchzwiebeln
1 Paprika
1/2 Salatgurke
250 g Ananas in Stücken
1 kleine, rote Chilischote

FÜR DAS DRESSING
4 EL Balsamico
1 TL Zitronensaft
1 EL Ananassaft
5 EL Olivenöl
Salz, Pfeffer
Honig oder Senf nach Geschmack

Die Linsen etwa 10 Minuten bei geringer Hitze kochen, erst kurz vor Ende der Garzeit salzen. Dann in einem Sieb gut abtropfen lassen. Die Cocktailtomaten vierteln, Lauchzwiebeln in feine Ringe schneiden, Paprika klein würfeln. Aus der Salatgurke die Kerne entfernen (der Salat wird sonst zu wässerig) und in kleine Würfel schneiden. Die Ananasstücke im Sieb abtropfen lassen, dabei etwas Saft auffangen. Die Chilischote halbieren, die Kerne und die weißen Strünke entfernen. In feine Stückchen schneiden. Das Dressing anrühren und alle Zutaten miteinander vermischen. Mindestens 30 Minuten ziehen lassen, nochmals abschmecken.

Strauchbasilikum

Strauchbasilikum (*Ocimum x basilicum*) ist eigentlich keine eigene Art. Es ist vielmehr eine natürliche Kreuzung zweier unbekannter Elternarten, die diesen strauchigen Basilikumtyp hervorgebracht haben. Seine Blätter sind deutlich fester und etwas behaarter als die der bekannten Sorten. Das Aroma ist stärker und harziger, sodass man weniger Blätter zum Würzen braucht. Dennoch wächst die Pflanze sehr üppig – man kann gleich mehrmals im Jahr ein Pesto abernten. Sowohl Blätter als auch Blüten des Strauchbasilikums lassen sich im Salat und auf der Tomaten-Mozzarella-Platte vernaschen. Im Gegensatz zu den Einweg-Pflanzen aus dem Supermarkt ist der Strauchbasilikum ein echter Dauerbrenner! Die meisten Sorten sind mehrjährig und können gut drinnen überwintern, was ein großer Vorteil ist.

Basilikumpflanzen gehören zu den wenigen Kräutern, die regelmäßig Nährstoffe benötigen. Im Abstand von einigen Wochen sollte man sie mit einem flüssigen, organischen Bio-Kräuterdünger versorgen. Der Bio-Kräutererde sollten anfangs ein wenig Hornspäne und vor allem lebendige Mikroorganismen hinzugefügt werden. Das fördert die Widerstandsfähigkeit. Im Winter können Spinnmilben und Blattläuse auftreten, die man mit einer warmen Dusche abspült. Bei hartnäckigem Befall hilft ein Neem-Präparat.

An Sorten gibt es das 'Grüne Ausdauernde Basilikum', das stark wachsend ist. Es wird etwa 100 cm hoch und 50 cm breit. Seine verholzten Teile schützen es gegen die gefürchtete Stängelfäule, zudem ist es sehr wetterfest. Die Sorte verträgt sogar bis 5 °C, was die Überwinterung im Zimmer erleichtert. Auch für warme Wintergärten ist dieses Strauchbasilikum geeignet; es wächst auch im Winter und kann weiter beerntet werden. Die Blüten sind hellrosa bis weiß und duften süßlich. 'African Blue' ist eine Sorte, die sich durch ihr violett geädertes Blatt auszeichnet. Sie ist sehr starkwüchsig und kann bei fortlaufender Ernte einen stattlichen Busch ausbilden. Man kann sogar dekorative Stämmchen daraus ziehen. Das 'Rote Ausdauernde Basilikum' (*Ocimum kiliman. x basilicum*) wird ebenfalls 1 m hoch; die Blätter sind rötlich überhaucht. Da es etwas mehr Wärme benötigt, eignet es sich während der Sommersaison für die Kräuterspirale oder den Pflanzkübel. Im Winter wird es nach drinnen geholt und regelmäßig mit Wasser besprüht. Häufiges Ernten führt auch hier zu einem kompakten Wuchs. Das 'Russische Ausdauernde Basilikum' ist eine sehr aromatische Spielart des Strauchbasilikums. Es hat feinere Blätter, eine glänzende, grüne Blattfarbe und wird nur 60 cm hoch. Im Winter hat es den größten Wärmebedarf und ist so nur für den beheizten Wintergarten geeignet.

Kohl: Wunder der Vielfalt

Grünkohl ist ein ausgesprochenes Wintergemüse. Erst durch frostige Temperaturen entfaltet sich sein volles Aroma.

Von Grünkohl bis Kohlrabi

Kohl ist in all seinen verschiedenen Formen ein sehr vielgestaltiges Gemüse. Hier lässt sich auf besonders faszinierende Weise beobachten, wie sich ein Gemüse im Lauf der Zeit durch menschlichen Einfluss verändert hat. Blätter, Blüten und verdickte Stängel wurden über Jahrhunderte hinweg zu jeweils eigenen Arten und Sorten herangezogen. Ob Grünkohl aus den Blättern, Brokkoli aus den Blüten oder Kohlrabi aus dem Stängel: Heute können wir aus diesem vielgestaltigen Reichtum schöpfen. Auch traditionelle Arten wie der Ewige Kohl und das Stielmus laden dazu ein, wieder neu entdeckt zu werden.

Schon bei den alten Griechen zu Zeiten des Theophrastos war bekannt, dass es Kohl in drei verschiedenen Typen gibt. Die ältesten deutschen Nachweise aus dem Mittelalter belegen, dass die verschiedenen Kohlgewächse damals in jedem Garten zu finden waren und auf vielfältigste Weise genutzt wurden. Neben den Heilwirkungen auf Stoffwechsel und bei Hauterkrankungen war auch schon bekannt, dass Kohl ganz besonders vitalisierend ist. Durch die Zubereitung von Sauerkraut kann das Gemüse so schonend konserviert werden, dass es sogar mehr Vitamin C enthält als der rohe Weißkohl! Das hatte in früheren Zeiten zur Folge, dass Seefahrer das Sauerkraut in großen Fässern mit auf ihre Schiffe nahmen, um damit dem Skorbut zu entgehen. Diese Vitamin-C-Mangelerkrankung war sehr gefährlich – die Seeleute behielten auf langen Überfahrten wegen des Sauerkrauts nicht nur ihre Zähne, sondern auch ihr Leben.

Heute ist Kohl in vielerlei Zubereitungen bekannt, ob traditionell oder modern. Um diese Vielfalt gärtnerisch und kulinarisch genauer kennenzulernen, habe ich im Folgenden die Entwicklungslinie des Kohls aufgezeichnet.

Zu den ursprünglichsten Kohltypen gehören die Blattkohlsorten. Eine der Wildformen ist der Helgoländer Kohl *(Brassica oleracea var. sylvestris)*. Er ist mehrjährig und besteht aus einem Hauptstängel und glatten, palmartig angeordneten Blättern. Aus dieser Art entwickelten sich die heutigen Braun-, Grün- und Palmkohlsorten. Sie haben ebenfalls einen Hauptstamm, mit nach oben und seitlich abstehenden Blättern. Diese Pflanzen werden einjährig über den Winter hinweg kultiviert. Der **Grünkohl** *(Brassica oleracea var. sabellica)* ist für die Neigung zu niedrigen Temperaturen das beste Beispiel: Mit dem Genuss seiner stark gekrausten Blätter sollte man am besten bis nach dem ersten Frost warten. Dann wird die Stärke in Zucker umgewandelt und das Aroma wird feiner. Traditionell wird Grünkohl so lange gekocht, bis er seine Struktur verliert und so für Gerichte wie „Grünkohl und Pinkel" geeignet

ist. In der modernen Küche wird das Gemüse dagegen nur kurz blanchiert. So bleibt es knackig und bissfest und kann schnell zubereitet werden, beispielsweise als Salat. Eine altbewährte, niedrig bleibende Grünkohlsorte ist 'Lerchenzungen' mit 50 cm Wuchshöhe. Etwas höher mit 70 cm wird 'Halbhoher Grüner Krauser' sowie 'Westerländer Winter'.

Nicht nur grünblättrige Sorten sind in Kultur, im Norden Deutschlands gibt es auch noch **Braun- oder Krauskohlsorten** (*Brassica oleracea var. sabellica*). Die Pflanzen haben jedoch keine braunen, sondern meist rötlich überhauchte, bis durchgefärbte Blätter. Sie sind eine optische Bereicherung und enthalten eine ähnlich hohe Konzentration an Vitalstoffen wie Brokkoli. Wer früher an den Weihnachtstagen keinen Braunkohl aß, sollte Eselsohren bekommen! Das Feiertagsessen galt als wichtige Schutzspeise für Hof und Garten. Braunkohlsorten kommen im Beet ganz ohne Gewächshaus aus und sind eine wunderbare Bereicherung für die gesunde Winterküche. Empfehlenswerte Sorten sind 'Lippischer Braunkohl' und 'Ostfriesische Palme'. Beide weisen rötlich überhauchte Blätter auf und erreichen beeindruckende Wuchshöhen bis 180 cm. Spannend finde ich auch den Roten Russischen Kohl (*Brassica napus var. pabularia*), der mit etwa 80 cm unauffälliger, aber stabiler dasteht. Eine weitere traditionelle Sorte mit hohem Zierwert ist der **Palmkohl** (*Brassica oleracea var. palmifolia*), auch „Negro Romano". Seine auffällige, bizarre Blattform hat ihn zum

Noch zu Zeiten meiner Großeltern war es üblich, vor dem Winter eine große Menge Sauerkraut in Töpfen anzusetzen. Das Aroma zog dann im Winter durch das ganze Haus und versprach eine leckere Gemüsebeilage zum weihnachtlichen Braten.

begehrten Bestandteil im ornamental gestalteten Ziergarten werden lassen. Er stammt aus Italien; als Kind des Südens braucht er keinen Frost zur Reife und ist somit schon früher genießbar.

Auch die Strünke der meisten Blattkohlsorten wurden früher verwertet, man verfütterte sie an Haus- und Hoftiere. Deswegen wurde Blattkohl auch „Strunkkohl" genannt. Macht man ihn für den menschlichen Verzehr sauer ein, erhält man ein aromatisches Kraut, das in Brandenburg „Knieperkohl" heißt. Es ist dunkelgrüner und deutlich bissfester als normales Sauerkraut. Eine absolute Besonderheit der Blattkohlsorten ist der „Ewige Kohl", ein mehrjähriger Strauchkohl (siehe Seite 106).

Zu den Blattkohlen kamen im Lauf der Jahrhunderte die **Kopfkohlsorten**. Mit der Zeit wurde der Stängel immer kürzer – bis er ganz in den immer enger werdenden Köpfen verschwand. Die äußeren Deckblätter von Kohlköpfen deuten heute oft noch die Verwandtschaft mit den krausen Sorten an, während die Blätter nach innen hin immer glatter und kompakter werden. Eine ältere, noch lockere Form ist der **Wirsing** (*Brassica oleracea convar. capitata var. sabauda*). Dass dies eine besonders ursprüngliche Kohlart ist, belegen Namen wie „Welschkohl" (Kohl, den die fremden Welschen mitbrachten) oder „Savoyer Kohl", der im Rheinland zu „Schavuer" oder „Schawuur" umbenannt wurde. Die französische Herkunft ist noch im Namen enthalten.

Aufgrund seines eher milden Geschmacks ist Wirsing bei uns sehr begehrt. Seine Blätter sind auch etwas zarter als die der meisten anderen Kohlsorten. Zudem sind sie sehr dekorativ und machen als Roulade oder gefülltes kleines „Paket" eine gute Figur. Hübsch sind auch „Schalen" aus Wirsingblättern mit appetitlichen Füllungen, beispielsweise auf dem festlichen Buffet. Wirsing wird heute nicht mehr ausschließlich als Beilage verwendet. Vielmehr erobert das Kohlgemüse mehr und mehr die feine Küche. Auch als zarter Salat wird er immer beliebter. Dabei gilt: Je dunkler der Wirsing ist, desto intensiver ist sein typischer Geschmack.

Üblich ist vor allem der Anbau im Sommer, allerdings gibt es auch noch die Tradition des sogenannten Adventswirsings. Dieser überwintert in geschützten Lagen frei auf Beeten und Feldern. Im Frühjahr ist er als erster frischer Kopfkohl auf den Märkten zu finden. Im Bonner Vorgebirge wird diese Spezialität als „Maiwirsing" gehandelt. Die zugehörige Wirsingsorte ist der 'Endenicher Advent'. Weitere gute alte Sorten sind 'Dauer', 'Hammer', 'Vertus' und 'Vorbote'. Eine tolle italienische Sorte mit violett überhauchten Blättern ist 'Cavolo Verza', die man in Spezial-Gärtnereien erhält.

Eine besonders zarte Rarität ist der **Butterkohl** (*Brassica oleracea convar. capitata var. sabauda convar. fimbriata*), der heute nur noch ausgesprochen selten angebaut wird. Er hat einen sehr lockeren, eher länglichen Kopf. Seine hellgrünen Blätter sind von so feiner Konsistenz, dass sie nur kurz blanchiert werden müssen, um küchenfertig zu sein. Für Freunde des feinen Kohlgeschmacks ist der Butterkohl ein Muss! Die zurzeit einzige verfügbare Sorte ist 'Goldberg' aus dem Bio-Landbau.

Neben der stängellosen Form gab es ein weiteres Ziel der Züchtungen: feste, geschlossene Kohlköpfe. Auf ihrer Oberfläche läuft das Regenwasser schneller ab, was das Eindringen unerwünschter Pilze und Mitesser erschwert. So waren die Köpfe viel besser lagerfähig – man konnte sie bei optimalen Bedingungen im kühlen, dunklen Keller den ganzen Winter frisch halten. Die Kopfform dieser Kohlsorten spiegelt sich auch in den keltischen Volksnamen „Kabis", „Kappes", „Kappeskopp", „Kraut", „Kuehl" oder „Muus" wider. Apropos Mus: Das Wort „Gemüse" stammt von „Mus" für gekochtes und klein gemustes Essen!

Der weiße Kopf- oder **Weißkohl** (*Brassica oleracea convar. capitata var. alba*) wurde früher selten als frischer Salat oder zu Rouladen verarbeitet, wie man es heute gerne macht. Hauptsächlich bereitete man Weißkohl als Sauerkraut zu. Mithilfe eines Krauthobels wurde das Gemüse fein zerschnitten und milchsauer eingemacht. Dazu nutzte man vor allem die heute seltenen Spitzkohlsorten. Ihre Form entstand, weil sich die Blätter nach oben an den Stängel drückten. Diese spezielle Wuchsform findet man heute noch bei dem im Stuttgarter Raum angebauten 'Filderkraut', einer frühen Weißkohlsorte. Ich mag die außergewöhnliche Form, die platz-

Blumenkohl zählt zu den populärsten Kohlarten. Es gibt auch violette und rosafarbene Exemplare.

Kümmel

Das wichtigste und älteste Gewürz zu Kohlgerichten ist der Kümmel (*Carum carvi*): Die Aromen harmonieren wunderbar miteinander. Zudem hat Kümmel eine krampflösende, verdauungsfördernde und entblähende Wirkung, was ebenfalls gut zum Kohlgenuss passt. Das Kraut wächst als Wiesenkümmel in Mitteleuropa und wurde schon immer wild gesammelt. Als Gewürz werden die Samen ganz, gebrochen oder gemahlen zugegeben. Salatfreunde verwenden seine Blätter als würzige Soßenzutat. Die Wurzeln kocht man wie Karotten: Sie entfalten beispielsweise in Bohnen-, Erbsen- und Linsensuppen ihr Aroma und auch ihre wohltuende Wirkung.

Aufgrund der langen Pfahlwurzel wird Kümmel im Frühjahr direkt in tiefgründige, humose Lehmböden ausgesät. Die Pflanzen sind relativ anspruchslos, dennoch sollte es im Boden keine Verdichtungen oder Staunässe geben. Da sie Kalk und Stickstoff mögen, ist eine gelegentliche Düngung mit Kompost sinnvoll, am besten in Kombination mit Algenkalk. Kümmel wird meist zweijährig kultiviert. Im ersten Jahr nutzt man die Blätter, im Folgejahr die Samen. Wer alles in einem Jahr haben möchte, wählt die einjährige Sorte 'Sprinter'. Zweijährig sind 'Bleija', 'Niederdeutscher' und 'Rekord'.

sparend wächst und über einen wunderbar zarten Kohlgeschmack verfügt. Für experimentierfreudige Gärtner gibt es auch die rote Spitzkohlsorte 'Vysocke' aus dem Bio-Landbau. Gute Sorten vom runden Weißkohl sind 'Dithmarscher Früher', 'Dottenfelder Dauer', 'Holsteiner Platter', 'Marner Lagerweiß' und 'Türkis'. Sie sind besonders robust und damit optimal für den pflegeleichten Hausgartenanbau geeignet. Mein Geheimtipp für raue Lagen ist der 'Steinkabis' oder 'Steinkohl' aus der Schweiz: Er bildet sogar in Mittelgebirgslagen noch schöne Köpfe aus.

Außer den weißen Kohlköpfen gibt es natürlich auch den **Rotkohl** (*Brassica oleracea convar. capitata var. rubra*). Er ist ähnlich aufgebaut, hat aber einen roten Blattfarbstoff, der von den enthaltenen Anthozyanen kommt. Diese sogenannten sekundären Pflanzenstoffe stecken vor allem in roten, blauen, violetten und blauschwarzen Pflanzenteilen und sind für unsere Gesundheit sehr wertvoll. Sie stärken unter anderem das Immunsystem, schützen die Blutgefäße und wirken entzündungshemmend. Hildegard von Bingen erkannte schon früh den gesundheitlichen Wert von Rotkohl und empfahl den regelmäßigen Verzehr sowie das Auflegen der Blätter bei schlecht heilenden Hautverletzungen.

Gibt man beim Kochen etwas Essig oder Zitronensaft hinzu, erhält der Rotkohl eine kräftig rote Farbe. Mit etwas Zucker oder Natron wird er dagegen violettblau – in Süddeutschland heißt Rotkohl daher Blaukraut. In gekochter Form wird er gerne als Beilage verwendet, klassisch mit Äpfeln zur Weihnachtsgans oder zu Braten und Knödeln. In modernen Gerichten dient er als feine Salatzugabe und hat sich so einen festen Platz in der neuen Rohkostküche erobert. Besonders die süßeren Sorten bringen in Verbindung mit Honig ein wunderbares Aroma auf den Teller. Ich empfehle die Sorten 'Granat', 'Rodynda' und 'Roodkop' ('Schwarzkopf'). Alle bilden sehr feste Köpfe aus und sind gut lagerfähig.

Nicht nur die Blätter, auch die Blütenknospen des Kohls wurden schon früh genutzt. Durch Züchtung wurden die Blütenstände mit den Jahren immer kompakter und entwickelten die verschiedensten Formen. Die lockerste Anordnung findet man beim **Rosenkohl** (*Brassica oleracea var. gemmifera*). Seine Blütenknospen sitzen in den Blattachseln und sind zu kleinen Blattröschen umgewandelt. Sie wachsen entlang des Stängels und werden nach dem ersten Frost geerntet: Dann sind sie besonders süß und wohlschmeckend. Die Pflanzen sind in den meisten Gegenden bis etwa -10 °C winterhart. Rosenkohl ist ein relativ junges Gemüse, der ursprüngliche Name „Brüsseler Sprossen" belegt seine Herkunft. Die Sortengruppe der Sprossenkohle wurde um 1587 erstmals als Rosenkohl beschrieben. Im Schwabenland heißt er „Bebbellesgmias", im Rheinland „Spruute" was ebenfalls auf seine Herkunft als „Sprössling" hinweist. Die ungewöhnliche Form des Rosenkohls und sein platzsparender Wuchs machten ihn damals schnell in den Gärten beliebt.

Bei der Zubereitung schneide ich die Röschen nicht kreuzförmig ein, wie es oft empfohlen wird. Gerade die kleinen Früchte verlieren durch zu schnelles Garen ihre zarte Struktur und werden matschig. Eine Prise Muskat darf dagegen nicht fehlen: Das Gewürz unterstreicht das Eigenaroma des Rosenkohls. Robuste grüne Sorten sind 'Groninger', 'Hilds Ideal', 'Wilhelmsburger' und 'Roodnerf' mit roten Stielen. Eine komplett rote Schwesternsorte ist 'Rubin'. Sie verbindet das Aroma von Rotkohl mit der Optik von Rosenkohl – ein besonderer Hingucker auf dem winterlichen Gemüsebeet!

Offensichtlich wird die Nutzung der Kohlblüte beim **Blumenkohl** (*Brassica oleracea var. botrytis*) – wohl der beliebteste seiner Art. Hier sind die einzelnen Blüten zu einer großen Blume zusammengefasst. Der meist weiße Blütenstand ist nur noch von wenigen

Die Blütenknospen („Röschen") entwickeln sich in den Blattachseln des Rosenkohls. Sie sehen aus wie kleine Kohlköpfe.

Romanesco ist ein besonders schmuckes Kohlgemüse: Durch die auffällige Anordnung der Röschen heißt er auch „Türmchenkohl".

Hüllblättern umgeben. Er ist selbstbleichend, es lagert sich also kein Blattgrün mehr in den Knospen an. Bereits bei den Römern um 50 v. Chr. war diese Form des Kohls bekannt und wurde auch in römischen Kochbüchern erwähnt. Blumenkohl zählt zu den feineren Gemüsen und wird nur kurz blanchiert. Um seinen hohen Vitamin-C-Gehalt und die sekundären Pflanzenstoffe zu nutzen, sollte die Garzeit immer so kurz wie möglich sein. Schonend ist auch das Kochen im Siebeinsatz. Das Gemüse sollte noch bissfest sein. Damit der Blumenkohl im Topf oder Ofen ganz weiß bleibt, wird ein wenig Milch oder Zitronensaft zugegeben. Klassisch wird Blumenkohl mit einer weißen Béchamel-, Sahne- oder Joghurtsoße serviert. Eine knusprige Kruste bekommt er, wenn man ihn mit Semmelbröseln oder kräftigem Käse überbäckt. Er passt auch sehr gut in einen Gemüsegratin oder eine Quiche.

Bewährte Hausgärtnersorten sind 'Erfurter Zwerg', 'Frühernte', 'Herbstriesen' und 'Neckarperle'. Wer gerne mal eine rötliche Variante entdecken möchte, kann die Sorte 'Rosalind' probieren. Ihr Blütenstand bleibt auch nach dem Dünsten leicht rosa. Sie ist hervorragend für Salate geeignet – und zur Überraschung der Gäste. Der **Romanesco** (*Brassica oleracea convar. botrytis var. botrytis*) ist eine Sonderform des Blumenkohls. Neben der hellgrünen Farbe weist er spitze Blütenstände auf, die wie kleine Türmchen aussehen – ein besonders dekoratives und elegantes Gemüse! Romanesco enthält sehr viel Vitamin C und wird wie Blumenkohl zubereitet.

Auch grünliche Blütenstände sind in den letzten Jahrzehnten erfolgreich auf den Tisch gekommen. Über die amerikanische Küche hat der ursprünglich aus Italien stammende **Brokkoli** (*Brassica oleracea var. italica*) den Weg zu uns gefunden. Durch seine wunderbare Kombination aus frischer grüner Farbe und seiner ungewöhnlichen Form mit wertvollen Inhaltsstoffen ist er hier heimisch geworden. Das vitaminreiche Gemüse wird wie Blumenkohl angebaut. Seine unteren Hüllblätter spreizen sich weit von der Pflanze ab, sodass auch Brokkoli entsprechend viel Platz im Garten benötigt (80x80 cm).

Durch die etwas größeren Knospen ist Brokkoli bissfester als Blumenkohl und wird deswegen auch gern zum Einfrieren genutzt. Das Gemüse kann wie Spargel mit einer hellen Soße zubereitet werden, empfiehlt sich aber auch fein geschnitten in Salaten oder als Mischgemüse mit Blumenkohl. Gute Sorten sind 'Calabrese', 'Cezar', 'Coastal' und 'Green Valiant'. Violett überhaucht ist 'Rosalind' aus dem Bio-Landbau.

Ein naher Verwandter von Brokkoli ist der Broccoletto, Knospenkohl oder **Stängelkohl** (*Brassica rapa var. cymosa*), der ebenfalls aus Italien stammt. Bei dieser ursprünglichen Kohlart sind die Blütenstängel zwar schon kompakt, aber noch nicht zusammengefasst wie beim Brokkoli. Neben den Röschen hat er zarte Blätter und feinere Stängel, die auch mitgegessen werden können. Sein kräftiges, würziges Aroma wird in Italien gerne mit Chili, Knoblauch, Parmesan und Öl zu einer leckeren Nudelsoße kombiniert. Die Fähigkeit des Broccoletto, nach der Ernte noch ein- bis zweimal nachzutreiben, machen ihn auch für Balkongärtner sehr interessant. Er braucht zudem relativ wenig Platz. Unter dem italienischen Namen „Cime di Rapa" findet man inzwischen auch zahlreiche Regionalsorten. Das Gemüse wird des Öfteren von türkischen Einzelhändlern angeboten.

Als weitere Form von Kohl gibt es die Sorten, bei denen weder Blätter noch Blüten, sondern der verdickte Stängel verspeist wird. Das ist in erster Linie der **Kohlrabi** (*Brassica oleracea var. gongylodes*) mit seiner kugelig verdickten, oberirdischen Sprossknolle. Er wurde aus einer Urform des Markstammkohls (*Brassica oleracea var. medullosa*) entwickelt. Dieser wird heute noch angebaut, aber hauptsächlich an das liebe Vieh und Kleingetier verfüttert. Durch seine feine, knackige Konsistenz ist Kohlrabi vor allem zum rohen Verzehr und für Salate begehrt. Das Gemüse eignet sich aber auch gedünstet für zahlreiche Gerichte. Ich esse Kohlrabi am liebsten gefüllt: mit Hackfleisch, Couscous oder Hirse. Kleine, feine Kohlrabis kann man sehr gut mit den Blättern zusammen verspeisen; diese enthalten zusätzliche Vitamine. Sie passen gut in Salate und perfektionieren jede Kohlrabisoße.

Damit Kohlrabis im Garten eine schöne Kugel ansetzen, dürfen sie nicht zu tief gesetzt werden. Eine ausreichende Wasserversorgung im Sommer sorgt für ein gleichmäßiges Wachstum ohne holzige Stellen und bitteres Fleisch. Junge Setzlinge sind schon nach einigen Wochen erntebereit. Daher sind sie im Beet bestens als Lückenfüller geeignet. Der Anbau im unbeheizten Gewächshaus verlängert die Saison nach vorne und nach hinten; auch für die ersten, vorgezogenen Ernten sind Kohlrabis hervorragend geeignet. Frost sollte allerdings nicht an die Pflanzen gelangen, da sie sonst sehr süßlich schmecken.
Die Sorte mit den größten Früchten bleibt 'Superschmelz'. Für Gourmets empfehle ich folgende helle Sorten: 'Lanro', 'Noriko', 'Rasko', 'Weißer Delikateß' und 'Weißer Wiener'. Blaue Kohlrabisorten haben eine etwas längere Kulturdauer, sind aber durch ihre blaue Farbe sehr attraktiv. Sehr gute Sorten für den Hausgarten sind 'Azur Star', 'Blauer Delikateß', 'Blauer Speck', 'Blaril', 'Blaro' sowie 'Wiener Blauer'. Mit diesen Sorten lässt sich die gesamte Gartensaison abdecken.

Um den Raum im Beet optimal auszunutzen, lassen sich freie Plätze rund um die Kohlpflanzen mit schnelleren Kulturen wie Salaten auffüllen. Die Mischkultur hält den Gartenboden gesund.

Der Anbau von Kohl

Alles in allem ist Kohl einfach zu kultivieren und sollte in keinem Gemüsegarten fehlen. Die Anbaubedingungen sind für alle Kohlarten ungefähr gleich. Historisch belegt ist die Aussaat ab dem 12. März und von Ostern bis zur Walpurgisnacht. Später ausgesäte Pflanzen bilden keine Köpfe aus, sondern gehen sofort in die Blüte über. „Weißkohl im Mai gibt Köpfe wie ein Ei!" Heute weiß man, dass die Tageslichtlänge den Zeitpunkt der Blütenbildung bestimmt. Je länger der Tag ist, desto schneller bilden sich Blüten statt Kohlkopf. Um besonders prächtige Kohlköpfe zu ernten, beobachtete man früher bei der Ernte die Sternzeichen, in denen sich der Mond gerade befand. „Feste" Sternzeichen wie der Steinbock sollten entsprechend feste Köpfe ergeben, „weiche" Sternzeichen (z. B. Fische) sorgten für besonders zartes Sauerkraut. Ob etwas Wahres daran ist? Selbst ausprobieren!

Grundlegend werden die feinen Samen der verschiedenen Kohlsorten in torffreiem Substrat vorgezogen. Beim Auspflanzen sollte man darauf achten, die Wurzeln nicht zu beschädigen. Früher stäubte man die Samen mit der Asche vom Osterfeuer ein. Das ist sinnvoll gegen Auflaufkrankheiten beim Keimen, da die Asche antiseptisch wirkt. Fein gemahlenes Lehmmehl schützt ebenfalls das Korn und versorgt den jungen Keimling mit Mineralien.

Da Kohl zu den Starkzehrern gehört, meinen es viele Gärtner zu gut und überdüngen ihn gnadenlos! Zu viel Stickstoff führt zu weichen, blasigen und schnell faulenden Pflanzen, die Schädlingen und Krankheiten nicht mehr viel entgegenzusetzen haben. Wichtig ist deswegen, nur abgelagerten Kompost zu verwenden. Ich arbeite ihn bereits im vorherigen Herbst ein, damit seine bodenaktivierenden Eigenschaften zur Pflanzzeit im Frühjahr schon wirksam geworden sind. Wenn man während der Saison nachdüngen möchte, sind langsame Bio-Gemüsedünger immer ausreichend. Mit einem Malzkeimdünger habe ich persönlich sehr gute Erfahrungen gemacht, da dieser mit dem wichtigen Nährstoff Phosphor angereichert ist.

Tierische Besucher und Kohlkrankheiten

Auch wenn die folgende Auflistung tierischer Mitesser und möglicher Krankheiten recht lang ist, gelingt die Kultur von Kohl meist problemlos! Im Fall des Falles hilft meiner Erfahrung nach oft die Verteidigung mit natürlichen Mitteln. Gegen Schnecken wirkt Bio-Schneckenkorn (Ferramol). Eine Förderung der Nützlinge wie Laufkäfer, Schlupfwespen und Marienkäfer ist eine weitere Option. Jungpflanzen im Beet sollte man vor Erdflöhen schützen. Die kleinen, schwarzen Käfer fressen viele winzige Löcher

in die Blätter. Da sie gerne hüpfen, lockere ich regelmäßig den Untergrund oder mulche mit Rasenschnitt. Der Boden wird dann zu weich für sie zum Springen. Zusätzlich streue ich reichlich Gesteinsmehl über die Blätter. Wenn die Pflanze anfängt, einen Kopf zu bilden, kann die Drehherzmücke auftreten. Sie legt ihre Eier in die Mitte der Blätter. Diese wachsen dann nicht heran, sondern drehen sich zur Seite: Der Kohlkopf wird nicht ausgebildet. Um das zu vermeiden, bedeckt man die Jungpflanzen mit einem Gemüseschutznetz. Das hält später im Sommer auch die zahlreichen Schmetterlinge ab, die es ebenfalls auf den Kohl abgesehen haben. Der bekannteste ist der Kohlweißling, der versteckteste die Kohleule. Die Raupen der Falter verursachen große Löcher. Bei einem Befall können Bazillus-Präparate helfen. Früher klopfte man mit Birkenreisern auf die betroffenen Köpfe – einen Versuch ist das sicher wert.

Die Kohlfliege legt ihre Eier an die Stängel. Von hier aus fressen sich die Larven durch den Kohl, der dann irgendwann einfach umkippt. Einfache „Kohl-Kragen" aus Pappe sind hier bei allen Kohlsorten ein gutes Abwehrmittel. Sind die Blattunterseiten vielleicht teilweise oder völlig weiß? Das kommt von der Mehligen Kohllaus, die sich in den letzten Jahren durch den Klimawandel bei uns sehr wohlfühlt. Neben einem Gemüseschutznetz helfen Neem-Präparate oder Pyrethroide mit Benetzungsmitteln, damit die Flüssigkeit nicht so schnell abfließt. Eine Krankheit, die uns dauerhaft die Lust am eigenen Anbau verderben kann, ist die Kohlhernie. Ist sie einmal in den Boden eingedrungen, hält sie sich hier bis zu zwanzig Jahre. Das Schadbild sind klumpig verdickte Wurzeln, die die Pflanzen nicht mehr ernähren können. Es ist daher sehr wichtig, den Kohl an jährlich wechselnden Plätzen durch die Gartenbeete wandern zu lassen! In biologisch aktiven und humusreichen Böden tritt diese Krankheit nicht so häufig auf.

In Garten und Küche unbedingt einen Versuch wert: Der Ewige Kohl.

Ewiger Kohl und Stielmus – besonders zu empfehlen
Brassica oleracea var. ramosa, Brassica rapa subsp. rapa

Der **Ewige Kohl** oder auch Strauchkohl ist eine absolute Besonderheit im Gemüsebeet. Sein Name führt nicht etwa auf den Politiker selben Namens und die Dauer seiner Amtszeit zurück, sondern darauf, dass diese Pflanze tatsächlich potenziell unsterblich ist! Wie kann das sein? Ewiger Kohl blüht normalerweise gar nicht – die Pflanze wächst also unbegrenzt weiter. Um den Ewigen Kohl selbst zu vermehren, bricht man bei der palmenähnlichen Kohlpflanze die immer weiter wachsenden Seitentriebe ab. Sie werden einfach in die Erde gesteckt, wo sie sehr schnell bewurzeln. Die Pflanzen werden dann etwa 1 m breit und genauso hoch, sie erreichen ein Alter bis zu fünf Jahren. Beim Ewigen Kohl gibt es also immer etwas zu holen! Auch für die Permakultur ist er gut geeignet. Falls die Pflanze durch starke Außenreize, beispielsweise einem extrem kalten Winter, doch einmal zum Blühen gebracht wird, sind die dabei entstehenden Samen meist taub. Es ist also wichtig, immer wieder neue, vitale Stecklinge nachzusetzen.

Durch seine strauchartige Wachstumsweise kann man den kleinen, hellgrünen Busch fast das ganze Jahr über beernten. Für eine ausreichende Menge rechne ich pro Familienmitglied mit zwei Pflanzen. Optimal ist auch eine Kultur im Kübel; hier kann man jederzeit einige Blättchen ernten. Ewiger Kohl wurde früher zur Begrenzung von Äckern genutzt. Auch im Küchengarten macht er als ornamentale Randbegrenzung eine hervorragende Figur. Sinnvoll sind langsam wirkende, organische Bio-Gemüsedünger und etwas gut abgelagerter Kompost. Zu viel Dünger führt zum Verlust der Winterhärte.

Die Ernte ist mit Grünkohl vergleichbar: Man bricht die größeren Kopfblätter aus und verarbeitet sie möglichst gleich. Die moosähnlichen, fein gekrausten Blätter haben dem Gemüse auch den Namen „Ewig Moos" eingebracht. Da die Blätter ähnlich zart und wohlschmeckend wie Wirsing sind, stehen für die Zubereitung alle Küchentüren offen. Werden die Blätter jung geerntet, ist das Gemüse weniger blähend. Der experimentierfreudige Küchengärtner probiert den Ewigen Kohl in Salaten, aufs Brot und als Mini-Kohlröllchen.

Stielmus ist eine recht alte Gemüseart, die sich bis zum heutigen Tag gehalten hat. Von dieser rheinischen Spezialität werden die

jungen Blattstiele verzehrt. Stielmus ist auch unter dem Namen „Rübstiel" bekannt – und ist eines der am einfachsten anzubauenden Gemüse! Tüte auf, Samen in den locker krümeligen Boden ausstreuen, andrücken, angießen, fertig. Nach einigen Tagen zeigen sich junge Pflänzchen, die nur einige Wochen auf dem Beet verbleiben. Im zarten Zustand werden sie einfach abgeschnitten und gleich verarbeitet.

Der etwas kräftige, senfartige Geschmack von Stielmus lässt sich auf Senfölglykoside zurückführen. Diese sind besonders vitalisierend, immunstärkend und gesund. Da Stielmus sehr fettarm ist, wird es heute in der modernen leichten Küche verwendet, obwohl es traditionell eher deftig zubereitet wird. Das geschnittene Grün wird als Salat serviert oder klein gehackt und angedünstet. Eine helle Béchamelsoße dazu ist der Klassiker, es wird auch gerne zu Kartoffelpüree gereicht.

Eine großblättrige Variante ist 'Namenia'. Dies ist eine 1937/38 von dem holländischen Züchter van Namen eingeführte Sorte des Wilden Rübsen (*Brassica rapa subsp. silvestris*). Sie ist etwas milder und hat größere Blätter. Leider ist sie nicht ganz so robust wie das Stielmus, das schon ab März bis Ende April ins Freiland gesät wird. Der schlaue Gärtner lässt zusätzlich einige Pflanzen mit größerem Abstand zueinander stehen, da sich aus den Blattansätzen auch noch zarte Rübchen entwickeln. Das Stielmus ist nämlich botanisch eine Rübe: Man erhält also nicht nur frisches Grün, sondern auch zarte, weiße Rüben! Diese können gleich roh verspeist werden. Im Beet eignet sich Stielmus hervorragend dazu, um Lücken kurzfristig zu schließen und im Herbst noch eine schnelle Ernte hervorzuzaubern.

Stielmus ist ein feines und vielseitiges Gemüse, das heute wieder neu entdeckt wird. Für Gartengourmets besonders interessant: Die Pflanzen sind sehr pflegeleicht und anspruchslos. Durch die kurze Wachstumszeit kann man schon ab Ende April ernten.

Ewiger Kohl mit Paradiesäpfeln

500 g Ewiger Kohl
(oder Wirsing)
1 mittelgroße Zwiebel
3 EL Olivenöl
2 Knoblauchzehen
1 Büschel Zitronenthymian
Salz, Pfeffer, Muskatnuss
250 ml Gemüsebrühe
10 kleine, bunte Tomaten
400 g geschälte Tomaten
1 EL Tomatenmark
4 EL Parmesan

Die Blätter des Ewigen Kohls waschen und in Streifen schneiden. Die Zwiebel klein würfeln und im Topf mit etwas Olivenöl andünsten. Den Ewigen Kohl dazugeben und andünsten. Den gepressten Knoblauch unter Rühren kurz mitbraten lassen. Mit den Thymianblättchen, Salz, Pfeffer und Muskatnuss würzen. Gemüsebrühe zugießen, bis das Gemüse knapp bedeckt ist und in etwa 10 Minuten fertig garen. Die Tomaten halbieren, zusammen mit den klein geschnittenen, geschälten Tomaten und dem Tomatenmark zufügen und bei geringer Hitze aufkochen. Nochmals abschmecken. Auf die Teller verteilen und mit dem geriebenen Parmesan bestreuen.

Paprikagulasch mit Weißkohl

1 kleiner Weißkohl (oder 500 g
Sauerkraut)
3 Zwiebeln
Öl
1 EL Paprikapulver
2 EL Paprika- oder Weißweinessig
100 ml Wasser
1 kg Rindergulasch
5 Tomaten
500 ml Fleischbrühe
1 rote Paprika, 1 gelbe Paprika
Salz, Pfeffer
50 ml Sahne

Vom Weißkohl die äußeren Blätter entfernen. Den Kohl vierteln und den Strunk herausschneiden. Die Kohlviertel in feine Streifen schneiden oder raspeln. Zwiebeln schälen, würfeln und in Öl glasig andünsten. Paprikapulver, Essig und Wasser hinzugeben. Kurz angehen lassen, bis die Zwiebelwürfel die Farbe des Paprikapulvers angenommen haben. Das Gulasch zufügen und mitschmoren lassen, bis die Stücke rundherum Farbe haben. Den Kohl dazugeben und kurz anschmoren. Die Tomaten vierteln, klein schneiden und mit der Fleischbrühe in den Topf geben. Bei geringer Hitzezufuhr etwa 2 Stunden leicht köcheln lassen.
In der Zwischenzeit die beiden Paprika in Würfel schneiden. Eine halbe Stunde vor Ende der Garzeit die Paprikawürfel hinzufügen und mitschmoren lassen. Kräftig mit Salz und Pfeffer abschmecken, Sahne zugießen und nochmals aufkochen lassen. Dazu passen Kartoffelpüree, Polentaschnitten oder Serviettenknödel.

Deftiger Braunkohltopf

1 kg Braunkohl (oder Grünkohl)
1 kg mehligkochende Kartoffeln
500 ml Gemüsebrühe
4–8 Mettwürstchen (oder
Kasseler)
1 große Zwiebel
175 g durchwachsener Speck
1 EL Schmalz
100 ml süße Sahne
Salz, Pfeffer, Muskatnuss

Den Braunkohl waschen und grob hacken. Kartoffeln schälen und würfeln. Braunkohl und Kartoffeln mit der Gemüsebrühe in einen Topf geben, bei mittlerer Hitze etwa 30 Minuten kochen. Die Mettwürstchen zufügen und 10 Minuten mitgaren lassen. Die Zwiebel würfeln und mit dem klein geschnittenen Speck im Schmalz anbraten. Die Mettwürstchen aus dem Topf nehmen und warm stellen. Etwas Kochwasser vom Kohl-Kartoffelgemisch abgießen, sodass der Topfboden nur noch leicht davon bedeckt ist. Das Braunkohl-Kartoffelgemisch mit einem Kartoffelstampfer zerdrücken. Anschließend die Sahne und die Zwiebel-Speckmischung untermengen. Mit Salz, Pfeffer und Muskatnuss abschmecken, noch etwas ziehen lassen. Zusammen mit den Mettwürstchen servieren.

Gefüllte Kohlrabi mit Champignons

4 große Kohlrabi
Salz
4 kleine Lauchzwiebeln
200 g Champignons
2 EL Öl
1/2 EL Tomatenmark
200 g gekochter Schinken
1/2 Bund glatte Petersilie
3–5 Kohlrabiblätter
200 g Sauerrahm
Salz, Pfeffer
1 TL Butter

Die Kohlrabi schälen, Blatt- und Wurzelansatz entfernen. Mit einem Löffel oder einem Kugelausstecher aushöhlen. Dabei die Hälfte des Inneren beiseitelegen und klein hacken. Die Kohlrabi etwa 8–10 Minuten in kochendem Salzwasser blanchieren, abschrecken und abtropfen lassen. Den Backofen auf 200 °C vorheizen (Ober-/Unterhitze).

Die Lauchzwiebeln in feine Ringe schneiden. Champignons putzen, Stiele entfernen und die Champignonköpfe würfeln. Dann die gehackte Kohlrabimasse, Lauchzwiebeln und Pilze in heißem Öl unter Rühren anbraten. Das Tomatenmark unterrühren und die Masse abkühlen lassen. Den Schinken würfeln, Petersilie und Kohlrabiblätter fein hacken. Alles miteinander vermischen, Sauerrahm unterrühren, gut salzen und pfeffern. Die Kohlrabi trocken tupfen und mit der Pilzmasse befüllen. In eine gebutterte Auflaufform setzen und bei 200 °C etwa 25 Minuten backen. Dazu schmeckt Reis.

Strudel mit Stielmus und Tomaten

FÜR DEN TEIG
200 g Weizenmehl
1 Ei
1–2 EL Öl
Etwa 5 EL Wasser
Salz
20 g zerlassene Butter

FÜR DIE FÜLLUNG
1 kg Stielmus, ersatzweise Porree
3 EL Öl
2 Schalotten
125 ml Wasser
1 Handvoll getrocknete Tomaten
Salz, Pfeffer, Muskatnuss
200 g geriebener Käse
(z. B. Emmentaler)

Für den Strudelteig alle Zutaten vermischen. Mit dem Mixer (Knethaken) verrühren und zu einem Teig formen. Den Teig auf einem unbemehlten Holzbrett kräftig mit den Händen kneten und auf die Unterfläche schlagen, bis er schön glatt ist und sich leicht von den Händen löst. Dann den Teig eine halbe Stunde ruhen lassen.

Stielmus waschen und in Streifen schneiden. Öl in einem großen Topf erhitzen, die klein gewürfelten Schalotten darin andünsten. Nach und nach das Stielmus dazugeben, mit Wasser auffüllen und bei mittlerer Hitze etwa 15 Minuten garen. Getrocknete Tomaten klein schneiden und 5 Minuten vor Ende der Garzeit zufügen. Mit Salz, Pfeffer und Muskatnuss abschmecken. Sollte noch Wasser im Topf vorhanden sein, dieses vorsichtig abgießen.

Den Backofen auf 180 °C vorheizen (Umluft). Den Strudelteig auf einem bemehlten Küchentuch ausrollen. Die Füllung auf dem Teig verteilen, dabei oben und unten einen Rand von etwa 3 cm belassen. Geriebenen Käse über die Füllung streuen. Seiten einschlagen und durch Anheben des Tuchs von der längeren Seite her vorsichtig einrollen. Zuletzt die Strudelrolle auf ein mit Backpapier ausgelegtes Backblech legen. In der Mitte des Ofens etwa 50–60 Minuten backen.

Lammfilets mit Pilzrisotto und Maiwirsing

200 g frische oder 5 EL
getrocknete Steinpilze
1 Zwiebel , 1 Knoblauchzehe
1 EL Butter
250 g Risottoreis
100 ml Weißwein
300 ml Gemüsebrühe
50 g geriebener Pecorino

500 g Maiwirsing (oder Wirsing)
1 EL Butter
Salz, Pfeffer, Muskat
125 ml Gemüsebrühe
200 g Crème fraîche

4 Lammfilets
1 EL Rapsöl

Getrocknete Pilze in Wasser einweichen. Zwiebel und Knoblauch klein schneiden. Die Pilze aus dem Wasser nehmen, Einweichwasser beiseitestellen. Butter in einem Topf schmelzen, Zwiebel und Knoblauch darin andünsten, die Pilze zufügen und anbraten. Reis hinzugeben und glasig werden lassen. Mit Weißwein ablöschen und den Wein fast verkochen lassen. Nach und nach unter Rühren mit Brühe und (Einweich-)wasser auffüllen. Leicht köcheln lassen, bis das Risotto bissfest ist. Zuletzt den Pecorino unterrühren und 5 Minuten durchziehen lassen.

Den Wirsing in ganz feine Streifen schneiden. Dann in Butter anschwitzen und mit Salz, Pfeffer und Muskat würzen. Die Gemüsebrühe zugießen und das Wirsinggemüse etwa 10 Minuten garen lassen. Abschließend Crème fraîche unterheben.

Die Lammfilets von den Sehnen befreien. In Öl kurz und scharf anbraten, mit Salz und Pfeffer würzen. Zusammen mit Risotto und Wirsing anrichten.

Frühburgunder Rinderschmorbraten mit Rotkohl

1 kg Rinderbraten
Je 1 Zweig Thymian, Rosmarin, Salbei
2 Knoblauchzehen
3 Schalotten
1 TL Pfefferkörner
750 ml Frühburgunder (Rotwein)
1 Lorbeerblatt
1 Möhre
1 kleiner Stangensellerie
1 kleine Stange Lauch
Salz, Pfeffer, Zucker
3 EL Butter

1 kg Rotkohl
1 EL Schmalz
2 Zwiebeln
2 EL Rotweinessig
125 ml Wasser
2 Lorbeerblätter
4 Nelken
200 g Apfelmus mit Stücken
Salz, Pfeffer, Zucker

Am Vortag den Braten in ein großes Gefäß legen. Kräuter waschen und klein hacken. Knoblauch und Schalotten klein würfeln, Pfefferkörner im Mörser grob zerstoßen. Alles zum Braten geben, den Wein dazugießen, Lorbeerblatt beifügen. Das Ganze dann für 24 Stunden bedeckt im Kühlschrank durchziehen lassen, dabei den Braten gelegentlich wenden.

Die Möhren schälen und in kleine Würfel schneiden. Stangensellerie waschen, die Enden abschneiden, Fäden abziehen und klein würfeln. Lauch waschen, Wurzelende abschneiden und in feine Ringe schneiden. Dann den Braten aus der Marinade nehmen und vorsichtig trocken tupfen. Kräftig salzen und pfeffern, nach Geschmack etwas zuckern. Butter im Bräter heiß werden lassen und den Braten darin rundherum anbraten. Fleisch aus dem Topf nehmen und das Gemüse im Bratensatz kurz anschmoren. Anschließend mit der Marinade ablöschen. Braten wieder hineinlegen und etwa 3 Stunden schmoren lassen, er sollte mit geschlossenem Deckel nur leicht köcheln. Anschließend herausnehmen, in Alufolie wickeln und mindestens 10 Minuten ruhen lassen. Inzwischen die Soße durch ein Sieb passieren und zurück in den Bräter geben. Bei großer Hitze aufkochen und etwas reduzieren lassen. Nochmals abschmecken. Braten aus der Alufolie nehmen, in Scheiben schneiden und zurück in die Soße legen.

Während der Braten schmort, den Rotkohl zubereiten: Äußere Blätter ablösen, vierteln und den Strunk entfernen. Den Kohl in feine Streifen schneiden. Schmalz in einem großen Topf zerlassen, Zwiebeln würfeln und glasig werden lassen. Kohl hinzufügen und kurz andünsten. Essig und Wasser zugießen, Lorbeerblätter und Nelken beifügen. Den Rotkohl bei geringer Hitze je nach bevorzugter Bissfestigkeit 1–2 Stunden weich dünsten. Dann Lorbeerblätter und Nelken entfernen, das Apfelmus unterrühren. Alles mit Salz, Pfeffer und evtl. Zucker abschmecken. Dazu passen Salzkartoffeln, Klöße oder Püree.

Kürbis, Zucchini, Gurken und Melonen

Die Welt der Kürbisse

Variationen der größten Beere der Welt: Was wir vom Kürbis in allerlei wunderbaren Spielarten zubereiten, ist das feinste Beerenfleisch überhaupt. Dennoch sieht man in unseren Breiten nur noch selten ganze Felder voller Kürbisse. Die Anzahl der Kürbisgärtner nimmt jedoch in den letzten Jahren wieder rasant zu!

Die Heimat der Kürbisgewächse sind die süd- und mittelamerikanischen Staaten. Kürbisse gehören zu den ältesten Kulturpflanzen der Welt, bei Ausgrabungen wurden 12000 Jahre alte Samen gefunden. Auf ihrer Reise zu den nordamerikanischen Indianern begegneten die Pflanzen den Hopi-Indianern, die ihre gesamte gärtnerische Kultur auf die „drei Schwestern" aufbauten: Bohnen, Mais und Kürbisse. 1492 fand Kolumbus die Gewächse auf Kuba. In den nachfolgenden Jahrhunderten wurden Kürbisse vor allem in Bulgarien, Frankreich, Griechenland, Italien und Rumänien kultiviert. Erste Abbildungen aus Deutschland gehen auf das Jahr 1626 zurück.

Kürbisse werden in zwei Gruppen eingeteilt, was auch ihrer Verwendung in der Küche entspricht. Es gibt die **Sommerkürbisse**, die im Sommer frisch geerntet und direkt zubereitet werden. Sie sind nicht lange lagerfähig, bleiben relativ klein und wachsen schnell. Ihre Schale ist dünn und kann meist mitgegessen werden. Das Fruchtfleisch ist hell und saftig. Sommerkürbisse werden zwischen Frühsommer und Anfang Herbst geerntet. Dazu zählen Zucchini, Rondini, Spaghetti- und Patisson-Kürbisse.

Winterkürbisse sind meist sehr groß mit einer dicken, harten Schale. Sie werden zwischen September und dem ersten Frost geerntet, wenn die Schale durch Klopfen einen hohlen Klang abgibt und die Stängel hart und holzig werden. Das gelbe bis orange Fruchtfleisch ist faserig. Erst durch einen Lagerungsprozess erhalten die Winterkürbisse ihr feines Aroma. Dazu zählen die Riesen-Kürbisse (*Cucurbita maxima*) und die begehrten Moschuskürbisse (*Cucurbita moschata*). Sie sind sehr gut lagerfähig. Man sollte sie jedoch nie mit reifenden Äpfeln, Birnen oder Bananen lagern; diese setzen ein bestimmtes Reifegas (Ethylen) frei. Beim Kürbis führt das zu einer kürzeren Haltbarkeit, auch die Schale wird härter. Wird in der Küche oder einem anderen warmen Raum gelagert, läuft dieser Prozess noch schneller ab.

Die vielfältigste Gruppe bildet der **Gartenkürbis** (*Cucurbita pepo*), zu der die verschiedensten Früchte in vielerlei Formen und Farben gehören. Man erkennt die Pflanzengruppe an den stark gefingerten Blättern mit stechenden Haaren oder Stacheln. Die harten

In den letzten Jahrzehnten haben sich Kürbisse zum „Trendgemüse" entwickelt, ihr Siegeszug hält bis heute an. Kürbisfreunde können aus einem großen, bisher kaum verfügbaren Spektrum an Sorten schöpfen. Dabei lassen sich sowohl besonders dekorative Exemplare entdecken als auch kulinarische Überraschungen.

Stängel der Früchte sind eckig mit fünf scharfen Längsrippen. Sie sind gleichmäßig dick, lediglich am Übergang zur Frucht sind sie manchmal etwas verbreitert.

Zu den Gartenkürbissen zählen beispielsweise die amerikanischen **Halloween-Kürbisse**, die sich durch eine meist glatte, gelborange oder weiße Oberfläche auszeichnen. Natürlich lassen sich daraus auch die bekannten gruseligen Gesichter schnitzen. Besonders die alten Sorten sind jedoch am besten im Kochtopf aufgehoben: Sie verfügen über ein sehr wohlschmeckendes, leicht faseriges Fruchtfleisch, das gerne in Suppen, Chutneys und Marmelade zubereitet wird. Die „Panzerbeeren" lassen sich ohne Kühlung und ohne weitere Verarbeitung sehr gut lagern. Daher verfolgten Gärtner und Züchter schon sehr früh das Ziel, aus den zahlreichen Sorten ihren Lieblingsgeschmack heranzuziehen. So entstanden sowohl Zwergsorten für kleine Gärten und die Topfkultur als auch gigantische Exemplare, die reichlich Platz im Beet brauchen. Besonders Amerikaner und Franzosen haben eine große Liebe zum Gartenkürbis entwickelt, das spiegelt sich in den Sortennamen wider. Meine Sortenempfehlungen dazu: siehe Seite 204.

Eine weitere schmackhafte Gruppe aus Amerika bilden die **Acorn- oder Eichel-Kürbisse** aus Amerika, die sich durch ein ausgeprägt nussiges Aroma auszeichnen. Sie passen sehr gut in Ofengerichte, also gebacken und gefüllt oder als Grundlage für Kuchen („Pumpkin Pie"). Tolle Sorten sind 'Fordhook Acorn', 'Table Gold', 'Thelma Sanders', 'White Acorn' und 'White Swan Acorn'.

Nussig schmecken auch die Squash-Sorten aus den USA, in neuester Zeit auch unter dem Namen **Rondini** vermarktet. Sie sind

Schon zu früheren Zeiten wollten die Gärtner am liebsten große Kürbisse ernten. Dazu transportierte man das Saatgut in einem möglichst großen Eimer und auf einem stabilen Wagen. Dem alten Glauben nach führten auch Lügen und Prahlerei zu aufgeblasenen, also riesigen Früchten.

Ob länglich oder rund: Zucchini sind eine feine Sache. Die Früchte gedeihen zahlreich und schnell.

meist rund und kleiner, können also gut für die Kleinfamilie und für schnelle Gerichte verwendet werden. Desserts und Kombinationen mit Esskastanien sind sehr zu empfehlen. Das Sortenspektrum ist bunt (z. B. 'African Smaragd' und 'Gelber Squash'). Weiterhin gibt es 'Rondini', 'Runde von Nizza' und 'Zappho' aus dem Bio-Landbau: hübsche, klein bleibende Kürbisse, die auch für Balkon und Terrasse geeignet sind. Da die Früchte jung geerntet werden, setzen die Pflanzen immer wieder neue Blüten an.

Sollen die Früchte eher länglich sein, kommen wir in den Bereich der **Zucchini,** auch Zucchetti genannt (*Cucurbita pepo subsp. pepo convar. giromontiina*). Durch die italienische und mediterrane Küche haben diese zarten Kürbisse ihren Weg zu uns gefunden und sind heute aus keinem Gemüsegarten mehr wegzudenken. Sie wachsen so üppig, dass mancher Gärtner zur Erntezeit von einer „Zucchinischwemme" überrascht wird. Bekannte, bunte und robuste Sorten sind 'Cocozelle von Tripolis', 'Costata Romanesco', 'Golden Butter', 'Grey Zucchini', 'Sultan' und 'Zuboda'.

Ein Geheimtipp der letzten Jahre sind die **Patisson- oder Ufo-Kürbisse** (*Cucurbita pepo var. patissonina*). Wie ihr Name schön beschreibt, handelt es sich um rundliche, flache Kürbisse, deren Form stark an Ufos erinnert. Sie sind sehr vielseitig in der Küche verwendbar und eignen sich gut zum Füllen: Hackfleisch oder eine würzige Bratlingsmischung mit Käse harmonieren wunderbar mit dem zarten Kürbisfleisch. Einige der bewährten Sorten sind 'Custard White' (Klassiker), 'Golden Marbre', 'Patty pan', 'Patisson strie melange' (Mix), 'Patisson vert-blanc' und 'Patty Green Tint'. Eine bekannte Sonderform ist auch der **Ölkürbis** (*Cucurbita pepo var. styriaca*). Da seine grünen Kerne keine „Schalen" ausbilden, können sie gleich weggeknabbert werden. Durch diese Eigenschaft können die Kürbiskerne auch direkt kalt gepresst werden und ergeben so das wunderbare, dunkelgrüne Kürbiskernöl. Durch einen schonenden Erhitzungsprozess erhält es einen sehr nussigen Geschmack, der erstklassig zu allen Kürbisgerichten und auch als Salatsoße zu Endivie und Feldsalat passt. Ich kombiniere das Öl am liebsten mit den vegetarischen „Spaghetti" aus dem **Spaghetti-Kürbis** – ein weiterer faszinierender Kürbis. Sein gelbes Fruchtfleisch zerfällt in Fäden, die wie Spaghetti aussehen und auch genauso verwendet werden können! Dieser Nudelersatz sorgt garantiert für überraschte Gesichter. Auch als Bereicherung für die Gemüsepfanne oder einen Gratin eignet sich der Spaghetti-Kürbis prima. Am besten wird er mit Muskat gewürzt.

Neben den Sommerkürbissen gibt es die Winterkürbisse. Zu dieser Gruppe zählen die **Moschuskürbisse** (*Cucurbita moschata*). Ihr meist orangefarbenes Fruchtfleisch hat einen herrlich würzigen Geschmack, der an Esskastanien erinnert. Moschuskürbisse gelten als die leckersten Kürbisse überhaupt. Zu ihnen gehören die begehrten Sorten der **Butternusskürbisse**, besser bekannt als Butternut. Das sind hellgelbe, birnenförmige Früchte mit gelborangefarbenem Fruchtfleisch. Gute Sorten sind 'Cheese' und 'Waltham', weiterhin die französisch-amerikanischen Muskatkürbisse 'Futsu Black', 'Mini-Musk' und natürlich der 'Muscat de Provence'. Etwas länglichere Früchte liefern die noch neu zu entdeckenden Sorten 'Langer aus Nizza' und 'Pennsylvania Dutch Crookneck'. Neben dem tollen Moschusduft der reifen Früchte kann man Moschuskürbisse noch an anderen Merkmalen erkennen: Die Stängel sind zwar auch scharfkantig und rau, haben aber immer einen wulstigen Ansatz an der Frucht, der deutlich breiter ist als der Stängel. Weiterhin sind die Blätter fast rund und meist mit einer Netzzeichnung versehen. Die Pflanzen selbst ranken in sonnigen und warmen Sommern bis auf eine Länge von 6 m.

Das Fruchtfleisch bildet eine tolle Grundlage zum Braten in der Pfanne und wird gern für Suppen, Eintöpfe, Gemüsebeilagen und Desserts verwendet. Die Kürbisblüten kann man wunderbar in gefüllter Form verzehren. Auch frittiert sind sie ein Genuss. Da die männlichen Blüten keine Früchte ansetzen, können sie bedenkenlos geerntet werden.

Die größte Beere der Welt gehört mit einem Rekordgewicht von 825 kg dem **Riesen-Kürbis** (*Cucurbita maxima*). Die mächtigen Früchte müssen wohl auch den Autor von „Aschenputtel" beeindruckt haben: Für das Mädchen wurde eine ganze Kutsche aus Kürbis gezaubert. Leider war der schöne Schein um Mitternacht wieder vorbei und Aschenputtel musste zu Fuß nach Hause gehen. Tatsächlich stammt der Riesen-Kürbis aus den Anden. Schon früh wurde er vom Volk der Inka in ihrem ganzen Herrschaftsgebiet verbreitet. Sein Siegeszug ging weiter nach Norden, bis der Gigant durch die Spanier nach Europa gebracht wurde. 1543 wurde er das erste Mal in Deutschland erwähnt, wo er sich bis heute gehalten hat. Der Riesen-Kürbis kann problemlos in unseren Gärten angebaut werden. Er ist zwar frostempfindlich wie alle seine Verwandten, zum Wachsen braucht er jedoch am wenigsten Wärme. Besonders süßsauer eingemacht ist er ein Genuss!

Riesen-Kürbisse haben neben ihrer Riesenbeere weitere besondere Merkmale. Sie besitzen einen korkigen, runden, eher weichen Stängel, der etwas wulstig an der Frucht ansetzt. Die weichen, rundlichen Blätter sind meist einfarbig und sehr groß, da sie entsprechend große Früchte versorgen. Leider verdunstet die Pflanze über die Blätter sehr viel Wasser, sodass auch tagsüber ausreichend bewässert werden muss. Dazu sind eine Bewässerungsanlage und

Die formenreichen Kürbissen bringen nicht nur Variationen in die Küche, sondern sind auch äußerst dekorativ.

ein humoser Boden mit Kokosfasern im Pflanzloch von Vorteil. Früher hat man den Kürbis während des kirchlichen Glockenläutens ausgesät – damit die Früchte so groß wie die dickste Glocke im Turm werden.

Sehr dekorative, aber auch schmackhafte Kürbisse sind die Buttercup-Typen, auch Bischofsmützen genannt: Sie vereinen tolles Aussehen mit gutem Geschmack.

Meine Sortenempfehlungen: siehe Seite 204

Feigenblatt- oder **Engelshaarkürbisse** (*Cucurbita ficifolia*) sind unter den Kürbissen etwas ganz Besonderes. Die Früchte sehen weniger wie Kürbisse aus, sondern vielmehr wie Wasser- oder auch Zuckermelonen. Ihre großen, weichen Blätter sind wie Feigenblätter geformt – daher der Name. Schneidet man die Früchte auf, findet sich ein hellgelbes, fast weißes, langfaseriges Fruchtfleisch mit schwarzen Kernen.

Der Engelshaarkürbis wird vor allem in südlichen, spanischsprachigen Ländern angebaut und heißt dort „Chilacayote". Bei uns wurde er bekannt, weil er die kältetoleranteste Kürbisart ist und auch noch bei 5–10 °C wächst. Deswegen wird er bei der Veredelung gerne als Unterlage für andere Kürbisarten genommen, die durch seine Kältefestigkeit erst fruchten und sogar gut ausreifen. Für den Gourmetgärtner bietet der Feigenblattkürbis eine kulinarische Überraschung! Aus seinem Fruchtfleisch kann man eine wunderbare „Cabell D'Angel" kochen, eine Engelshaarmarmelade (Rezept siehe Seite 122). Zusammen mit Zucker eingekocht, erhält man eine leckere, sämige und schön strukturierte Marmelade. In südlichen Ländern verwendet man diese gerne zur Füllung und Veredelung von Süßspeisen. Besucher der Insel Mallorca haben vielleicht schon einmal „Crespells", „Ensaimada" oder „Robiols" gegessen. Das sind süße Backwaren, die in ähnlicher Form im ganzen Mittelmeerraum verbreitet sind. Der Engelshaarkürbis wird auch gerne kandiert gereicht. Außerdem eignet sich das Fleisch dieser Kürbisse hervorragend als Bestandteil von Frucht-, Gurken- und grünen Salaten. Gedünstet ist es mit Curry zusammen ein exotischer Genuss. Auch die jungen Blätter, Blüten und Ranken werden in Mexiko als zart gedünstetes Gemüse zubereitet. Die Samen können in der Pfanne angeröstet werden: ein wunderbarer Knabbersnack.

Als potenziell mehrjähriger Kürbis ist diese Pflanze eine tolle Bereicherung für den warmen Wintergarten. Hier wächst und reift der Engelshaarkürbis das ganze Jahr heran. In einem ausreichend großen Kübel mit Bio-Erde und ausreichend Bio-Flüssigdünger (am besten Tomatendünger) ist der Kürbis optimal versorgt. Die Freilandkultur ist wie bei den anderen Kürbisarten auch.

Kürbisse im Garten

Grundsätzlich gedeihen alle Kürbisse samt Verwandtschaft in unserem Klima einjährig. Sie stecken voller Vitalität, sodass sie ganze Kompost- und Misthaufen einfach überwachsen. Hier schützen sie das Bodenleben und nützen die Nährstoffe. Junge Pflänzchen werden ab März in torffreiem Anzuchtsubstrat oder Kokosfasern vorgezogen. In Töpfen stelle ich sie nach den Eisheiligen zum „Abhärten" nach draußen an einen geschützten Platz. Ein dunkles, humusreiches Substrat sorgt für Wärme und eine bessere Wasserspeicherung. Die Gewächse brauchen eine konstante Nährstoffzufuhr. Wassergaben werden mäßig, aber regelmäßig benötigt. Um große Kürbisse zu ernten, empfiehlt sich daher eine gleichzeitige Gabe von Wasser und Bio-Flüssigdünger.

Sommerkürbisse sind auch gut für die Kultur in Töpfen geeignet. Winterkürbisse benötigen eine lange Zeit bis zur Ernte und blockieren somit einen recht großen Platz im Gemüsebeet. Zum Ausreifen werden die Früchte auf umgedrehte Obstkisten oder eine Mulchdecke aus Stroh gelegt.

Tierische Mitesser sind bei Kürbissen selten. Schnecken hält man mit Bio-Schneckenkorn im Zaum. Häufiger finden sich kleine, schwarze Glanzkäfer in der Blüte, die den Pollen fressen. Am einfachsten entfernt man regelmäßig die überschüssigen Blüten und genießt sie selbst! Im Spätherbst tritt oft Mehltau flächendeckend als weißer Blattbelag auf. Pflanzenstärkende Bio-Mehltaumittel helfen – wenn man sie gleich zu Beginn anwendet. Schmeckt ein Kürbis bitter, hat er sich meist mit ungenießbaren Zierkürbissen gekreuzt. Bittere Kürbisse gehören grundsätzlich auf den Kompost! Sollen eigene Kürbissamen produziert werden, rate ich zum Handbestäuben und zum anschließenden Zubinden der Blüte.

Zwischen zierlich und monströs ist bei Kürbissen alles vertreten. Für die großen Riesenkürbisse (links) braucht man Platz, die kleinen Zierkürbisse (rechts) geben auch eine gute Herbst-Deko ab.

Feigenblattkürbis-Marmelade

1 Feigenblattkürbis (etwa 1 kg
Fruchtfleisch)
1 Vanilleschote
100 ml Wasser
1 gestr. TL geriebener Ingwer
1 EL fein geriebene
Limettenschale
1 kg Gelierzucker (1:1)

Den Kürbis halbieren, die Kerne und die faserige Masse aus dem Inneren entfernen. Den Kürbis schälen, das Fruchtfleisch in Scheiben schneiden und grob raspeln. Die Vanilleschote halbieren und das Mark mit der stumpfen Seite eines Küchenmessers herauskratzen. Das Kürbisfleisch mit dem Wasser in einem Topf etwa 10–15 Minuten lang weich dünsten. Vanillemark, Ingwer und Limettenschale mit dem Zucker dazugeben. Unter Rühren etwa 5 Minuten sprudelnd kochen lassen. Heiß in vorbereitete Schraubdeckelgläser füllen, fest verschließen. Gläser für einige Minuten auf den Kopf stellen, dann umdrehen und erkalten lassen.

Zucchini-Burger

FÜR **8 STÜCK**
2 mittelgroße Zucchini
2 Schalotten
600 g Rinderhack
1 Ei
2 EL Tomatenmark
Salz, Pfeffer, edelsüßes Paprikapulver, Oregano, Thymian
4 EL Paniermehl
8 frische, flache Brötchen
8 Salatblätter
Senf nach Geschmack
8 Scheiben Käse (z. B. Gouda)
1 Zwiebel
1-2 Tomaten

Die Zucchini waschen und grob raspeln, Schalotten fein würfeln. Zusammen mit Rinderhack, Ei und Tomatenmark gründlich verkneten. Mit den Gewürzen pikant abschmecken. Die Burger mit feuchten Händen formen und kurz in Paniermehl wenden. In einer Pfanne bei mittlerer Hitze langsam von beiden Seiten knusprig braten.
Die Brötchen halbieren und mit den Schnittflächen nach unten kurz im Backofen angrillen. Auf die untere Brötchenhälfte folgen jeweils ein Salatblatt, ein Zucchini-Bratling mit etwas Senf, eine Scheibe Käse, einige fein geschnittene Zwiebelringe und die Tomatenscheiben. Den anderen Brötchendeckel darauf – und fertig! Dazu schmeckt frischer Salat.

Süße Kürbiscreme

250 g Kürbis (z. B. Hokkaido
oder Muskatkürbis)
100 g getrocknete,
süße Aprikosen
250 ml Orangensaft
Saft von 1/2 Zitrone
1 Thymianzweig
1 TL Honig
Zimt, gemahlener Ingwer
1 cl Orangenlikör
200 g Sahne
100 g gehobelte Mandeln

Den Kürbis schälen und halbieren. Kerne und faserigen Innenteile entfernen. In etwa 1–2 cm große Stücke schneiden. Die Aprikosen klein schneiden und zusammen mit den Kürbisstücken, Orangen-, Zitronensaft und dem Thymianzweig in einen Topf geben und etwa 20 Minuten lang weich dünsten. Kurz vor Ende der Garzeit den Honig zufügen. Den Thymianzweig entfernen und die Masse mit dem Pürierstab zu einem feinen Kompott pürieren. Mit Zimt, Ingwer und Orangenlikör verfeinern, bei Bedarf mit etwas Honig nachsüßen. Abkühlen lassen. Die Sahne steif schlagen und vorsichtig unterheben. Dann die Mandeln kurz in einer Pfanne anrösten und über die Creme streuen.

Gurken – frisch und knackig
Cucumis sativus

Einmach-, Snack- oder **Traubengurken** (*Cucumis sativus*) sind am einfachsten zu kultivieren. Die französischen Gourmets bezeichnen die kleinen Früchte als Cornichons. Im Garten wachsen sie wie alle Gurken als einjährige Pflanzen. Ihre Triebe kriechen über den Boden oder beranken Netze, Zäune und Kordeln. Dabei entwickeln sie kleine, gelbe Blüten, die immer von Insekten bestäubt werden müssen. Da die alten Sorten entweder männliche oder weibliche Blüten ausbilden, ist es wichtig, dass es zum Pollenaustausch kommt. Ich empfehle daher, immer gleich zwei oder mehr Gurkenpflanzen zu kultivieren. Aus den befruchteten weiblichen Blüten entwickeln sich dann die Früchte, die relativ klein sind. Das entspricht jedoch genau der handlichen Größe, die man gut in Einmachgläsern konservieren kann. Snackgurken sind meist hellgrün und etwas stachelig. Durch leichtes Abreiben werden die kleinen Stacheln entfernt. Um beim Einmachen möglichst saftige Gurken einzulagern, werden diese voll grün geerntet. Mit Snackgurken kann man sich einen Hauch Sommerfrische in die winterliche Jahreszeit holen!

Was meine Großeltern noch wussten: Mit fortschreitender Reife, sichtbar durch Gelbfärbung, lagern Gurken zunehmend Bitterstoffe ein. So versucht die Pflanze, Fraßfeinde abzuhalten. Die Bitterkeit tritt zuerst am Stielansatz auf: Hier schneide ich zur Probe ein Stück ab und halte die Zunge daran. Der bittere Geschmack kommt auch bei Wassermangel vor, daher sollten die Pflanzen immer gut gewässert werden. Bittere Gurken sollte man nicht mehr verwenden!

Traubengurken sind ein bestimmter Typ von Einmachgurken. Ihr Name kommt daher, dass sich die Gürkchen in traubenförmiger Anordnung immer wieder neu ausbilden. Neben den stacheligen Einmachgürkchen gibt es seit einiger Zeit auch glatte, kurze Gurken. Diese bilden eine besondere Sortengruppe, die zwischen Einmach- und Salatgurken steht. Sie werden nicht so groß wie Salatgurken, sondern bleiben im Brotdosen-Format. Saftig und voller Vitalstoffe sind sie ein besonders erfrischender, gesunder und kalorienarmer Imbiss. Meine Sortenempfehlungen sind neben dem Klassiker 'Vorgebirgstrauben' folgende Sorten: 'De Bourbonne', 'Extra Early', 'National Pickling' und als weiße Besonderheit 'Weiße Spangenberg'. Mein knackiger Favorit ist die Sorte 'Picknick Gurke' oder auch 'Lemon' aus der Schweiz: kugelrund, gelb und gesund.

Salatgurken (*Cucumis sativus*) sind die am meisten angebauten, klassischen Gurken. Sie sind dunkelgrün, lang und in beinahe jedem Kühlschrank zu finden. Leider sind sie in den letzten Jahrzehnten

Die Namen „Kumkummere" im Rheinland, „concombre" in Frankreich und „cucumber" in England lassen sich alle auf den lateinischen Namen Cucumis sativus zurückführen. Hier offenbaren sich die langen Wurzeln einer genussvollen Freundschaft zwischen Mensch und Gurke.

durch das Angebot von fad schmeckenden Gewächshausgurken etwas in Verruf geraten. In den geschlossenen und naturfernen Gewächshauskulturen nehmen Gurken über die Bewässerung sehr viel mineralischen Dünger und über ihre großen Blätter auch Spritzmittelrückstände auf. Diese Rückstände wandern über die Gurken unmittelbar zum Konsument. Mit dem Anbau der Früchte im eigenen Garten kann man wiederentdecken, wie intensiv Gurken tatsächlich schmecken!

Salatgurken sind optimal für die Kübel- und Kleingewächshauskultur geeignet. Sie brauchen eigentlich nur einen tiefen Topf mit einem guten, wasserspeichernden Bio-Substrat, etwas Bodenaktivator und vor allem ausreichende Wassergaben: Und los geht die Kultur an Rankhilfen oder an einfachen, starken Fäden. Salatgurken wachsen immer weiter, solange der Bio-Flüssigdünger genug Nährstoffe liefert. Durch regelmäßiges Ernten fördert man einen erneuten Fruchtansatz. Etwas Gesteinsmehl und eventuell Beinwelljauche liefern die notwendigen Mineralien – sie sind entscheidend für einen guten Geschmack. Mit Gurken lassen sich unzählige Salatvariationen, Smoothies, Drinks, Snacks und Fingerfood zubereiten. Mein persönliches Lieblingsrezept ist Gurkensalat mit Rindfleisch und einer Vinaigrette mit einem Fruchtsenf.

Für eine möglichst problemlose Kultur empfehle ich die alten, robusten Sortentypen. Eine seit Jahrhunderten erprobte Sorte ist die 'Chinesische Schlangen'. Weitere sehr robuste Sorten aus dem Bio-

Gurken gehören wie Melonen zur Familie der Kürbisgewächse. Ursprünglich kommen sie aus Nordafrika und Nordindien. Die ersten mittelalterlichen Nachweise stammen aus dem slawischen Sprachgebiet, wo Gurken bis heute gerne und oft verspeist werden. Nach Deutschland gelangten die Früchte erst im Spätmittelalter und in der frühen Neuzeit.

Die Basis bei der Kultur von Gurken sind tiefgründige Substrate, eine Kletterhilfe, ausreichende Nährstoffgaben und ein geschützter Standort. Das ist alles, was das wunderbare Salatgemüse zum Wachsen braucht – sowohl im Beet als auch auf Balkon und Terrasse.

Landbau sind 'Arola', 'Helena', 'Nostrano', 'Persika' und 'Tanja'. Die Sorte 'Weiße Lange' bleibt die ganze Kultur über weiß und ist eine Bereicherung in jedem Gurkensalat. Mein Geheimtipp ist die Sorte 'Sensation', die ihren Namen nicht umsonst trägt.

Schäl- und Schmorgurken (*Cucumis sativus*) sind traditionelle Gurkentypen, die bei der Zubereitung etwas mehr Aufmerksamkeit brauchen. Zum Schutz der Pflanze sind die Schalen relativ kräftig ausgebildet, daher tragen diese Gurken auch die wissenschaftliche Fruchtbezeichnung „Panzerbeeren". Sie müssen immer geschält werden.

Schälgurken sind vor allem als Senfgurken geeignet. Dazu werden die Gurkenstücke mit Gewürzen süßsauer eingemacht. So erhalten sie ihren typischen Geschmack und über die Senfkörner und das Kurkuma ihre wunderbare Farbe. Schmorgurken dagegen werden nicht eingemacht, sondern in der Pfanne geschmort und so als herzhaftes Gericht aufgetragen. Mit etwas würzigem Käse überbacken sind sie eine besondere Leckerei. Gute Sorten sind 'Delikatess' für die Herstellung von Senfgurken. 'Gelbe Riesenschäl' und 'Riesenschäl' eignen sich zur Zubereitung von Schmorgurken.

Gurken im Garten

Der Anbau ist in unseren Breiten sehr gut möglich, da die Gurke die kältetoleranteste Art der Kürbisgewächse ist. Um ihren Durst im Sommer gut zu bewältigen, nütze ich ein stabiles Bio-Substrat, das mit Kokosfasern (wasserspeichernd) und Lehmmehl (quellend) angereichert wird. Die benötigten Nährstoffe werden über Bio-Langzeitdünger und über Bio-Flüssigdünger im Gießwasser verabreicht. Gelegentliche Gaben von Gesteinsmehl und Algenpresssaft sorgen für einen guten Geschmack. An einem warmen Standort reifen die Früchte schneller und besser heran, und sie bilden auch ein feines Gurkenaroma aus. Gegen Schnecken ist Bio-Schneckenkorn (Ferramol) sinnvoll. In den heißen Sommermonaten können Spinnmilben und Mottenschildläuse („Weiße Fliege") unter den Blättern auftreten. Dann sollte man die Pflanzen mit einem kalten Wasserstrahl abspritzen, bei einem hartnäckigen Befall helfen Neem-Präparate und Rapsölzubereitungen. Diese dürfen jedoch nicht bei Sonnenschein aufgetragen werden, da es sonst zu Schäden an den großen, weichen Gurkenblättern kommen kann. In sehr heißen Sommern und am Ende der Saison tritt Mehltau als weißer Überzug auf den Blättern auf. In einem frühen Stadium, sichtbar durch weiße Flecken, können Bio-Mehltaumittel oder eine Backpulver-Zubereitung angewendet werden.

Dill

„Nimm Dost und Dill, dann kann die Hex net wie sie will": Mit diesem Spruch können wir heute noch zaubern – vor allem aber mit den herrlichen Gewürzen! Im Salat ist Dill (*Anethum graveolens var. hortorum*) ein Klassiker, als Begleiter von Gurken gar unverzichtbar. Die Vitaminbombe bereichert Kräutersüppchen, -schaum und -butter, die zudem bekömmlicher werden. Sommerliches Fingerfood wie Lachsröllchen ist ohne ihn unvorstellbar, denn er harmoniert ganz wunderbar mit Fisch.

Leider ist der Anbau nicht immer einfach. Ganze Reihen liebevoll ausgesäter Samen keimen nicht oder wachsen nur sehr zögerlich? Das ist ein aggressiver Bodenpilz, der immer etwas schneller als der Dill-Keimling ist. Besonders wenn die Dillpflanzen schön in Reih' und Glied stehen, kann der Pilz auf kurzen Wegen alle zunichtemachen. Daher muss das Kraut immer flächig gesät werden, auf verschiedene Stellen im Garten verteilt. Wichtig ist auch, jedes Jahr den Standort zu wechseln. Förderlich ist zudem, die Samen in Gesteinsmehl und Holzkohle wälzen. Die ätherischen Öle der Pflanze fördern das Bodenleben und machen Dill zur Bodenheilpflanze. Robuste Sorten aus dem Bio-Landbau sind 'Dill, einfacher', 'Herkules', 'Mammut', 'Tetra-Dill' (eher klein) und 'Vierling' (gut für Dillspitzen).

Cremige Schmorgurken mit Hackfleisch

1 kg Schmorgurken
2 Zwiebeln
500 g Rinderhack
2 EL Öl
500 ml Rinderbrühe
200 g Crème fraîche
1 EL Senf
Dill, Salz, Pfeffer

Die Schmorgurken schälen und halbieren. Das Innere mit den Kernen mithilfe eines Löffels herauslösen. Die Gurken in 0,5 cm dicke Scheiben schneiden. Die fein gehackten Zwiebeln mit dem Rinderhack in Öl scharf anbraten, dabei das Hackfleisch zerkrümeln. Die Gurkenscheiben dazugeben und mit Rinderbrühe ablöschen. Ohne Deckel bei mittlerer Hitze etwa 20 Minuten garen. Zuletzt Crème fraîche, Senf und den klein geschnittenen Dill unterrühren, mit Salz und Pfeffer abschmecken. Dazu passen Salzkartoffeln.

Gurkenverwandte aus fernen Ländern

Grün und länglich – so würden wohl die meisten Menschen hierzulande Gurken beschreiben. Dabei können die Früchte auch ganz anders aussehen! Geschichtlich stammen unsere heutigen Gurken aus Nordindien und Nordafrika. Dort ist das Gemüse schon seit mehr als 5000 Jahren in Kultur, was eine große Vielfalt hervorgebracht hat. Da es weitaus mehr Formen als die klassischen grünen Gurken (*Cucumis sativus*) gibt, möchte ich im Folgenden eine Auswahl der vielgestaltigen Gurkenfamilie vorstellen. Ein angenehmer Nebeneffekt des Klimawandels ist, dass der neugierige Gärtner altbewährte, fremdländische Sorten als neue Bekannte im eigenen Gartenbeet ausprobieren kann. Bei den Gurken erscheinen die Fremdlinge zwar oft im Stachelkostüm – was aber dem neuen und oft intensiven Aroma keinerlei Abbruch tut. Also: Es gibt noch viel Spannendes und Neues zu entdecken!

Die kältetoleranteste Gurke der Welt, die sogar noch im Himalaja gut wächst, ist die Netzgurke oder **Sikkim-Gurke** (*Cucumis sativus var. sikkimensis*). Auch experimentierfreudige Gärtner in rauen Mittelgebirgslagen möchte ich gern zu einem Versuch mit ihr einladen. Die Früchte sind zunächst dunkelgrün und haben bei Vollreife eine sehr feste, braun genetzte Schale. Die Gurken müssen vor dem Verzehr geschält werden, ihr Geschmack ist deutlich ausgeprägter als der unserer hiesigen Gurken.

Die **Angurische Gurke**, Concombre des Antilles, Igelgurke oder Jamaika-Igelgurke (*Cucumis anguria*) ist eine runde bis ovale, eher feinstachelige Art. Sie wird vor allem auf tropischen Inselstaaten angebaut. Die robuste Pflanze wird mehr als 1 m hoch. Sie benötigt eine Rankhilfe, damit ihre Früchte luftig ausreifen können. Ihre geringe Wuchshöhe ist optimal für alle Kübel und sogar für Balkonkästen. Hier bietet sie einen wunderbaren Sichtschutz zum Naschen! Ihre pflaumengroßen Früchte werden am besten jung verzehrt, sie können auch gut süßsauer eingelegt werden.

Eine mittlerweile gute Bekannte aus dem Früchteregal im Supermarkt ist die **Kiwano** oder Zackengurke, auch Afrikanische Gurke, Horngurke, Igelgurke oder Morgenstern (*Cucumis metuliferus*). Sie hat die dicksten Stacheln aller Verwandten, ist aber geschmacklich eine Wucht! Ihr Aroma erinnert an eine ganze Mischung tropischer Früchte, wie Banane, Gurke, Melone, Passionsfrucht und Limone. Durch ihr auffällig dekoratives Aussehen schmückt die Kiwano den gedeckten Tisch und festliche Tafeln. Im

Dekorativ und geschmacksintensiv: die afrikanische Kiwano-Gurke.

Garten bevorzugt die Südafrikanerin einen warmen, geschützten Standort und gedeiht dort sogar robuster und unempfindlicher als unsere heimischen Gurken. Im Freiland sind die Pflanzen meist ab September erntereif; die gelborangen Früchte werden vollreif geerntet. Gut ausgereifte Kiwanos lassen sich bis zu einem Jahr lagern. Da die Pflanze sehr stark wächst und bis zu 2 m hoch wird, braucht sie eine stabilisierende Rankhilfe. Man kann die Samen wie Gurken ab März in Töpfchen mit torffreier Anzuchterde vorziehen. Ab Mitte April werden sie ins frostfreie Freiland ausgesät und nach den Eisheiligen ausgepflanzt.

Die **Zehneria**, auch Concombre a Confire, Mäusegurke oder Mexikanisches Zwerg-Gürkchen (*Melothria scabra*) hat kleine, glatte Früchte, die wie Mini-Melonen aussehen! Die hübschen Gürkchen werden bis 3 cm lang und sind gestreift. Früher wurden sie als floristische Dekoration eingesetzt, heute ist man auf den Geschmack gekommen: leicht säuerlich und sehr erfrischend, mit feinem Gurkenaroma. Die Zehneria ist eine schnell wachsende Kletterpflanze, die bis zu 150 cm hoch wird. Sie bildet ständig neue Blüten, sodass sich auch immer wieder ein neuer, reichhaltiger Fruchtansatz zeigt. Ein richtiges Naschgürkchen für den Garten und ganz besonders für Balkon und Terrasse! In einem ausreichend tiefen Kübel wächst sie hervorragend in torffreiem Bio-Substrat und etwas Kokosfaser zur Wasserspeicherung. An einem sonnigen bis halbschattigen Standort reifen die Früchte optimal aus. Die üppige Ernte wird pur gegessen oder wie Cornichons süßsauer in Essigsud eingelegt.

Die **Inka-Gurke,** Cyclanthere, Hörnchenkürbis, Kreismännchen oder Scheibengurke (*Cyclanthera pedata*) ist ein weiterer Vertreter der gurkenartig schmeckenden, stark kletternden Kürbisgewächse. Die Pflanze wird bis zu 2 m hoch und berankt Zäune, Pergolen oder einfach gespannte Drähte. Geschmacklich spannend sind die jungen Früchte, die ab Olivengröße geerntet werden. Entweder nascht man sie sofort roh und knackig von der Ranke weg oder dünstet sie im Topf, wobei ein feines Spargelaroma entsteht. Neben den Früchten können auch die Blätter zubereitet werden, entweder roh im Salat oder als kurz blanchierte Gemüsebeilage. Ich genieße die kleinen Früchte auch gern gefüllt. Dazu löst man die Samenkerne mit einem Löffel aus und füllt die Früchte mit Käse oder Hackfleisch („Stuffed Cucumber"). Das Ganze wird im Backofen fertig gegart und ergibt ein raffiniertes Fingerfood für ein sommerliches Gartenbuffet. Auch die knackigen Samen sind ein Experiment wert; man kann sie mit Soße vermischt als Topping für Salate verwenden. Natürlich lassen sich Inka-Gurken wie alle ihre Verwandten hervorragend einmachen, im jungen Stadium schmecken sie ähnlich wie Kapern.
Als tropische Art aus den südamerikanischen Anden ist die Inka-Gurke vor allem in Argentinien, Bolivien, Ecuador, Kolumbien, Peru, Venezuela und Mittelamerika heimisch. Dort wächst sie sehr verbreitet und verwildert dabei auch gerne. Wegen ihrer einfachen Kultur wird sie mittlerweile auch in Asien angebaut. Da sie sehr kältetolerant ist, kann sie bis auf 2800 m Höhe wachsen – sie eignet sich also auch gut für unsere Mittelgebirgslagen. Sogar bei Temperaturen um 0 °C wächst die Inka-Gurke immer noch ein wenig. Für Wintergärten ist sie eine schöne Bereicherung; hier bekommt die Pflanze auch in der kalten Jahreszeit noch genügend Licht. Frische Gürkchen neben dem Weihnachtsbraten eröffnen doch ganz neue Perspektiven!

Melonen – süß wie Honig
Cucumis melo, Citrullus lanatus

Melonen sind typische und begehrte Sommerfrüchte, sie schmecken nach Süden und Urlaub: fruchtig, süß, erfrischend. Neben den honigsüßen Zuckermelonen gibt es bei uns vor allem die mehr als Medizinball großen Wassermelonen. Beide sind wegen ihres feinen Geschmacks schon früh von den Menschen entdeckt und kultiviert worden.

Die erste in Deutschland nachgewiesene Art ist die **Honig-** oder **Zuckermelone** (*Cucumis melo*). Ihre Heimat sind die Länder des tropischen Afrikas, wo die Früchte schon seit mehreren tausend Jahren kultiviert werden. Von hier aus breiteten sie sich über den Iran und Indien bis nach China aus. Die Sortenfülle im asiatischen Raum ähnelt der von Kürbissen auf dem amerikanischen Kontinent. Über Ägypten gelangten die Honigmelonen in den Mittelmeerraum und von dort über Griechenland zu den Römern. Da unser Klima schon zur damaligen Zeit nicht optimal für die sonnenhungrigen Tropenkinder war, wurden sie wahrscheinlich zunächst als kostbare Süßspeise nach Deutschland importiert. Auch denkbar ist, dass die Römer schon die schmackhaften, getrockneten Samen schätzten. Der erste Anbau und eine größere Verbreitung fanden im Mittelalter statt. Dann war es Kolumbus, der die Zuckermelone mit über den Atlantik nach Amerika brachte. Die nordamerikanischen Indianer haben daraufhin eifrig Honigmelonen kultiviert – und so den Faden bis zu den heutigen amerikanischen Sorten gesponnen. Die Kultur in Deutschland wurde zwar immer wieder vereinzelt aufgenommen, aber erst durch die Klimaerwärmung kam es in den 1990er-Jahren zu einem dauerhaften Anbau in der Vorderpfalz. Hier ist das Klima optimal, damit die Früchte ausreifen.

Trotz der Erderwärmung sind die Zuckermelonen eher für den geübten Gärtner geeignet. Die Ernte eigener Melonen ist hierzulande nach wie vor etwas ganz Besonderes. Ambitionierte Hobbygärtner sind klar im Vorteil, da sie meist genügend Muße und vor allem ein Kleingewächshaus besitzen: der optimale Standort für die Sonnenkinder. Auch ein Wintergarten bietet im Sommer gute Bedingungen. Hier lässt sich der wunderbare Duft der reifen Früchte besonders intensiv genießen.

Bei der Sortenwahl sollte man zunächst darauf achten, wie viel Platz zur Verfügung steht. Es gibt Sorten mit bis zu 5 m langen Ranken, die am besten an einem Gurkennetz im Gewächshaus entlanggeführt werden. Reichliche Wasser- und Bio-Düngergaben sorgen für ein zügiges Wachstum von Blättern und Früchten. Ein sonniger Standort und eine dunkle Plane auf der Rückseite des Netzes speichern die Wärme. Um eine schnellere Reife herbeizuführen, kann man auch einige reife Äpfel oder Bananen mit ins Gewächshaus legen: Nach meiner Erfahrung beschleunigt das entströmende Reifegas die Entwicklung der Melonen! Zur Entlastung der Ranken werden einzelne Früchte in luftigen Netzen (z. B. Wäschenetze) aufgehängt. So entstehen keine Druckstellen.

Die **Wassermelone** (*Citrullus lanatus*) ist die große Schwester der Honigmelone. Sie ist das weltweit am häufigsten gehandelte Kürbisgewächs! Vom tropischen Afrika aus hat sie sich im Nahen Osten und in Indien ausgebreitet. Über die ägyptischen Hochkulturen fand die Wassermelone den Weg in den Mittelmeerraum. Seit dem 16. Jahrhundert wird sie vor allem auf dem Balkan sowie in Griechenland, Italien, Spanien und Ungarn angebaut. Frankreich bildete die nördlichste Anbaugrenze, die sich aber aufgrund des Klimawandels bis nach Deutschland hin erweitert hat.
Die Blätter von Wassermelonen sind stark gefurcht und sehen aus wie Feigenblätter mit einem bläulichen Schimmer. Das Fruchtfleisch kann gelb oder rosa sein und ist meist von schwarzen Kernen durchsetzt.
Die schnell wachsenden Pflanzen benötigen rasch einige Quadratmeter Boden. In der Gewächshauskultur werden sie wie Honigmelonen an Netzen oder festen Schüren aufwärts geleitet. Da die großen Früchte durchaus 25 kg erreichen können, muss jede einzelne Frucht gestützt und aufgefangen werden. Dazu sind Netze nötig, da Druckstellen schnell zu Fäulnis führen. Der Boden sollte wie bei Gurken beschaffen sein: durchlässig, mit hohem Humusgehalt und guter Wasserspeicherfähigkeit. Es darf jedoch keinesfalls zu Staunässe kommen, deswegen werden Melonen auch gerne auf Dämmen kultiviert. Es gibt Garten-Solarduschen, bei denen erhitztes Wasser durch Schläuche vom Gewächshaus in die Erde geleitet wird. Damit kann man den Pflanzen in den kühleren Monaten warme Füße verschaffen, was einen sichtbaren Wachstumsvorsprung bewirkt. Regelmäßige Gaben von Bio-Flüssigdünger (z. B. Tomatendünger) sorgen für eine gute Fruchtentwicklung. Robuste Sorten mit kurzer Entwicklungsphase sind 'Charleston Grey', 'Crimson Sweet', 'Golden Midget', 'Sugar Baby' und 'Sweet Siberian'.

Melonen schmecken am besten von der Hand in den Mund – besonders an heißen Tagen gibt es kaum eine erfrischendere Frucht. Klein gewürfelt peppen sie allerlei Salate auf. Mit Obstsalat oder Bowle gefüllt, sind sie ein Hingucker auf der Gartenparty. Kühle

Ein erfrischendes Sorbet mit Melone, garniert mit Lavendelblüten

Drinks, Smoothies und selbst gemachtes Eis am Stiel finden garantiert Abnehmer. Auch kleine Spieße mit Melone, Schinken und Mozzarellabällchen sind eine sehr appetitliche Sache.

Melonen-Basilikum-Sorbet

Die Gelatine in kaltem Wasser einweichen. Zucker mit Orangensaft aufkochen und für einige Minuten bei geringer Hitzezufuhr kochen lassen. Etwas abkühlen lassen. Die Gelatine ausdrücken, unter die Zuckermischung rühren und ganz erkalten lassen. Zusammen mit den Melonenstücken und dem Zitronensaft pürieren. Vom gewaschenen Basilikum die Blätter abzupfen, in feine Streifen schneiden und unter das Melonenpüree heben. Das Püree in eine Eismaschine geben und gefrieren lassen.

1 Blatt Gelatine
70 g Zucker
100 ml Orangensaft
500 g Melonenstücke
Saft von1/2 Zitrone
1/2 Bund Basilikum

Die Früchte der Nachtschatten-gewächse

Kulinarisch ist die Kartoffel ein wahrer Tausendsassa. Was man alles damit machen kann? Klöße, Salat, Püree, Eintopf, Auflauf, Gratin, Suppe, Quiche, Puffer, Muffins, Tortillas, Kroketten, Wedges, Rösti, Gnocchi, Schupfnudeln… Ran an die Kartoffeln!

Kartoffeln – gestern und heute
Solanum tuberosum

„Erdäpfel" sind altbekannt und gehören zu den wichtigsten Grundnahrungsmitteln der Welt. In den letzten Jahren erfahren sie wieder mehr Aufmerksamkeit: Gartengourmets haben entdeckt, dass wir hier nicht nur ein rein sättigendes Gemüse zur Verfügung haben. Die zahlreichen Sorten besitzen unterschiedliche Farben – und vor allem ganz vielfältige Geschmacksnoten!

Ihre ursprüngliche Heimat liegt in den Hochländern Südamerikas. Die frühesten Belege von wild gesammelten Kartoffeln sind mehr als 13000 Jahre alt. Wahrscheinlich kamen die Früchte schon recht früh mit den Spaniern nach Europa, wurden aber hier zunächst als botanische Kuriosität betrachtet. Der erste Beleg für einen Import stammt von den Kanaren im Jahr 1567. Seitdem wird dort die alte Sorte 'Papas Negras' (Schwarze Kartoffel) angebaut, für das Gericht „Papas Arrugadas" (Kartoffeln mit Salzkruste).

Die erste Kultur in Deutschland erfolgte 1588 in Frankfurt am Main. Von dort wanderten die Kartoffeln nordwärts bis nach Preußen, wo Friedrich II. ihren Anbau im Jahr 1746 befahl – zur Versorgung seiner Truppen und der unterernährten Bevölkerung. Sein Trick war, die bis dahin ungeliebten Knollen durch Bewachung zu sichern. Das führte dazu, dass die Bevölkerung die scheinbar seltenen und kostbaren Knollen stahl und schließlich selbst anbaute. So wurde aus den fremden „Äpfeln aus der Erde" eine Volksspeise!

Schon früh entstand eine große Sortenvielfalt, die aber nicht überall gepflegt wurde. In den Anden von Peru gibt es mehr als 3000 Kartoffelsorten, die nur dort vorkommen. Dagegen kam es in Irland ab 1845 zur größten Hungersnot der Landesgeschichte („Great Famine"), weil sich die Kartoffelfäule (Phytophthora infestans) aufgrund der schlechten Witterung rasant ausbreitete. Auf der Insel wurden damals überwiegend nur zwei Kartoffelsorten angebaut. Die genetisch einheitlichen Pflanzen konnten der Krankheit nichts entgegensetzen und verfaulten. Die Iren hatten bis dahin drei Mal am Tag Kartoffeln gegessen; viele verhungerten oder wanderten nach Amerika aus. Wären es mehr und vor allem unterschiedliche Sorten gewesen, hätte sich der Befall nicht so fatal entwickeln können. Nach dieser Katastrophe war man in Europa bemüht, die vorhandenen Sorten durch Einkreuzung von robusten Wildkartoffeln widerstandsfähiger zu machen. Diese Arbeit hält bis heute an.

Kartoffeln sind hervorragende Vorfrüchte für andere Pflanzen: Sie bereiten den Boden auf. Besonders wenn er längere Zeit brachgelegen ist oder ein Stück Wiese urbar gemacht werden soll, ist der

Anbau von Kartoffeln ideal. Nach der Ernte ist der Boden meist locker und feinkrümelig. Diesen Tipp zur Fruchtfolge gebe ich besonders gerne weiter, er stammt von meinem Opa. Zum anderen sind Kartoffeln sehr pflegeleicht. In Irland und auch bei den deutschen Selbstversorgern aus der Nachkriegszeit war es üblich, Kartoffeln einfach auf einen Wiesenstreifen zu legen. Hier wurden sie mit Kompost oder Grünabfall bedeckt. Dann stach man links und rechts davon einen Spaten breit die Grasnarbe an – und klappte diese einfach über die Kartoffeln. Aus diesem „Kartoffelwall" wachsen die Früchte wunderbar heraus. Das haben wir 2011 in unserem Projektgarten auf der Koblenzer Bundesgartenschau einem staunenden Gärtnerpublikum vorgeführt, sogar recht ertragreich! Hier zeigt sich, dass das einfachste System sehr gute Erträge bringen kann und die dümmsten Bauern tatsächlich die dicksten Kartoffeln ernten!

Um früh im Jahr Kartoffeln zu gewinnen, werden die Pflanzkartoffeln frühzeitig etwas wärmer gestellt. In einem lichtlosen Raum treiben sie dünne Triebe. Nach den Eisheiligen kommen die Kartoffeln in die Erde. Bei Frostgefahr deckt man das Beet mit einem weißen Gärtnervlies ab. Die Pflanzkartoffeln werden in einen Erdgraben gelegt; die Erde daraus wird an beiden Seiten des Grabens reihenförmig aufgehäufelt. So kann man die wachsenden Triebe immer wieder leicht mit Erde anhäufeln – das steigert den Ertrag. Gelegentliche Kompostgaben oder das Mulchen mit Beinwellblättern sorgen für die nötigen Nährstoffe.

Ich gebe Gesteinsmehl in das Pflanzloch und stäube es regelmäßig über die Pflanzen. Wichtig ist auch, dass die Knollen mit Erde bedeckt sind, weil sie sich ansonsten grün färben. Dabei entsteht das giftige Solanin, das vor dem Verzehr großzügig ausgeschnitten werden muss. Das Gießen der Pflanzen erfolgt seitlich, sodass die Blätter nicht mit Wasser benetzt werden. Ansonsten kann sich die gefürchtete Kraut- und Knollenfäule ausbreiten. Bei einem Befall zeigen sich braune Stellen auf Stängeln und Blättern, was zum schnellen Absterben der Pflanze führt. Dagegen wählt man einen luftigen Standort aus, wo die Blätter schnell trocknen können. Ich verwende Pflanzenstärkungsmittel wie Schachtelhalmextrakt, der auf die Blätter gebracht wird. Daneben gibt es auch Fertigprodukte, z. B. „Algan". Bei akutem Befall hilft nur noch ein Bio-Kupferpräparat, um den Pilz abzutöten. Da Kupfer ein Schwermetall ist und sich in Boden und Kartoffeln ansammelt, sollte man dies nur als letzte Möglichkeit in Betracht ziehen.

Durch Blattläuse besteht die Gefahr einer Virusübertragung, die auf Dauer die eigenen Saatkartoffeln beeinträchtigt. Hier greifen vor allem Pyrethrum-Präparate, die auch bei Kartoffelkäfern wirksam sind. Gegen dessen Larven helfen weiterhin Bakterienpräparate mit BTI oder Produkte mit Wachstumshemmern gegen Käferlarven.

Meine Sortenempfehlungen aus dem aktuellen Sortiment: Seite 204

Kartoffelturm

Eine wunderbare, moderne Idee zur Kartoffelanzucht auf kleinem Raum, also auch auf Terrasse und Balkon, ist der „Kartoffelturm". Diese mitwachsende Konstruktion hat einen Grundrahmen aus Brettern, der zusätzlich mit einem Mäusegitter gegen Nagetiere versehen wird. Den Rahmen füllt man mit je einem Viertel lehmiger Erde, Kokosfasern, reifem Kompost und Bio-Blumenerde auf. Kommen die ersten Pflanzentriebe aus der Erde, setzt man einen neuen Kranz von Brettern auf und füllt Substrat nach. Gelegentliche Gaben von Beinwellblättern, Bio-Tomatendünger und Gesteinsmehl lohnen sich. Wichtig ist, dass die Triebe immer genügend Licht erhalten.

Rheinischer Kartoffelkuchen

Die Kartoffeln schälen und grob raspeln. In ein Küchentuch geben und das Wasser herauspressen. Zwiebeln und Möhren fein reiben, zusammen mit den Kartoffelraspeln in eine Schüssel geben. Die Eier dazugeben und mit Salz und einer großzügigen Prise Pfeffer kräftig würzen. Alles gut vermischen. Lauch in dünne Ringe, Speck in Würfel schneiden. Den Backofen auf 220 °C vorheizen. Das Öl in einem Bräter erhitzen und den Speck darin ausbraten, Lauch zufügen und kurz mitbraten. Die Kartoffelmasse dazugeben, kurz durchmischen und die Masse dann gleichmäßig im Bräter verteilen. Im Backofen ohne Deckel 60–90 Minuten garen lassen. Der Kartoffelkuchen sollte am Ende eine schöne, braune Kruste aufweisen. Dazu passt Apfelmus.

1 kg Kartoffeln
2 Zwiebeln
2 Möhren
3 Eier
Salz, Pfeffer
1 kleine Lauchstange
250 g durchwachsener Speck
1/2 EL Öl

Der Anbau von Tomaten ist ein einfaches Gartenvergnügen für jedermann. Aus der Vielfalt der erhältlichen Sorten kann jeder Gärtner seine Lieblingspflanzen auswählen. Alle möglichen Standorte sind denkbar: Balkon, Terrasse und Garten.

Tomaten – von Goldäpfeln und Paradeisern
Solanum lycopersicum

Noch in den 1970er-Jahren waren Tomaten hierzulande rot, rund und mittelgroß. Heute zählen sie in all ihrer Vielfalt zu den Lieblingen des Gärtners: ob gelb, braun, grün, schwarz oder weiß, gestreift oder marmoriert, länglich, oval oder birnenförmig. In jeder Frucht steckt ein ganz eigenes Aroma. Tatsächlich ist dieser Variantenreichtum jedoch nichts Neues, sondern uralt! In ihrer Heimat, dem nördlichen Südamerika und Mexiko, gab es schon um 500 v. Chr. zahlreiche Sorten, die von den Indios angebaut wurden. Aztekische Priester waren dafür bekannt, dass sie aus ihren Menschenopfern ein pikantes Gulasch mit Tomaten und Chilis kochten. Der Name „Tumatl" wurde beibehalten, als die Früchte schließlich im Gefolge von Christoph Kolumbus über den Atlantik reisten. Die ersten farbigen Abbildungen in Europa stammen von 1516. Hier sind gelbe Früchte abgebildet, die den italienischen Begriff „Pomodori" für „Goldäpfel" begründeten. In Frankreich schon lange Zeit als „Liebesäpfel" bekannt, war der Verzehr noch 1866 in einigen Gegenden Deutschlands verpönt. Die „Wolfsäpfel" waren hier als giftig gefürchtet. 1820 verzehrte Oberst R. G. Johnson in den USA öffentlich einen Korb voller Tomaten – während das Publikum darauf wartete, dass er unter entsetzlichen Qualen sterben würde. Dies änderte sich erst nach den „Hungerjahren" des Ersten Weltkrieges um 1920: Die Tomaten eroberten sich einen festen Platz in der deutschen Küche. Heute zählen sie zu den beliebtesten Gemüsearten der Welt. Das kommt nicht zuletzt durch die amerikanische „Wundersoße" Ketchup, der auch die übelste Speise genießbar macht. Geradezu paradiesisch finden die Österreicher die Sonnenfrüchte: Hier heißen sie „Paradeiser".

Bei der Zubereitung eröffnet sich ein weites Feld. Frische Sommerfrüchte schmecken am besten von der Hand in den Mund oder in Salaten. Beliebt sind Tomaten vor allem in Soßen, Suppen und auf der Pizza. Aber auch als Bruschetta, Pesto oder in getrockneter Form lassen sich die Früchte genießen. Man kann Tomaten füllen, einlegen, grillen, überbacken oder süß als Marmelade zubereiten (siehe Rezept Seite 142). Die Frucht fügt sich geschmacklich in allerlei Gerichte ein – ein echtes Allroundtalent. Tomaten sind zudem überaus gesund. In ihnen stecken reichlich Vitamine (A, B1, B2, C, E und Niacin) und der wertvolle Farbstoff Lykopin, der als krebshemmend gilt.

Grundsätzlich brauchen Tomaten einen sonnigen, exponierten Standort, wo die Blätter gut abtrocknen können. Als Starkzehrer wachsen die Pflanzen am besten in einem Gemisch aus Bio-Blumenerde und reifem Kompost. Für ein gutes Aroma der Früchte ist ein Bio-Tomatendünger zu empfehlen, den es mittlerweile in fester und flüssiger Form gibt. Da Tomaten lösliche, geschmacksspendende Mineralien in ihre Früchte einlagern, lohnt sich auch der regelmäßige Einsatz von Gesteinsmehlen und Lavagranulat. Allerdings sollte man nicht zu viel Stickstoff verabreichen: Die Früchte wachsen dann zwar schnell, werden aber instabil und faulen von unten nach oben ab. Diese Krankheit heißt Lederfäule, die man durch mäßiges Düngen verhindern kann. Gleichzeitig sollte Kalzium (Ca) verfügbar sein: Es sorgt für Stabilität in den Pflanzenzellen.

Falls grüne Kragen an den Früchten auftauchen, kann man diese durch eine schnelle Gabe von stickstoffhaltigem Bio-Tomatendünger beseitigen. Grüne Früchteteile enthalten das giftige Solanin, das auch durch Hitze nicht zerstört wird. Die grünen Stellen sollte man daher vor dem Verzehr immer wegschneiden.

Das oft empfohlene Ausbrechen von Seitentrieben ist für den Hobbygärtner eine Ansichtssache. Ich persönlich breche nur die Triebe aus, die Früchte beschatten. Alles andere lasse ich wachsen oder kürze es einfach ein. Bei dieser Arbeit kann ich gleich prüfen, ob sich die „Weiße Fliege" auf den Blattunterseiten ansiedelt. Es gibt auch „Gelbtafeln", die einen Befall im Gewächshaus anzeigen. Bei Bedarf wende ich Neem- oder Rapsöl-Präparate im Wechsel mit Pyrethrum an.

Die Haupterkrankung der Tomaten wird auch in Zukunft die „Kraut- und Braunfäule" sein. Sie wird durch Regen und Gießwasser übertragen. Daher ist es wichtig, dass die Pflanzen möglichst keinen Regen abbekommen. Beim Gießen sollten Blätter und Stängel nicht nass werden. Standorte unter einem Dach oder im Kleingewächshaus sind optimal. Ich mulche zudem mit Rasenschnitt oder Stroh, um ein Keimen der Sporen auf der Pflanze zu verhindern. Das Wasser spritzt so nicht auf die Blätter, die ich bis auf Kniehöhe entferne. Pflanzenstärkungsmittel wie Schachtelhalmextrakt und „Algan" härten die Blattoberflächen aus. Aktive Mikroorganismenstämme beleben das Bodenleben und sorgen für den Sporenabbau. Bei akutem Befall kann man die befallenen Triebe großzügig ausschneiden und im Ausnahmefall Bio-Kupferpräparate verwenden. Da Kupfer ein Schwermetall ist und sich im Boden anreichert, sollte man nur nach Anweisung vorgehen: Viel hilft in diesem Fall gar nichts.

Zahlreiche Empfehlungen zu Tomatensorten für Garten und Kübel: siehe Seite 205

Für die Tomatenkultur bestens ausgerüstet: Mit den pflanzenstärkenden Mikroorganismen von „BioTaurus" und den kompostierbaren Töpfen von „BioFibre".

Tomaten-Marmelade

1,5 kg vollreife Tomaten
500 g saure Äpfel
2 Chilischoten
6 EL Zitronensaft
1 EL frischer, geriebener Ingwer
2 kg Gelierzucker (1:1)
Salz, Pfeffer

Tomaten waschen, Stielansätze entfernen und klein stückeln. Äpfel schälen, Kerngehäuse und Strunk entfernen, klein schneiden. Die Chilischoten durchschneiden, dann Kerne und weiße „Wände" entfernen. Tomaten und Äpfel in einen Topf geben und in etwa 30 Minuten weich dünsten. Anschließend durch ein Sieb streichen. Das Püree mit Chilis, Zitronensaft, Ingwer und Gelierzucker zum Kochen bringen. Etwa 3 Minuten kochen lassen. Für eine Gelierprobe etwas heiße Marmelade auf einen kalten Teller geben: Wird die Masse gleich fest, ist die Marmelade fertig. Mit Salz und Pfeffer abschmecken, Chilis entfernen. Heiß in die vorbereiteten Schraubdeckelgläser füllen und fest verschließen.

Paprika und Chili – von fruchtig süß bis feurig scharf
Capsicum annuum, Capsicum frutescens

In den beliebten Paprika stecken ganz unterschiedliche, intensive Aromen. Mit kräftigen Farben präsentieren sie sich mal rund, dann wieder spitz oder auch block- und herzförmig. Einige Sortennamen lassen den Variantenreichtum erahnen: 'Elefantenrüssel', 'Gelber Apfel', 'Rotes Herz', 'Chocolate Bell' oder 'Schwarzer Kardinal'.

Bereits in voreuropäischer Zeit wussten die Völker der Inka und Maya diese Nachtschattengewächse zu schätzen. Damit waren sie Kolumbus weit voraus, der 1492 auf dem Weg nach Amerika mit dem Skorbut seiner Seeleute kämpfen musste. Hätte er damals schon von diesen Vitaminbomben gewusst, wäre er besser über die Meere gekommen. Die Azteken, die sich gegen die angreifenden Spanier wehren mussten, setzten brennendes Chilipulver ein. Einmal in den Rauch geraten, verließen die Feinde fluchtartig das Schlachtfeld. Der Wind durfte sich dabei allerdings nicht drehen! Ursprünglich von den Indianern Mittelamerikas als kleine, noch sehr scharfe Früchte gesammelt, wurden sie später von Pueblo-Indianern über ganz Nordamerika verbreitet. In der mehr als 4500 Jahre dauernden Züchtungsgeschichte entwickelten sie sich zu den Sorten von heute. Erst seit einigen Jahrzehnten sind die Früchte auch in deutschen Gärten und Küchen bekannt und geschätzt.

Eine Anbauregel aus den Südstaaten der USA besagt: Wer Chili anbauen will, muss zornig sein – damit die Früchte richtig wachsen und ordentlich scharf werden. Um die passende Schärfe zu finden, rate ich dennoch vor allem zu einer guten Sortenwahl (siehe Seite 205).

Freunde der scharfen Chilis lieben die mexikanische und südamerikanische Küche, in der mit feurigen Soßen nicht gespart wird. Die Zucht von zunehmend schärferen Sorten kitzelt den Gaumen immer weiter. Um die Schärfe von Paprika und Chili voneinander abzugrenzen und um den „Schärfegrad" besser einstufen zu können, führte man eine wissenschaftliche Einheit ein, die „socville units" (scu). Sie gibt an, bei welchem Verdünnungsgrad mit Wasser man die Schärfe der jeweiligen Sorte noch schmecken kann. Danach stehen süße Paprika bei Null auf der Skala, die Ungarischen Pfefferschoten bei 500, Cayennepfeffer bei 5000 und die scharfen Tabascosorten stehen bei 30000 scu. Die momentan schärfste Chilisorte heißt 'Bhut Jolokia' mit etwa 1100000 scu! Diese Schärfe ist nicht mehr genießbar – diese Chilis werden vor allem als Bestandteil von Pfeffersprays genutzt.

Eine besondere Sorte namens 'Peter Pepper' ähnelt stark einem Phallus und ist in diversen Aphrodisiaka zu finden. Mit Chilis kann man also nicht nur das Essen, sondern auch das Liebesleben würzen! Historisch und medizinisch belegt ist, dass der regelmäßige Konsum von scharfem Essen beruhigend und entspannend auf die Psyche wirkt.

Milde Paprika bereichern mit ihrem süß-fruchtigen Aroma und den intensiven Farben allerlei Gemüsegerichte. Im Salat schmecken sie am besten roh und knackig. Bewährt sind sie in Gulasch, Ratatouille oder gefüllt mit Reis und Hackfleisch. Paprikagewürz und Chilis können je nach Vorlieben sehr vielseitig eingesetzt werden. In letzter Zeit besonders gefragt sind Süßspeisen mit einem Tick Schärfe: ob Schoko-Muffins, Obstsalat oder Konfitüre.
Das Fruchtfleisch mancher Chilisorten ist sehr süß und ohne Schärfe – aber die Kerne und das Kerngehäuse haben es dennoch in sich. Bei der Zubereitung sollte man sich darum mit Einweg-Handschuhen schützen und die Finger von Augen und Nasenschleimhäuten fernhalten! Da der enthaltene Stoff Capsaicin immer wieder mit Wasser reagiert, ist Abwaschen wenig hilfreich. Deshalb nützt es auch kaum, bei allzu scharfem Genuss kräftig Wasser nachzutrinken. Stattdessen lindert Joghurt oder Milch.

Im Garten stehen die Pflanzen am besten vollsonnig, regen- und windgeschützt. Gedüngt wird mit einem biologisch-organischen Tomaten- oder Beerendünger. Für eine regelmäßige Nährstoffversorgung kann man auch organischen Flüssigdünger verwenden. Ausgesät wird in einem warmen, hellen Raum ab Mitte Februar. Dazu empfehle ich entweder Kokosfasersubstrat oder vorgeformte Kokosfaser-Taler, die man mit Wasser quellen lässt. Pflanzenstär-

kungsmittel wie Algenpresssaft („Algan"), Gesteinsmehle und Homöopathika (z. B. „Biplantol") werden beigemischt oder ins Gießwasser gegeben. Die Samen gehen gleichmäßiger auf, wenn sie mit einem weißen Vlies oder einer Plastikhaube bedeckt werden.

Weil Paprika- und Chilipflanzen potenziell mehrjährig sind, lohnt es sich, sie längerfristig in einem großen Kübel zu kultivieren. Wichtig ist hier eine strukturstabile Erde mit Kokosfasern und „Bentonit" oder Lehmpulver als Wasserspeicher. Nach der geschützten Überwinterung können die Altpflanzen wieder ins Freie gestellt werden. In kalten Nächten sollte man sie wieder reinholen: Ein einziger Frost bedeutet den Tod der Pflanze.

Paprika und Chili sind meist Selbstbestäuber und damit „samenecht". Das bedeutet, dass bei eigenen Nachzuchten immer wieder dieselben Sorten herauskommen. Um selbst Samen zu gewinnen, lässt man die Früchte vollständig ausreifen. Der Farbumschlag zeigt die Reifestufen an, z. B. von grün (unreif) über gelb bis nach rot (vollreif). Die Samen werden einfach entnommen, getrocknet und in einem luftdichten Glas kühl und dunkel gelagert.

Leider haben sich in den letzten Jahren immer mehr F1-Hybridsorten aus dem Ertragsanbau ins Sortiment geschlichen, die mehr Masse statt Klasse hervorbringen. Da diese nur unter professionellen Bedingungen in Gewächshäusern einen sicheren Ertrag bringen, versagen sie beim Hobbygärtner oft kläglich. Hier sind traditionelle Sorten ganz besonders zu empfehlen. Zudem wird das Profisaatgut im Mittelmeerraum angezogen, also unter traumhaften Paprika-Bedingungen. Diese Sorten sind nicht angepasst an die etwas raueren deutschen Mittelgebirgslagen oder das Klima in den Städten! Damit die Früchte gut ausreifen, sind möglichst frühe und schnell reifende Sorten die richtige Wahl.

Meine Sortenempfehlungen für Paprika und Chili: Seite 205

Salat mit gegrillten Paprika

je 2 rote und 2 gelbe
Paprikaschoten
je 250 g rote und gelbe Cocktailtomaten
1/2 Bund Basilikum
1 Schalotte
2 EL Balsamico Rosso
1 gepresste Knoblauchzehe
4 EL Olivenöl
Salz, Pfeffer, etwas Zucker

Den Backofen auf 200 °C vorheizen. Alle Paprikaschoten halbieren, Strunk, Kerne und weiße „Wände" entfernen. Die Hälften
mit der Schnittseite nach unten auf ein mit Backpapier versehenes
Backblech legen. Die Paprika rösten, bis die Haut schwarze Bla-
sen wirft, dann aus dem Ofen holen. Ein Küchentuch anfeuchten
und darüberlegen. Abkühlen lassen, dann die Haut abziehen und
vierteln. Die Tomaten halbieren, Basilikumblätter abzupfen und
grob hacken. Schalotte schälen und in feine Ringe schneiden. Alles in eine Schüssel geben. Aus den restlichen Zutaten ein Dressing anrühren und über das Gemüse geben. Kurz ziehen lassen
und nochmals abschmecken. Dazu passt gegrillter Fisch oder frisches Baguette.

Chili sin carne

Frische Kidneybohnen über Nacht einweichen. Das Suppengrün waschen und klein würfeln. Zwiebeln und Knoblauchzehen schälen und fein schneiden. Die Chilischote(n) halbieren, Kerne und weiße „Wände" entfernen, in feine Stücke schneiden. In einem großen Topf Olivenöl erhitzen. Kidneybohnen, Mais, Zwiebeln und Knoblauch in den Topf geben und etwa 10–15 Minuten bei milder Hitze andünsten. Kreuzkümmel, Koriander und Paprikapulver beigeben und kurz mitdünsten. Die geschälten Tomaten klein würfeln, dann mit den Chilistückchen und der Gemüsebrühe zusammen untermischen. Im offenen Topf bei geringer Hitzezufuhr etwa 40 Minuten kochen.

Thymian und Majoran vom Stängel zupfen, 5 Minuten vor Ende der Garzeit zugeben. Mit Salz und Pfeffer abschmecken. Das fertige Chili auf Tellern portionieren und den zerbröselten Schafskäse darüberstreuen. Dazu schmeckt Reis oder Fladenbrot.

250 g Kidneybohnen
1 Bund Suppengrün (Lauch, Möhren, Knollensellerie)
2 Zwiebeln
3 Knoblauchzehen
1–2 Chilischoten
5 EL Olivenöl
200 g Mais
1 TL gemahlener Kreuzkümmel
1 TL gemahlener Koriander
1 EL edelsüßes Paprikapulver
500 geschälte Tomaten
750 ml Gemüsebrühe
1 Zweig frischer Thymian
1 Zweig frischer Majoran
Salz, Pfeffer
200 g Schafskäse (Feta)

Orangenthymian

Eine überraschende Bereicherung für allerlei Gerichte ist der Orangenthymian (*Thymus cf. fragrantissimus*). In seinen runden Blättchen steckt ein wunderbares, süßliches Orangenaroma. Es erinnert an den berühmten französischen Thymianhonig. Klassische Thymiangerichte wie Pasta, Pizza und Gebratenes erhalten mit ihm eine neue Geschmacksnote. Auch zu Fisch und in Salaten kommt das Gewürz köstlich zur Geltung. Es passt in die Kräuterbutter, zur Grillmarinade und in allerlei indisch-orientalische Gerichte. Sein mildes und fruchtiges Aroma ist auch bestens in Sorbets, Kuchen und Fruchtsalat aufgehoben. Wie der normale Thymian besitzt er Heilwirkungen auf die Atemorgane, als Teepflanze schmeckt er jedoch deutlich aromatischer. Der Kleinstrauch aus dem Mittelmeerraum braucht einen sonnigen, durchlässigen Standort. Geeignet sind Balkonkästen oder Kräuterspiralen mit Bio-Kräutererde und „Seramis". Auch ein Platz in einem schotterigen, kalkhaltigen Substrat wird gerne angenommen. Biologischer Kräuterdünger sorgt für einen dauerhaften Nachschub an frischen Blättchen. Eine ständige Nacherntе der Triebspitzen führt zu einem kompakten Wuchs der Pflanzen.

Auberginen – Früchte der Sonne
Solanum melongena

Dieses Nachtschattengewächs wird in deutschen Küchen erst seit einigen Jahrzehnten zubereitet. Bei unseren Urlauben in den warmen Mittelmeerregionen haben wir Auberginen kennen und schätzen gelernt: als kalte Vorspeise zu spanischen Tapas, griechisches Moussaka oder im französischen Ratatouille.

Ursprünglich waren Auberginen wilde Stachelsträucher, die in Indien zu Hause waren. Dort sind sie bis heute Bestandteil der Volksküche und in jedem ländlichen Garten zu finden. Die Araber brachten sie in den Mittelmeerraum, wo man sie zuerst in Spanien anbaute. Als Nachtschattengewächse wurden sie im Mittelalter eher kritisch betrachtet und für ein Kuriosum gehalten. Nur langsam setzte sich die Gewissheit durch, dass hinter der violetten Schale ein schmackhaftes Gemüse steckt. Bis in die 1940er-Jahre waren Auberginen ein Geheimtipp für Gartengourmets, erst danach setzten sie sich bei einem größeren Publikum durch. Die einst vorhandenen Stacheln und Bitterstoffe wurden weggezüchtet.

In der Küchenmagie werden Auberginen auch zum Zaubern von Reichtum eingesetzt: So viele Samen die Aubergine hat, so viel Geld soll im Portemonnaie landen!

Um die Früchte auf die Schnelle zuzubereiten, schneidet man sie in fingerdicke, längliche Scheiben. Das Salzen des Fruchtfleischs vor der Zubereitung ist bei traditionellen Sorten hilfreich, um die Bitterstoffe abzumildern. Damit die Früchte nicht so viel Fett aufnehmen, werden die Scheiben in Mehl gewendet. Anbraten – und fertig! Dazu passt eine Tomatensoße und Reis. Wenig Fett wird auch bei der Zubereitung im Backofen verbraucht. Gegrillt, eingelegt oder als aromatische Paste sind sie ein Genuss, der nach Urlaub schmeckt!

Glücklicherweise sind Auberginenpflanzen pflegeleicht und ertragreich. Sie gedeihen sogar zwischen den Blumen im Balkonkasten, wo sie zudem eine gute Figur machen. Da Auberginen mit Tomaten verwandt sind, kann man sie auch wie diese anbauen. Optimale Standorte sind das Gewächshaus, vollsonnige Gartenplätze und der warme Süd-Balkon. Als mehrjährige Sträucher stehen sie auch gut im beheizten Wintergarten. Hier wachsen die Früchte im Winter weiter, und im Frühjahr ist die Pflanze gleich startklar. Gegen Spinnmilben hilft ein kalter Wasserstrahl und bei Bedarf Neemöl-Präparate oder Rapsölzubereitungen. Dies wirkt auch gegen die „Weiße Fliege". Ein Bio-Tomatendünger ermöglicht eine ausgeglichene Entwicklung; er wird mäßig, aber regelmäßig ausgebracht.

Meine Sortenempfehlungen: siehe Seite 204

Spinat, Mangold und mehr

Spinat – verleiht Wunderkräfte
Spinacia oleracea

Dieses Blattgemüse wurde durch eine Zeichentrickfigur berühmt: Popeye. Der bekannte Matrose verschlang zur Stärkung eine Dose Spinat – und schon verfügte er über Wunderkräfte. Kaum jemand weiß, dass diese Fernsehserie eine überaus gelungene Werbekampagne der amerikanischen Landwirtschaft war, um die übermäßig produzierten Mengen von Spinat an den Verbraucher zu bringen. Die Botschaft von Popeye ist jedoch bis heute in den Köpfen verankert: Spinat ist sehr gesund. Das ist tatsächlich so, das Gemüse zeichnet sich durch einen hohen Gehalt an Vitaminen aus (A, B1, B2, C, E, Niacin). Auch sein Mineralstoffgehalt ist bemerkenswert, hier sind vor allem Kalzium, Kalium, Magnesium und Phosphor zu nennen. Spinat ist auch ein recht guter Eisenlieferant – wenn auch der legendär hohe Eisengehalt auf einem Kommafehler beruhte, wie sich mittlerweile herausgestellt hat.
Die kulinarische Karriere des Spinats begann wahrscheinlich in China. Von dort wanderte er zu den Arabern und kam dann mit den Kreuzrittern nach Mitteleuropa. Seitdem ist sein Siegeszug kaum mehr aufzuhalten. Im 16. Jahrhundert nannten ihn die Kräuterspezialisten Bock, Fuchs und Lonicerus in ihren Abhandlungen. Seit den 1850er-Jahren ist er überall in Europa zu finden.

Als stark wasserhaltiges Gemüse eignet sich Spinat hervorragend zum kurzen Blanchieren. Langes Kochen zerstört nicht nur seine Bissfestigkeit, sondern schwemmt auch die gesunden Inhaltsstoffe aus. Eine leichte Soße macht aus der grünen Beilage im Handumdrehen ein kulinarisches Highlight, das beispielsweise mit Nudeln zusammen schnell zum Hauptgericht wird. Auch in Kombination mit milden Zutaten wie Kartoffeln oder Reis kommt sein feiner Eigengeschmack gut zur Geltung. Das gilt zudem für rohen Spinat als Salat: einfach ein paar zarte Blättchen zerteilen und unter den Sommersalat mischen. Das bringt Geschmack und Biss in die Schüssel. Auch allerlei Teigtaschen, Pfannkuchen, Blätterteig oder Lachsröllchen können wunderbar mit Spinat und Frischkäse gefüllt werden. Soll das frische Blattgemüse tiefgefroren werden, zerkleinert man die Blätter nur wenig: So behalten sie nach dem Auftauen ihre knackige Konsistenz.

Wichtig zu wissen ist, dass Spinat ab dem Frühjahr immer wieder nachgesät werden kann. Da es Sorten für jede Jahreszeit gibt, ist sogar eine Ernte im Winter möglich. Auch in leeren Gewächshäusern kann ausgiebig Spinat gesät werden. Im Freiland sollte man immer ein Vlies über die Pflanzen legen, damit Frost und Schnee-

Für Gartenbeete und Balkongärtner ist Spinat sehr gut geeignet, da er bei vorsichtiger Ernte immer wieder nachwächst. Selbst in einem einfachen Balkonkasten mit guter Bio-Blumenerde und etwas Kokosfasern lässt sich das Gemüse mehrfach ernten.

last die Blätter nicht zerstören. Ein paar untergelegte Dachlatten erleichtern die Ernte. Vom Spinat gibt es männliche und weibliche Exemplare. Wer Samen gewinnen möchte, sollte die Damen im Beet stehen lassen. Beernten lassen sich beide gleich gut.

Das gefürchtete „Schießen" des Spinats hängt mit der Tageslichtlänge und den Temperaturen bei der Aussaat zusammen. Manche Sorten reagieren sensibel auf viel Licht und Hitze und wollen dann unbedingt ihre Blüten über den Blättern präsentieren. Das Schießen führt dazu, dass die Pflanzen Oxalsäure in den Blättern einlagern. Zum einen schmeckt das Gemüse dann bitter und zum anderen belastet die Oxalsäure den menschlichen Organismus. Deswegen sollte man immer alle Blätter rechtzeitig abernten und die passende Spinatsorte an anderer Stelle nachsäen.

Nährstoffe braucht der Spinat nicht übermäßig. Eine Grunddüngung mit reifem Kompost und eventuell ein Nachdüngen mit Hornspänen dürften für die Saison ausreichen. Zu viel Dünger führt ebenfalls zum Einlagern von ungesundem Nitrat.

Tierische Mitesser gibt es beim Spinat nur wenige. Schnecken mögen die Jungpflanzen allerdings genauso wie wir; der Einsatz von Bio-Schneckenkorn ist dann sinnvoll. Gegen Blattläuse helfen ein scharfer Wasserstrahl und regelmäßige Gaben von Gesteinsmehl. Wenn man diese wenigen Pflegehinweise beachtet, gibt es unbeschwerten Spinatgenuss – das ganze Jahr über.

Beim Spinat trennt man zwischen scharfsamigen Sorten mit stacheligen Früchten und Sorten mit glatten, runden Samen. Üblich ist auch die Einteilung nach runden bzw. spitzen Blättern oder nach Sommer- und Winterspinat.

Bewährte und robuste Sorten sind 'Butterblatt', 'Butterfly', 'Erste Ernte' (scharfsamig), 'Frühe Mona', 'Gamma', 'Geant D'Amerique', 'Matador', 'Monnopa', 'Osnabrücker Rundsamiger Münsterländer', 'Münsterländer Scharfsamiger', 'Sonat' und 'Winterriesen'.

Mangold – Farbenwunder im Beet
Beta vulgaris subsp. vulgaris var. vulgaris

Geschmacklich ist Mangold von einer erdigen Würze und eignet sich wunderbar als kräftiges, aber feines Gemüse – anstelle von Spinat. Wie viele andere Blattgemüse wurde auch Mangold vom Spinat zurückgedrängt, der als die edlere Speise galt. In den Bauerngärten hält sich Mangold dagegen seit dem Mittelalter. Er zählt zu den ältesten heimischen Gemüsearten und lässt sich schon in römischen Lagern nachweisen. Aus dem Mittelmeerraum wurde er 200 n. Chr. von den Römern in die germanischen und keltischen Gärten gebracht. Um 800 n. Chr. kultivierten vor allem Benediktinermönche das Gänsefußgewächs. Da es sich botanisch um die gleiche Art wie die Rote Bete handelt, waren sogar Pflanzen mit Rübenwurzeln in den Beeten zu finden. Alle Pflanzenteile wurden kulinarisch verwertet.

Da sich der Mangold mit der Roten Bete und der Zuckerrübe kreuzt, entstanden zahlreiche neue und bunte Mangoldsorten mit hervorragenden Kocheigenschaften. Neben den weißen gibt es leuchtend rote, gelbe, pinke und orange Blattstiele mit einer unvergleichlichen Farbintensität. Ich mag am liebsten die roten Sorten, die durch das enthaltene Anthozyan besonders gesund sind. Dieser Farbstoff ist ein wirksamer Radikalenfänger. Die gelben Sorten wiederum enthalten zusätzlich orange Karotinoide, das sind gesundheitsfördernde Antioxidantien. Also: Je bunter, desto besser!

Es gibt unterschiedliche Mangoldformen, die je nach kulinarischer Verwendung zum Einsatz kommen. Beim Römischen, Blatt- oder Schnittmangold (Cicla-Gruppe) nutzt man vor allem die Blätter, die Stück für Stück von außen nach innen geerntet werden. Sie treiben schnell wieder aus der Mitte nach und liefern neues Grün für die Küche. Daneben gibt es auch den Rippen- oder Stielmangold (Flavescens-Gruppe), bei dem vor allem die begehrten weißen Blattrippen verzehrt werden. Man dünstet sie wie Spargel und serviert sie mit einer leichten, hellen Soße. Die Stiele wurden früher eingekocht und als „saures Mus" auf den Tisch gebracht. Blätter und Blattrippen lassen sich aber auch gut gemeinsam zubereiten: Dabei dünstet man einfach die härteren Stiele zuerst und lässt dann die Blätter folgen.
Das Gemüse enthält vor allem die Vitamine A, E und K sowie Eisen, Kalium, Natrium und Magnesium. Die enthaltene Oxalsäu-

re wird beim Kochen zerstört oder durch die Zugabe von Sahne, Milch oder Sauerrahm gebunden und geschmacklich abgerundet. Eine Prise Muskat betont das kräftige Aroma.

Durch seine ausgesprochene Robustheit war Mangold als erstes Frühlingsgemüse früher überaus beliebt: Man kultivierte ihn über den Winter hinweg. Seine Wurzeln können während der kalten Jahreszeit im Boden bleiben; sie treiben nach dem Schnee schnell wieder aus. Heute kann man dies mit einem Gärtnervlies beschleunigen; hier entwickelt sich ein besonders günstiges Mikroklima. Es lohnt sich auch, die Wurzelstöcke im Herbst mit einer Grabegabel aus dem Boden zu holen und in ein Kleingewächshaus umzupflanzen. Dort treiben sie noch früher aus.

Für die Kultur von Mangold eignet sich jeder leicht lehmige Gartenboden sowie Kübel und tiefe Kästen an einem sonnigen Standort. Die Jungpflanzen werden in eine Mischung aus lehmiger Erde und Bio-Blumenerde gepflanzt, damit sich die tiefen Wurzeln gut entwickeln können. Am besten ist eine Aussaat unmittelbar vor Ort, da die Pfahlwurzeln das Umpflanzen oft nicht gut vertragen. Für Terrasse und Balkon sind vor allem die Schnittmangold-Sorten passend, weil diese immer wieder neu beerntet werden können. Mit dieser längerfristigen Kultur nützt man den eingeschränkten Platz optimal aus.

Mangold wird aufgrund der engen Verwandtschaft mit Roter Bete und Zuckerrübe von den gleichen tierischen Mitessern befallen. Blattläuse sind als meist schwarze Arten gut zu erkennen und können erst einmal mit einem kalten Wasserstrahl abgebraust und mit Gesteinsmehl überstäubt werden. Pyrethrum-Produkte wende ich nur bei einem erneuten Befall an. Gegen Fraßschäden von Eulenraupen im Boden vermische ich die Erde mit Neemschalen oder auch -presskuchen. Das düngt den Boden zusätzlich. Generell braucht Mangold nur wenig Dünger, eine Handvoll gut abgelagerter Kompost sollte ausreichen. Zu viel Dünger lässt die Pflanze triebig und weich werden. Das macht sie anfälliger für tierische Mitesser und führt zur Nitratbildung, was die Nieren des Gartenfreundes unnötig belastet. Weniger Dünger ist für Geschmack und Gesundheit immer die richtige Entscheidung.

Robuste bunte Sorten sind 'Bright Lights', 'Bright Yellow', 'Five Colours' und die 'Mangold Melange'. Rot sind 'Feurio' und 'Vulkan'. Gute Schnitt- und Blattmangoldsorten sind 'Gelber Bündner', 'Gelber feiner', 'Grüner', 'Hunsrücker Schnitt' und der Klassiker 'Lucullus/Lukullus'. Meine Sortenempfehlungen für Stielmangold: 'Berac', 'Genfer Krautstiel', 'Glatter Silber 3', 'Walliser'.

Traditionelle Gemüsesorten: 'Hunsrücker Schnittmangold'

Hinter diesem Namen verbirgt sich der vielgestaltigste Mangold, den ich kenne. Von einem Gärtnerkollegen in einer Garage im Hunsrück entdeckt und angebaut, entpuppt sich diese Sorte als genetischer Tausendsassa. Normalerweise unterscheidet man zwischen Blatt- und Stielmangold: Der 'Hunsrücker Schnittmangold' kann beides sein! Manche Exemplare zeigen große Blätter, die man Stück für Stück erntet und als Gemüse oder Salat genießt. Andere besitzen dagegen ausgeprägte Stängel, die man wie Spargel mit einer hellen Soße servieren kann. Darüber hinaus gibt es noch Pflanzen, die eine ausgeprägte Rübenform mit sich bringen – und wie Rote Bete zubereitet werden.

Unschlagbar ist auch die Winterhärte dieses Mangolds: In meinem Garten hat er schon -15 °C überstanden, um im März wieder neu auszutreiben. Zudem hat sich gezeigt, dass diese Sorte besonders robust gegen die weitverbreiteten Krankheiten aus dem Zuckerrüben-Anbau ist. Vielleicht wird sie deswegen eines Tages der züchterische Grundstock für eine Mangoldsorte der Zukunft sein. Seit 2010 steht der 'Hunsrücker Schnittmangold' auf der Roten Liste für gefährdete Nutzpflanzen.

Mangoldpizza

Für den Pizzaboden die Hefe in lauwarmem Wasser und Olivenöl auflösen, salzen. Das Mehl hinzufügen und den Teig gründlich
verkneten. Falls die Masse zu trocken ist, vorsichtig noch etwas
Wasser zugießen. Die Schüssel mit einem Küchentuch abdecken
und den Teig für 1 Stunde an einem warmen Ort gehen lassen.
Den Teig ausrollen und vorsichtig auf ein mit Backpapier versehenes Backblech heben. Den Backofen auf 230 °C vorheizen.
Mangold waschen und in Streifen schneiden. Zwiebeln und Knoblauch klein schneiden, die Zwiebeln in Öl glasig andünsten. Dann
Mangold und Knoblauch dazugeben und etwa 10 Minuten garen,
bei Bedarf etwas Wasser zugießen. Das Gemüse in einem Sieb abtropfen lassen. Parmesan und Pinienkerne unterheben, mit Salz,
Pfeffer und Muskatnuss abschmecken. Die Tomaten auf dem Boden verteilen und abschließend die Mangoldmischung darüberge-
ben. Die Pizza etwa 25–30 Minuten backen.

1/2 Würfel Hefe
250 ml lauwarmes Wasser
1 TL Olivenöl
1 gestrichener TL Salz
500 g Dinkelvollkornmehl

1 kg Mangold
2 Zwiebeln
2 Knoblauchzehen
2 EL Öl
500 g Tomaten, passiert oder
in Stücken
200 g Parmesan
4 EL Pinienkerne
Salz, Pfeffer, Muskatnuss

Rote Bete und Mangold haben denselben botanischen Namen! Aus der gemeinsamen, mehrjährigen Wildform wurde die Rote Bete herausgezüchtet. Als zweijährige Kulturform mit verdickter Rübe ist sie die schmackhafte Wurzelversion des Mangolds.

Rote, Gelbe und Weiße Bete
Beta vulgaris subsp. vulgaris var. vulgaris, weiterhin var. alba und var. lutea

Der Begriff „Bete" umfasst neben der bekannten Roten Bete auch die Gelbe und die Weiße Bete. Oft werden alle drei Farbvarianten unter dem Namen „Rote Bete" zusammengefasst. Die traditionellen gelben und weißen Sorten werden eher selten angeboten, man kann sie aber gelegentlich auf Wochenmärkten ergattern. Es lohnt sich, danach Ausschau zu halten oder sie selbst im Garten anzubauen: Sie schmecken etwas milder und süßer als die rote Form.

Bereits die Römer haben ihren Anbau betrieben, im Mittelalter wurde das Gemüse vor allem von den Benediktinern kultiviert. 1543 wird erstmals eine „Rotrübe" erwähnt, die gelben Formen wurden 1561 „Rummele" genannt. Auf das 19. Jahrhundert geht die erste Erwähnung in den USA zurück, wo in der Folgezeit der größte Anbau betrieben wurde. In Europa waren französische und italienische Züchter fleißig, sie entwickelten vor allem die bunten Sorten weiter. Hier ist das rote Fruchtfleisch von attraktiven weißen Ringen durchzogen. Auch ältere Sorten sind gelegentlich rot-weiß, während moderne Sorten immer einheitlich gefärbt sind.

Rote Bete ist unter anderem blutbildend und -reinigend, stärkend, immunstimulierend, verdauungsfördernd und appetitanregend. Vor allem in den kühleren Gebieten Mitteleuropas kann die Bete besonders viel Vitamin B, Eisen, Folsäure und Kalium einlagern und wird dazu noch extra süß.

Die erdig würzige Knolle wird gern als gekochter Salat oder gedünstetes Gemüse zubereitet. Man kann Rote Bete aber auch als Rohkost genießen – am liebsten mag ich sie geraspelt mit Orangenstücken und Nüssen. Lauwarm wird das Gemüse zu Königsberger Klopsen gereicht, in Russland serviert man sie im „Borschtsch" als kalte Suppe. Die Blätter der Bete lassen sich wie Mangold zubereiten: Sie schmecken noch etwas intensiver und werten jeden Salat auf. Die Samen kann man im Winter wie Keimsprossen auf der Fensterbank ziehen. Sie stecken voller Vitamine und Spurennährstoffe.

Im Garten fühlen sich die Pflanzen in einem leicht lehmigen, gelockerten Boden wohl. Die Samen werden in Reihen ausgebracht. Ich habe gute Erfahrungen damit gemacht, unterschiedlich geformte Beten nebeneinander zu säen. Die einen bilden oberir-

dische Rüben aus, während die länglichen Typen auch den unter-
irdischen Raum nutzen. So spart man Platz im Beet und kann auf
allen Ebenen Vielfalt ernten. Eine Düngung ist meist weder nötig
noch förderlich, da die Rüben sonst zum Faulen neigen. Mäßige
Wassergaben im Sommer verhindern das Aufreißen der Rüben.
Der Pflanzenschutz verläuft wie beim Mangold (siehe Seite 156).

Rote-Bete-Salat mit Walnüssen

Die Rote Bete von Wurzeln und Blättern befreien. Dabei darauf
achten, dass die Knolle nicht beschädigt wird, da sie sonst „aus-
blutet". In Salzwasser je nach Größe 45–60 Minuten garen, bis
die Knolle weich ist (zur Probe mit einer Gabel einstechen). Die
Knolle mit kaltem Wasser abschrecken, kurz abkühlen lassen und
die Schale abziehen.
Die Rote Bete grob, die Möhre fein raspeln. Den Apfel schälen
und in kleine Stücke schneiden. Bete, Möhre und Apfel in eine
Schüssel geben, den Meerrettich zufügen und alles miteinander
vermengen. Aus den übrigen Zutaten ein Dressing anrühren und
mit dem Salat vermischen. Zuletzt die Walnüsse fein hacken und
unterheben. Etwa 1 Stunde im Kühlschrank ziehen lassen, dann
nochmals abschmecken.

Tipp: Gekochte Rote Bete färbt ab – Handschuhe tragen und kein
Holzbrettchen verwenden!

500 g Rote Bete
1 große Möhre
1 kleiner Apfel
1 gestrichener TL Meerrettich
(frisch oder aus dem Glas)
5 EL Öl
2 EL weißer Balsamico
Salz, Pfeffer
10 Walnüsse

Erdbeerspinat – ein „Ziergemüse"
Chenopodium capitatum, Chenopodium foliosum

Ein kleiner, feiner und kurioser Vertreter der Gänsefußgewächse ist der Erdbeerspinat. Als zartes, grünes Pflänzchen offenbart sich sein Geheimnis erst nach der Blüte. Im Gegensatz zu Spinat und Melde wird er dann nicht etwa ungenießbar – beim Erdbeerspinat bilden sich entlang des Stängels leuchtend rote Beeren. So etwas erwartet man nicht bei einem Spinat- oder Salatpflänzchen: ein auffälliger Hingucker im Gemüsebeet!

Die Heimat dieser alten Kulturpflanze ist der Mittelmeerraum, wo man sie lange als Wildkraut nutzte. Von 1601 stammt die erste botanische Erwähnung in einem Kräuterbuch, seitdem wurde die spannende Art als Nutzpflanze angebaut.

Erdbeerspinat ist zwar weniger ertragreich als der Echte Spinat, dafür ist er geschmacklich viel feiner. In den letzten Jahren hat er wieder einen Platz in den Gärten der Gourmets gefunden. Kulinarisch ist Erdbeerspinat sehr vielseitig einsetzbar. Er bereichert Salate und Wildkräutergerichte, macht sich hervorragend in Kräuterbutter und ist genauso verwendbar wie Spinat – in allen Variationen. Von den hübschen, roten Scheinbeeren darf man keinen Erdbeergeschmack erwarten; sie haben ein mildes Aroma und auch viele kleine Kerne. Dennoch können sie wunderbar in allerlei Gemüsemischungen und zusammen mit den Blättern zubereitet werden – das Auge isst ja bekanntlich mit. Wer also Wert auf Vielfalt im Beet und auf dem Teller legt, dem sei diese spannende Pflanze wärmstens empfohlen.

Die einjährige, nicht winterharte Pflanze erreicht eine Höhe bis zu 60 cm, wobei der Blütenstand mit den hübschen Beeren bis 80 cm hoch werden kann und dann über das Blattwerk hinausragt. Die Blättchen sind oft dreieckig oder auch gefranst. Der Ährige Erdbeerspinat (*Chenopodium capitatum*, Synonym *Blitum capitatum*) ist am häufigsten in unseren Gärten anzutreffen. Der Echte Erdbeerspinat (*Chenopodium foliosum*) wird nicht ganz so groß, besitzt aber größere Beeren, die über den Blättern wunderbar zu sehen sind.

Auch für den Balkonkasten ist Erdbeerspinat sehr gut geeignet. Bei vorsichtiger Ernte treibt er sogar wieder nach. Der Standort sollte sonnig und nicht zu nährstoffreich sein. Im Kübel genügt eine gute Bio-Blumenerde, Dünger ist nicht nötig. Wenn es dem Erdbeerspinat an seinem Gartenplatz gefällt, wandert er gerne umher, wird dabei aber nie lästig. Tierische Mitesser gibt es bei dieser Pflanze nur selten. Falls Blattläuse oder Schnecken auftreten, ist die Regulation mit biologischen Mitteln meistens ausreichend.

Dieser Spinat-Ersatz kann beinahe zu jeder Jahreszeit ausgesät werden. Die pflegeleichten Pflanzen eignen sich hervorragend, um leere Plätze im Gemüsebeet schnell einzugrünen. Nach der Aussaat kann man schon nach wenigen Wochen ernten! Auch auf der Bundesgartenschau 2011 in Koblenz (siehe Seite 25) erweckte das „Ziergemüse" beim Publikum großes Interesse.

Gemüseampfer – bitte lächeln
Rumex patientia

Der Gemüseampfer, auch „ewiger Spinat" genannt, ist leider ein vergessenes Gemüse. Als einziges Mitglied der großen Ampfer-Familie schmeckt er nur *leicht* sauer und kann sehr gut in unseren Küchen zubereitet werden. Man kocht ihn wie Spinat. Die jungen Blätter ergeben zudem einen feinen, etwas säuerlichen Salat, bei dem auf Essig verzichtet werden kann. Sauer macht lustig – mir zaubert er jedenfalls immer ein Lächeln ins Gesicht. Die Gemüsepflanze bildet üppige Stauden mit großen Blättern aus und versorgt so zuverlässig jede Kleingärtnerfamilie.

Schon vor dem Mittelalter und der Nutzung des klassischen Spinats gehörte der Gemüseampfer zu unserer Ernährung. Es lohnt sich heute noch, in alten Dörfern nach der Wildpflanze Ausschau zu halten. Auf diesem Weg konnten wir einige Exemplare (wahrscheinlich preußischer Herkunft) auf der Festung Ehrenbreitstein sichern. Sie wurden dem staunenden Publikum auf der Bundesgartenschau 2011 in Koblenz präsentiert. Wegen der unproblematischen Kultur des Gemüseampfers ist die Nachfrage sehr groß. Auch für Freunde der Permakultur und für Terrassengärtner ist diese Pflanze ein Gewinn, da sie wiederholt und dauerhaft beerntet werden kann.

Die Pflanze lässt sich hauptsächlich vegetativ, also über Wurzelschnittlinge oder Teilung vermehren. Die seltene, rispenförmige Blüte bildet meist keimfähige Samen aus, die neue Wuchsformen mit unterschiedlichen Säuregraden hervorbringen. Hier lohnt es sich, die wüchsigsten Pflanzen mit den zartesten Blättern auszulesen und im Garten zu kultivieren. Der Pflanzabstand beträgt 30 cm zu allen Seiten. Für einen sonnigen, nicht zu trockenen Standort und regelmäßige Kompostgaben bedankt sich der Gemüseampfer mit immer neuen Trieben. Die großen, meist dunkelgrünen, oxalsäurearmen Blätter lassen sich während der Saison immer wieder abernten.

Ein wilder Verwandter, der auch in der Küche genutzt werden kann, ist der Blutampfer (*Rumex sanguineus*). Dies ist eine ebenfalls milde, säurearme Variante des Ampfers, die durch ihre rot geäderten Blätter besticht. Sowohl geschmacklich als auch optisch peppt der Blutampfer jeden Salat und jedes Butterbrot auf, in Kräuterbutter bringt er Farbe und Leichtigkeit. Für das traditionelle Frankfurter Gericht „Neun-Kräuter-Soße" wird auch noch der echte Sauerampfer (*Rumex acetosa*) angebaut und genutzt. Unter den Frühjahrskräutern ist er eine wahre Vitaminbombe.

Der Name „Englischer Spinat" spricht für die traditionelle kulinarische Herkunft des Gemüseampfers. In England wird das Blattgemüse vor allem für die klassischen englischen „Pies" verwendet (süße und deftige Kuchen, Aufläufe oder Pasteten).

Pfannkuchen mit Gemüseampfer und Joghurtsoße

für 2 Personen als Hauptgericht,
für 4 Personen als Vorspeise

250 ml Milch
2 Eier, 100 g Mehl, 50 g Butter
Salz, Muskatnuss
Butterschmalz zum Ausbacken

500 g Gemüseampfer
2 Schalotten
1 Knoblauchzehe
1 EL Butter
50 g geriebener Pecorino
Salz, Pfeffer

250 g Joghurt
1 Spritzer Zitronensaft, Salz
1/2 Bund Schnittlauch

Für den Teig Milch und Eier gründlich verrühren. Langsam das Mehl einrieseln lassen, weiterrühren und darauf achten, dass sich keine Klümpchen bilden. Die zerlassene Butter untermischen, mit Salz und Muskat leicht würzen, 15 Minuten quellen lassen.

Für die Füllung den Gartenampfer verlesen, waschen und abtropfen lassen. Schalotten und Knoblauch klein hacken, beides in einem Topf in Butter andünsten. Gartenampfer zufügen, zusammenfallen lassen und weich dünsten. Überflüssiges Wasser abgießen. Den Ampfer mit Pecorino zusammen pürieren, mit Salz und Pfeffer abschmecken. Für die Soße den Joghurt mit Zitronensaft, Salz und klein geschnittenem Schnittlauch verrühren.

Butterschmalz in einer beschichteten Pfanne auslassen, zwei dünne Pfannkuchen ausbacken. Jeden Pfannkuchen auf ein Stück Frischhaltefolie legen, mit der Ampfermasse bestreichen und mithilfe der Folie aufrollen. Auf vorgewärmte Teller legen, nach Geschmack in Stücke schneiden und mit der Joghurtsoße servieren.

Gartenmelde – eine Entdeckung wert

Atriplex hortensis

Hier haben wir ein erstklassiges Blattgemüse, das zu Unrecht beinahe in Vergessenheit geraten ist. Als leicht zu kultivierende, ertragreiche und dekorative Gemüsepflanze hat die Gartenmelde wieder mehr Beachtung verdient. Deshalb wurde sie vom „Verein zum Erhalt der Nutzpflanzenvielfalt" (VEN) zum „Gemüse des Jahres 2000" ernannt.

In ihrem Herkunftsgebiet Südosteuropa wird die Melde schon sehr lange angebaut. Als indogermanische Pflanze gehörte sie zum festen Garteninventar der griechischen und römischen Kultur. Durch die weitreichenden Handelsbeziehungen wurde die Melde überall in der antiken Welt verbreitet. Die Römer brachten sie mit nach Deutschland, wo man sie bis ins Mittelalter hinein kultivierte. In der berühmten Gartenverordnung von Karl dem Großen („Capitulare de villis") um 800 n. Chr. war ihr Anbau sogar vorgeschrieben. Bei Hildegard von Bingen hieß die Pflanze „Schißmelde", was sich wohl auf ihre beeindruckende Höhe (bis 2 m) zurückführen lässt. Ihre münzförmigen, papierartigen Samen dienten aber auch als leichtes Abführmittel, sodass dieser Name auch in der Volksheilkunde gebräuchlich war.

In den Gartenbaulehrbüchern der 1850er-Jahre erfährt die Melde wieder eine Würdigung als schnelles und unkompliziertes Gartengemüse. Angebaut wird sie heute vor allem im Berliner Raum, dem Rheinland, Westfalen – und von vielen begeisterten Hobbygärtnern in der gesamten Republik. Mit ihrer leuchtenden Farbe ist die 'Rote Melde' sehr hübsch anzusehen: Besonders in der französischen und in der modernen ornamentalen Gartenkultur wird sie daher gern zur Dekoration gepflanzt.

Im Frühjahr kann die einjährige Gartenmelde schon ab Mitte März ausgesät werden. Die Samen gehen manchmal ungleichmäßig auf, und das Saatgut verliert schnell seine Keimfähigkeit. Hier kann ein Kälteimpuls im zeitigen Frühjahr zur Anregung der Keimung sehr hilfreich sein! Eine flächige Aussaat führt zu einem kleinen Feld von Jungpflanzen, während die Reihenkultur leichter zu ernten ist.

Da die traditionelle Gemüsepflanze vom Säen bis zum Ernten nur wenige Wochen braucht, eignet sie sich gut als schneller Lückenfüller. Wenn man sie lässt, wandert sie durch das Gartenbeet, ohne dabei lästig zu werden. Der Boden sollte nährstoffreich sein, aber nicht zu viel Stickstoff enthalten, da die Blätter sonst weich

Die einjährige Gartenmelde wächst robust und anspruchslos. Man muss sie nur gelegentlich gießen, mehr Pflege ist nicht nötig.

werden. Reifer Kompost als Dünger ist völlig ausreichend. Um eine lange Erntephase bis zum sommerlichen Blühen zu ermöglichen, kann man die Melde Blatt für Blatt beernten. Ab einer Größe von 20 cm lassen sich die zarten Pflänzchen auch komplett abschneiden. Meine Empfehlung für eine gelbe Sorte ist 'Gelbe Melde', grün sind 'Grüne Melde' und 'Rheinische Kopfmelde'. Rot sind 'Rotgestreift' und die französische Sorte 'Vollrot'. Wer die Sorten zur Samengewinnung rein erhalten möchte, sollte jeweils nur eine Farbe kultivieren, da sich die Pflanzen als Windbestäuber leicht miteinander verkreuzen.

Die Riesenmelde oder Baumspinat (*Chenopodium giganteum*) gehört ebenfalls zu den Gänsefußgewächsen. Die Pflanze kann bis zu 3 m hoch werden und wird genau wie die Gartenmelde kultiviert und verköstigt. Die Sorte 'Magentaspreen' besticht vor allem durch ihr prächtig rötlich überfärbtes Laub und war 2011 einer der Hingucker in unserem „Garten Eden" auf der Bundesgartenschau in Koblenz.

Da die Melde auch zu den Gänsefußgewächsen gehört, sollte sie nicht in unmittelbarer Nachbarschaft oder Beetfolge von Erdbeerspinat und Spinat gepflanzt werden. Kulinarisch wird sie jedoch genauso genutzt: als aromatischer Spinat mit eigenem Aroma, knackige Salatzutat und Bestandteil von Kräutersoßen und Gemüsemischungen. Ich esse sie besonders gerne als fein geschnittenen Belag auf einem Käsebrot. Ihre mehligen Blattunterseiten sorgen für ein ganz neues Geschmacksgefühl auf der Zunge. Wer das nicht mag, kann das „Blattmehl" auch abwaschen. In Kombination mit Brennnessel und Gartenampfer kann man mit der Gartenmelde eine wunderbar frische, würzige und Vitamin-C-reiche Frühlingssuppe zaubern.

Traditionelle Gemüsesorten: 'Rheinische Kopfmelde'

Diese Sorte findet sich bereits in Gartenkatalogen aus den 1930er-Jahren. Damals war sie in Deutschland weit verbreitet und begehrt, da sie beim Dünsten nicht so stark in sich zusammenfällt. Durch ihren kräftigen Eigengeschmack konnte sie sich bis in die 1960er-Jahre gut gegen den Spinat behaupten. Die Erwähnung bei Hildegard von Bingen führte dazu, dass sie in den letzten Jahren wieder bekannter wurde. Vor allem im Bergischen Land, im Rheinland, im Ruhrgebiet und in Westfalen wird sie wieder angebaut. Ihre Robustheit macht sie zu einem der ersten und wichtigsten Frühjahrsgemüse im Bauerngarten.

Tarte mit Gartenmelde und Fetakäse

Quark und Butter vermengen, das Mehl mit dem Backpulver zufügen und zusammen mit Honig und Salz rasch verkneten. Den
Teig etwa 30 Minuten in den Kühlschrank stellen. Danach ausrollen und auf ein mit Backpapier versehenes Backblech legen. Den
Backofen auf 225 °C vorheizen.

In der Zwischenzeit die Melde waschen, abtropfen lassen und
grob schneiden. Zwiebel fein hacken, in Butter glasig dünsten.
Melde hinzugeben und unter Rühren zusammenfallen lassen. Die
Garzeit beträgt etwa 15 Minuten. Dann das Gemüse in einem Sieb
abtropfen lassen, bei Bedarf die Flüssigkeit etwas ausdrücken.
Abkühlen lassen. Die Melde gleichmäßig auf dem Teig verteilen,
halbierte Kirschtomaten dazwischensetzen, salzen und pfeffern.
Die verquirlten Eier mit der Sahne verrühren und unter das Ge-
müse heben. Den Schafskäse zerkrümeln und darüberstreuen.
Die Tarte in 20–25 Minuten fertig backen.

100 g Quark
100 g weiche Butter
150 g Weizenvollkornmehl
1 gestrichener TL Backpulver
20 g Honig oder Rohzucker
1 Prise Salz

FÜR DEN BELAG
800 g Gartenmelde (Blätter)
1 Zwiebel
1 EL Butter
200 g Kirschtomaten
Salz, Pfeffer
4 Eier
1/8 l süße Sahne
200 g Schafskäse (Feta)

Guter Heinrich zu Lamm und Kräuterbutter: einfach lecker!

Die 'Rheinische Kopfmelde' oder auch 'Grüne Melde' unterscheidet sich durch ihre sattgrüne Farbe von den hellgrünen (gelben) und roten Typen. Ihre Blätter sind vor allem im Kopfbereich der Pflanze konzentriert und wachsen dem Gärtner geradezu entgegen – was die Ernte einfach macht. Die 'Rheinische Kopfmelde' sollte bereits im Februar ausgesät werden, weil die münzförmigen Samen einen Kälteimpuls brauchen. Normalerweise kann man die vitaminreichen Blättchen schon nach vier Wochen ernten. Ich lasse die schönsten Pflanzen als Samenträger stehen.

Guter Heinrich – der treue „Hausherr"
Chenopodium bonus-henricus

Diese mittlerweile in freier Natur selten gewordene Art war früher überall im Dorf zu finden: Der Gute Heinrich stand entlang aller Wege, in jedem Garten, unter dem Misthaufen und bei der Koppel. Der Mensch und seine Haustiere versorgten ihn mit allen nötigen Nährstoffen. Unsere Beziehung zu dem Gänsefußgewächs ist schon so alt, dass sie im Pflanzennamen steckt: Der botanische Name bedeutet „guter Hausherr". Früher genügten wenige Schritte vor das Haus, um das Mittagessen hereinzuholen.

Die Pflanze ist zu jeder Jahreszeit einfach zu beernten und wird über zehn Jahre alt. Sowohl Stängel als auch Blätter und Blüten sind essbar. Wichtig war und ist auch der hohe Vitamin-C-Gehalt, der durchaus an Paprika oder Petersilie herankommt.

Die Blätter und Blüten des Guten Heinrichs bereichern jeden Salat und können wie Spinat gekocht werden. In England war das Bleichen der Sprossen durch Anhäufeln üblich. Es gab sogar Farbsorten mit weißen und roten Schösslingen, die bis zu 80 cm hoch wurden. Die Sprossen des Guten Heinrichs können ab April geerntet und wie Spargelspitzen zubereitet werden. Man blanchiert sie kurz und serviert die Sprossen mit einer leichten, hellen Soße – einfach köstlich!

Um den Guten Heinrich im Garten anzusiedeln, rate ich zu einer Aussaat im Herbst. Die Samen sind Kaltkeimer und benötigen einen längeren Zeitraum, in dem sowohl wechselnde Kälte als auch Feuchtigkeit auf sie einwirken. Ältere Pflanzen können auch gut geteilt werden. Der Standort sollte vollsonnig, nicht zu trocken und mit leicht lehmiger Erde ausgestattet sein. Regelmäßiges Düngen

Würzige Laucharten

Der **Sibirische Lauch** (*Allium ledebourianum*), auch Altai-Schnittlauch, ist eine dem echten Schnittlauch sehr ähnliche Art, die eher grobröhrig ist. Durch seinen milden Geschmack ist er auch für Kinder geeignet. Aufgrund der sibirischen Herkunft ist er extrem winterhart und pflegeleicht. Die starkwüchsige Pflanze wird 20 cm hoch und entwickelt eine wunderbare, rosa-weiße Blüte.

Berglauch (*Allium senescens*) ist eine alte, heimische Kulturpflanze mit einer duftigen, rosafarbenen Blüte. Er treibt von Februar bis September aus, seine Blätter werden etwa doppelt so breit wie beim Schnittlauch. Am Naturstandort wächst er in sommertrockenem, steinigem Geröll und bildet eine wurzelartige Zwiebel aus. Er passt auch sehr gut in den Kübel des gießfaulen Balkongärtners.

Der **Ausdauernde Lauch** (*Allium senescens subsp. senescens*) hat hellviolette Blüten auf 20 cm langen Stielen, die den ganzen Frühsommer lang blühen. Seine halbrunden Blätter besitzen einen ausgeprägt würzigen Geschmack und können bis in den Oktober hinein geerntet werden. Ähnlich wie Bärlauch treibt er im April aus den länglichen, hellen Zwiebeln wieder aus. Diese passen wunderbar in die „Neun-Kräuter-Suppe" im Frühling.

mit einem Bio-Gemüsedünger sorgt für neuen Blattaustrieb. Für die Terrassenkultur empfiehlt sich eine Mischung aus lehmiger Erde mit Bio-Blumenerde und einer guten Menge reifem Kompost. Krankheiten oder tierische Mitesser sind bei dieser Pflanze bisher nicht in nennenswertem Umfang aufgetreten, dennoch wissen auch Mäuse die zarten Stängel zu schätzen.

Meine Pflanzen habe ich wild wachsend gefunden, am Straßenrand und in einer alten Burganlage – kurz bevor sie der Bagger erwischt hat. Es lohnt sich also, in der unmittelbaren Umgebung nach den seltenen Exemplaren Ausschau zu halten: Sie wachsen im Garten viel besser an als gekaufte Samen. Die zarten Blätter erkennt man an den „bemehlten" Unterseiten. Aus Rücksicht auf die bedrohte Art sollte man jedoch nie alle Exemplare eines Standortes mitnehmen. Haben sich die Pflanzen erst einmal im eigenen Beet etabliert, säen sie sich selbst aus. Der „gute Hausherr" hat bestimmt nach wie vor einen Platz in unseren Gärten verdient!

Blätterteigtaschen mit Gutem Heinrich

500 g Guter Heinrich (Blätter)
3 Lauchzwiebeln
1 EL Butter
1 Knoblauchzehe
1 EL Zitronensaft
Salz, Pfeffer, Muskatnuss
200 g Schafskäse
2 EL gerösteter Sesam
4 Blätterteigplatten (aus dem Kühlregal)

Den Backofen auf 200 °C vorheizen. Die Blätter vom Guten Heinrich waschen und blanchieren, also kurz in kochendes Wasser geben und dann in Eiswasser abschrecken. Lauchzwiebeln in Ringe schneiden, mit dem Guten Heinrich in Butter weich dünsten. Knoblauchzehe pressen und dazugeben. Mit Zitronensaft, Salz, Pfeffer und Muskatnuss pikant abschmecken. Den Schafskäse zerkrümeln und mit dem Sesam vorsichtig unter die Gemüsemischung unterheben.

Die Blätterteigplatten ausrollen. Die Gemüsemischung portionsweise jeweils auf die Hälfte einer Blätterteigplatte geben, die andere Hälfte darüberklappen. Mit den Zinken einer Gabel die offenen Seiten zusammendrücken. Auf ein mit Backpapier versehenes Backblech legen und etwa 20 Minuten goldbraun backen.

Neuseeländer Spinat – schnell & gut
Tetragonia tetragonioides

In Europa wurde der Neuseeländer Spinat vor allem deswegen populär, weil er im Gegensatz zum bekannten Spinat im Sommer nicht „schießt", also nicht in Blüte geht. Das ermöglicht eine sichere Dauerernte vom Frühsommer bis zum Herbst. Botanisch gesehen ist der Neuseeländer Spinat aber etwas ganz anderes als der uns bekannte Spinat: Er gehört zur Familie der Eiskrautgewächse. Diese wachsen wie das ursprüngliche Eiskraut (*Mesembryanthemum crystallinum*) an den Küsten rund um Australien und Neuseeland. Eiskrautgewächse zeichnen sich durch einen flachen, niederliegenden Wuchs aus und haben meist lange Ranken. Die Blätter sind sukkulent, also eher fleischig und fest. Auf den Blättern sind kleine Strukturen zu erkennen, die an Eiskristalle erinnern – daher der Name. Der botanische Pflanzenname *Tetragonia* leitet sich von den Samen ab: Sie sind viereckig.

Die Stärke des Neuseeländer Spinats ist sein milder Eigengeschmack. In roher Form macht er einen gemischten Salat interessant, gedünstet kann er Spinat in allen Rezepten ersetzen. Er bildet jedoch im Vergleich mit Spinat keine Oxalsäure aus und kann somit weniger belastend für die Nieren sein. Da die Zubereitung nur kurze Zeit beansprucht, eignet sich das Gemüse wunderbar für die schnelle Küche. Es lohnt sich, ihn auszuprobieren – den Sommergruß vom anderen Ende der Welt. Vorbereitend weiche ich die Samen vor der Aussaat 24 Stunden lang ein, damit sie besser keimen. Aufgrund ihres Längenwachstums pflanzt man die Jungpflanzen mit einem Abstand von 1 m (in alle Richtungen). Bekommt die Pflanze zu wenig Wasser, trocknen die Triebe an den Spitzen ein und das Wachstum wird ausgebremst. Bei optimaler Entwicklung kann man schon nach 50–70 Tagen zum ersten Mal ernten. Ungefähr 100 Tage nach der Aussaat sind die Pflanzen voll entwickelt. Zwischenzeitlich ist ein regelmäßiges Einkürzen der Ranken wichtig, damit sie sich gut verzweigen und viele neue Blätter ausbilden. Mit den nachlassenden Sonnenstunden nimmt das Wachstum zum Herbst hin ab. Die ersten Fröste beenden die Kultur.

Spannend ist, dass der Neuseeländer Spinat in seiner Heimat mehrjährig ist – somit eignet sich die Gemüsepflanze auch für die Kultur im beheizten Wintergarten. Da keine Schädlinge bekannt sind, verläuft das Überwintern meist ohne Probleme. Ein ausreichend großer Kübel mit einer humosen Bio-Blumenerde und wasserspeichernder Kokosfaser sollte auch für den sommerlichen Balkongärtner genügen. Ab und an ein wenig organischer Bio-Flüssigdünger regt die Pflanze zum zügigen Nachwachsen an.

Ich pflanze den Neuseeländer Spinat gerne in einer Mischkultur mit Tomaten, weil beide Arten dieselben Ansprüche haben: Sonnig sollte es sein, luftig und regelmäßig mit Wasser versorgt. Der Spinat dient dann gleich als Mulchdecke für meine Tomaten.

Wurzeln
und Rüben

Die einst üblichen gelben Möhren wurden in den letzten 50 Jahren leider nur noch als Futtermöhren angebaut. Dabei bilden sie selbst in schweren und lehmigen Böden noch kräftige Wurzeln aus und entwickeln ein besonders feines Aroma.

Möhren – orange, gelb, weiß oder violett
Daucus carota subsp. sativus

Schon in frühester Kindheit lernen wir sie kennen: Möhren, auch Karotten genannt. Meist beginnt es mit Mamas Möhrenbrei, dann kam bei mir der geliebte Möhren-Kartoffel-Stampf und natürlich die feine, glasierte Beilage zum Sonntagsbraten.

Auch historisch begleiten Möhren uns schon sehr lange. Die ältesten Samenfunde stammen aus den Pfahlbauten am Bodensee, als man noch die Wilde Möhre (*Daucus carota subsp. carota*) sammelte. Sie ist sehr klein und zäh, kontinuierlich wurden immer die dicksten Möhren weiter vermehrt. Schon früh gab es bunte Möhrentypen: Weiße im Mittelmeerraum, Gelbe aus Afghanistan, Violette in Asien. Durch die Handelsaktivitäten von Griechen und Römern wurden alle Farben zusammengeführt und in Mitteleuropa angebaut. Dabei waren bestimmte Farben lange Zeit tonangebend, beispielsweise sind alle Möhren auf den Gemälden des 16. Jahrhunderts gelb. Erst im späten 17. Jahrhundert traten erstmals orangefarbene Möhren in den Niederlanden auf. Durch Kaufleute und Flüchtlinge wurden sie weit verbreitet – und haben sich bis heute durchgesetzt. Früher eher selten, sind sie heute das, was wir uns unter Möhren vorstellen.

Durch den umfangreichen industriellen Anbau haben Möhren aus dem Supermarkt heute leider oft mehr Masse als Klasse vorzuweisen. Sie schmecken teilweise fad oder sogar bitter. Knackige, süße Baby-Möhrchen bekommt man heute nur noch selten auf dem Wochenmarkt, eher als Flugware aus den USA. Auch Lagermöhren zum Überwintern muss man suchen. Hier lohnt der Anbau im eigenen Garten oder Balkonkasten!

Gelbe Möhren sind eine besonders leckere Bereicherung im bunten Möhrensalat. Auch violette Exemplare hat der Markt wieder für sich entdeckt. Sie gelten als sehr gesund, da ihr Gehalt an rotem Farbstoff, dem Anthozyan, besonders hoch ist. Leider ist es wasserlöslich und schwemmt beim Kochen aus. Besser ist das orangefarbene Karotin im Kochtopf aufgehoben, ebenfalls ein Radikalenfänger. Mit einem gesunden, regionalen Öl zusammen kann es wunderbar vom Körper aufgenommen werden.

Gerade die süßen Möhren eignen sich bestens für den Rohverzehr, beispielsweise in Salaten und Smoothies (pürierte Drinks). Auch in Backwaren werden Möhren verarbeitet, bekannt dafür ist die Schweizer „Rueblitorte". Dieser leckere, saftige Kuchen ist bei un-

serem „Tag der offenen Gartenpforte" immer sofort aufgegessen. In der Schweiz gibt es übrigens bis heute eine der seltenen weißen Möhrensorten, das 'Küttiger Ruebli'. Diese wird von den dortigen Landfrauen sauer eingemacht. Weiße Möhren werden manchmal mit der Wilden Möhre verwechselt. In der Blütezeit kann man die weiß blühende Wildform gut von der Kulturform unterscheiden, die eine einzige violette Blüte in der Mitte der Dolde besitzt. Wer selbst Möhrensamen gewinnen will, sollte keine Wildmöhren in der Nachbarschaft haben.

Karotten bevorzugen einen leicht lehmigen, gut gelockerten Boden. Am besten ist eine Kompostdüngung vom Vorjahr. Bei den frühen Möhren kann eine flache Aussaat in Reihen ab 16 °C Bodentemperatur erfolgen. Da Karotten etwas länger zum Keimen benötigen, lege ich einige Radieschensamen dazu: Diese keimen schneller und zeigen dann den Verlauf der Reihen an. Ein weißes Gärtnervlies hilft dabei, ein gleichmäßiges Kleinklima zu schaffen und die Oberfläche locker und krümelig zu halten. Die Möhrensamen überpudere ich zum Schutz vor Welkepilzen (Fusarium) mit Lehmpulver und etwas Holzkohle. Ein Bio-Pflanzlochpulver mit Algenextrakten ist ebenfalls sehr wirkungsvoll. Zu eng gesäte Möhren kann man

Bei den schönen bunten Möhren handelt es sich oft um alte Sorten, die schon seit langer Zeit kultiviert werden.

gelegentlich vereinzeln und gleich als Babymöhren vernaschen. Sollen die Karotten besonders früh geerntet werden, empfehlen sich schnell wachsende Frühsorten für das Gewächshaus oder den Frühbeetkasten. Diese Sorten sind schon nach 70 Tagen erntereif. Sommermöhren brauchen etwas länger, Karotten für die winterliche Lagerung sollten mehr als 200 Tage Zeit bis zur Ernte haben. Man lagert sie am besten vor dem ersten Frost ein, da sich sonst Faulstellen an den Wurzeln bilden.

Der Pflanzenschutz ist bei Möhren erst in den letzten Jahren zum Thema geworden. Bedingt durch die Klimaerwärmung hat es die Möhrenfliege weiter nach Norden geschafft und befällt nahezu alle Möhren-Anbaugebiete. Gelbe und weiße Sorten werden dagegen nicht so stark befallen! Bei orangen und roten Exemplaren hilft gegen die Möhrenfliege nur ein Gemüseschutznetz während der gesamten Kulturdauer. Wer das nicht mag, kann versuchen, einen dichten Kranz aus stark duftenden Heilkräutern wie Kamille oder Ringelblume um die Beete zu säen. Da sich die Möhrenfliege am Geruch orientiert und nur in einer bestimmten Höhe fliegt, kann der Befall so gemindert werden. Gegen pelzige Mitesser wie Feldmäuse helfen nur Lebend- oder Schlagfallen, die in die Gänge eingebracht werden.

Traditionelle Gemüsesorten: 'Lobbericher' gelbe Möhre

Dies ist eine der ältesten deutschen Möhrensorten und die einzige gelbe Sorte, die noch zu haben ist. Ihre Heimat liegt in den schweren, lehmhaltigen Böden des Niederrheins rund um Lobberich und Süchteln im Kreis Neuss. Die Urzüchtung von 1880 wurde 1920 großflächig auf den Markt gebracht hat und erlangte zunächst als robuste Futtermöhre einige Berühmtheit. Durch weitere Züchtungen wurde aus ihr eine sehr begehrte Möhrensorte, aus deren Saft man auch Möhrenkraut für Brotaufstrich gewann. Heute wird sie als besonders schmackhafte, saftige Gemüsemöhre angeboten. Sie ist zudem sehr gut zum Lagern geeignet. Aufgrund ihres niedrigen Zuckergehalts ist sie auch für Diabetiker zu empfehlen.

Da sich die gefürchtete Möhrenfliege auch optisch orientiert, findet sie die gelbe Möhre schlechter, sodass eine Eiablage meist sogar ganz verhindert werden kann.

Gelbe Möhrenküchlein
mit Bärlauchsoße

Möhren und Kartoffeln schälen und klein raspeln. Die Kartoffelraspeln in einem Küchentuch kurz ausdrücken. Lauchzwiebeln in Ringe schneiden, Knoblauch fein hacken. Beides mit den Möhren und Kartoffeln vermengen. Die Milch aufkochen und über das gewürfelte Toastbrot gießen, kurz stehen lassen. Die Brotmischung mit dem Ei zum Gemüse geben, nochmals gut vermengen, salzen und pfeffern. Mit feuchten Händen kleine Kugeln formen und flach drücken. In einer Pfanne Butter erhitzen und die Küchlein bei mittlerer Hitze goldbraun braten. Für die Soße den Bärlauch klein schneiden, mit dem Joghurt und den restlichen Zutaten vermischen und abschmecken. Dazu passt grüner Salat.

400 g 'Lobbericher' gelbe Möhren
(oder andere Möhren)
400 g Kartoffeln
4 Lauchzwiebeln
2 Knoblauchzehen
100 ml Milch
4 Scheiben Toastbrot
2 Eier
Salz, Pfeffer
2 EL Butter

1 Bund Bärlauch
400 g Naturjoghurt
1 Spritzer Zitronensaft
Salz, Pfeffer, 1 Prise Zucker

Pastinaken – vitale Kraftspender-
Pastinaca sativa

Pastinaken sind ein Gemüse mit Tradition. Die Neubesinnung auf wertvolle Nahrungsmittel rückte die gesunden, leicht verdaulichen Rüben in den letzten Jahren wieder stärker in den Vordergrund. Über Wochenmärkte und abonnierte Bio-Gemüsekisten ist aus der „Hirsch"- oder „Hammelmöhre" wieder ein angesehenes Gemüse geworden.

Lange Zeit galten Pastinaken als Überlebensgarantie für Babys, die keine Muttermilch vertragen: Sie wurden mit einem Pastinakenbrei ins Leben gefüttert. Auch für Krieger war dieser Brei eine besonders wichtige Speise. Er sollte Kraft und Ausdauer im Kampf verleihen.

Schon in der Steinzeit wurden Pastinaken mit dem Grabstock aus dem Boden geholt. Die ältesten Grabungsfunde stammen aus Italien und der Schweiz, wo man die Naturvorkommen bei den Pfahlbauten nutzte. Erste richtige Kulturanleitungen kamen 1393 aus Frankreich. Hier waren es bereits die dicken Wurzeln und nicht mehr der schlanke Wildtyp, der nur etwa daumendick wird. Die Römer brachten die Pastinake mit nach Deutschland – bis ins 18. Jahrhundert zählte sie zu den meist angebauten Gemüsearten Europas! Dann wurde sie von Kartoffeln und Möhren zurückgedrängt. Heute sind Pastinaken besonders in England und den USA beliebt, wo sie als Delikatesse gehandelt werden.

Pastinaken können grundsätzlich genau wie Möhren zubereitet werden. Sie haben aber ein ganz eigenes, ursprüngliches Aroma, das mittlerweile auch von Sterneköchen geschätzt wird. Gedünstet kommt ihr Eigengeschmack am besten zu Geltung, auch feine Schaumsüppchen und Espumas sind köstlich. Am liebsten esse ich Pastinaken im bekannten Waldorfsalat, anstelle von Sellerie.

Das Kraut der Pastinake kann man als Würze verwenden. Das Aroma erinnert an Liebstöckel („Maggikraut"), allerdings mit einer süßen, kokosartigen Note: eine wunderbare, überraschend leckere Würze für allerlei Suppen! Auch als Abwechslung in der Kräuterbutter ist das Pastinakengrün sehr zu empfehlen.

Nicht nur der Engländer weiß noch Pastinaken anzubauen – ambitionierte Gartenfreunde holen das Gemüse auch hierzulande wieder ins Beet. Pastinaken sind robuster als Möhren und können auch in höheren Lagen angebaut werden. Gerade für Garteneinsteiger sind sie geeignet, da sie nahezu unverwüstlich sind. Beim Aussäen ist es wichtig, die späteren Abstände zwischen den Pflanzen zu beachten. Hier empfiehlt es sich, nur alle 5–10 cm einige Körnchen abzulegen. Gerade die breiteren Sorten brauchen diesen Platz, damit sie sich optimal entwickeln. Lange, schmale Sorten können etwas enger stehen. Die Samen werden im Frühjahr flach in den tief gelockerten, leicht lehmigen Boden ausgesät. Dieser muss nicht so gut vorbereitet sein wie für Möhren, aber auch in der Sonne liegen. Im Sommer sollte er nicht völlig austrocknen, weil die Wurzeln sonst holzig werden. Eine Grunddüngung ist am besten schon im Vorjahr erfolgt, da die Pastinake frischen Dünger nicht verträgt. Im Bedarfsfall kann man mit einem langsam wirkenden, organischen Bio-Gemüsedünger nachhelfen. Die Ernte ist ab Oktober möglich. Da die Pastinake als heimische Pflanze zweijährig wächst, kann man sie im Winter lange auf dem Beet stehen lassen und an frostfreien Tagen noch gut ernten. Ein weißes Gartenvlies schützt gegen Kahlfröste. Es lässt sich hochklappen, sodass man die die Pastinaken auch bei Schnee leicht ernten kann.

Gelegentlich treten Blattläuse auf, die man am besten mit Neem oder Pyrethrum reguliert. Auch gegen Möhrenfliegen kann man mit Neemschalen mulchen oder diese zwischen den Pflanzen ausbringen. Feld- und Wühlmäuse mögen die Wurzeln ebenfalls. Man sollte also regelmäßig auf Mauselöcher und Erdhaufen kontrollieren und Lebendfallen ausbringen.
Zurzeit sind folgende gute Sorten erhältlich: 'Aromata', 'De Guernesey', 'Halblange Weiße', 'Tender and True', 'Turga', 'White King' und 'White spear'.

Pastinaken-Möhren-Suppe

Pastinaken und Möhren schälen und grob zerkleinern. Apfel schälen und würfeln, Schalotte klein hacken. Butter in einem großen Topf schmelzen, Schalotten zugeben und glasig dünsten. Pastinaken-, Möhren- und Apfelstücke hinzufügen, kurz angehen lassen. Gemüsebrühe zugießen, alles bei kleiner Hitze in etwa 20 Minuten weich garen lassen. Abschließend mit dem Pürierstab fein pürieren und mit Salz, Pfeffer, Zitronensaft, Ingwer und Honig abschmecken. Zum Schluss den Sauerrahm unterheben und nochmals kurz pürieren.

300 g Pastinaken
300 g Möhren
1 großer Apfel
1 Schalotte
1 EL Butter
750 ml Gemüsebrühe
Salz, Pfeffer
1 Spritzer Zitronensaft
1 gestrichener TL Ingwer
1 TL Honig
150 g Sauerrahm

Knollen-, Stangen- und Schnittsellerie

Apium graveolens var. rapaceum, weiterhin var. dulce und var. secalinum

Griechen und Römer kultivierten den Sellerie schon früh als stimulierendes Liebesmittel. Er wird in vielen römischen Rezepten erwähnt – bereits im Kochbuch des Apicius aus dem 1. Jahrhundert findet er Beachtung. Bis heute zählt Sellerie neben Spargel zu den Klassikern unter den pflanzlichen Aphrodisiaka. Besonders in rohem Zustand soll er anregend wirken. Den uralten Volksglauben bestätigt ein französisches Sprichwort: „Wenn eine Frau wüsste, was der Sellerie mit dem Mann macht, würde sie bis nach Rom gehen, um ihn zu holen". Ein Rohkostsalat mit Sellerie für ein Abendessen zu zweit ist also zu empfehlen – zumal dies heute meist keine weiteren Absichten verrät.

Sellerie war im Mittelalter in jedem Kloster- und Kräutergarten zu finden. Auch die Wikinger haben die Pflanze genutzt und auf ihren Reisen verbreitet. Ab dem 17. Jahrhundert wurde erstmals zwischen den einzelnen Nutzungsformen unterschieden – und die eigentliche Züchtung begann: Schnittsellerie war in ganz Europa zu Hause, der Knollensellerie wurde in Italien herausgezüchtet und die Engländer beschäftigten sich mit dem Stangensellerie.

Das Aroma von Sellerie ist besonders intensiv. Man verwendet ihn daher als Gemüse oder als rein würzende Zutat. **Knollensellerie** (*Apium graveolens var. rapaceum*) ist heute hauptsächlich als Bestandteil vom „Suppengrün" im Angebot. Er eignet sich aber auch als wunderbare Grundlage für ein sämiges Selleriesüppchen. Lecker sind auch gebratene „Sellerieschnitzel" aus den vorgekochten Scheiben. Paniert mit Sesamsamen schmecken sie besonders gut. Sellerie passt weiterhin gut zu Kartoffeln, z. B. als Püree, Gratin oder Auflauf. **Stangensellerie** (*Apium graveolens var. dulce*) ist geschmacklich milder und vor allem süßer als die Knollenform. Deswegen wird er gerne auf Gemüseplatten drapiert oder als Fingerfood angeboten. Mit einem cremigen Dip kann man ihn einfach so genießen. Der Stangensellerie findet sich auch als Bestandteil mediterraner Nudelgerichte.

Der **Schnittsellerie** (*Apium graveolens var. secalinum*) ist eine Variante, die sehr an die Wildform angelehnt ist. Man verwendet ihn ähnlich wie Liebstöckel als aromatisches Würzkraut für Suppen, Salate und Soßen. Weiterhin wird er als Heilpflanze bei Magenbeschwerden eingesetzt.

Als „Apium" wird der Sellerie um 800 n. Chr. das erste Mal im berühmten „Capitulare de villis" von Karl dem Großen benannt. In dieser Landverordnung wurde genau vorgeschrieben, welche Gemüse und Kräuter das Volk anbauen musste.

Früher wurde Sellerie aufwendig in der warmen Stube vorgezogen und dann im kalten Mistbeet abgehärtet. Ausgepflanzt nach den Eisheiligen im Mai und Juni, fand die Ernte der Knollen im Herbst statt. Dabei wurden die besten und schönsten Exemplare gleich als Samenträger für das nächste Jahr aussortiert. Den gut gelockerten Boden reicherte man mit Kompost an. Diese Anbauregeln haben heute noch Gültigkeit.

Weiterhin sollte Knollensellerie nur flach ausgesät werden. Die Knolle wird sonst unvollständig ausgebildet, was die Pflanzen kümmern lässt. Schnitt- und Stangensellerie können als mehrjährige Pflanzen über den Winter im Beet bleiben, um sie in den Folgejahren dauerhaft zu beernten. Sellerie als Würzpflanze ist auch bestens in Kästen und Kübeln aufgehoben. Bei der Kultur verwende ich Gesteinsmehl, weil die Pflanzen lösliche Mineralien benötigen. Das ist auch im Balkonkasten empfehlenswert, zusammen mit einer lehmhaltigen Bio-Blumenerde. Für den Hausgärtner sind heute robuste Sorten erhältlich.

Meine Sortenempfehlungen: siehe Seite 205

Stangensellerie schmeckt milder, süßer und zarter als die Knolle. Bei der Zubereitung schält man die Stangen oder zieht die Fäden mit einem Messer ab.

Schwarzwurzeln und Haferwurzeln
Scorzonera hispanica, Tragopogon porrifolius

Viele wissen heute nicht mehr, wie man **Schwarzwurzeln** zubereitet. Dennoch sind sie hierzulande eine vergleichsweise junge Gemüseart. Das ehemalige Heilmittel gegen Schlangenbisse hat erst im 16. Jahrhundert einen festen Platz im Gemüsebeet gefunden. Ab den 1660er-Jahren wurden vermehrt Schwarzwurzeln angebaut, zumeist als edle Speise der feinen Leute. Besonders in städtischen Gärten kultivierte man die Schwarzwurzel als wertvolles Wintergemüse. Die deutschen Bauern standen der Wildart lange Zeit skeptisch gegenüber. Deswegen kam es nicht hier, sondern vor allem in Frankreich, Russland und Spanien zu einer intensiven Weiterentwicklung und Züchtung. Wert gelegt wurde dabei auf besonders starke und gerade Wurzeln, die sich wenig verzweigen. Im Jahr 1866 existierten schon vier Sorten, die sich bis heute gehalten haben. Wilde Schwarzwurzeln gibt es überall im Mittelmeerraum, in Deutschland sogar bis an den Mittelrhein.

Schwarzwurzeln haben einen intensiven, nussigen Geschmack. Um an das weiße Innere zu gelangen, müssen sie geschält werden. Dabei sollte man Handschuhe tragen; der Milchsaft färbt Haut und Kleidung nachhaltig schwarz. Die geschälten Wurzeln werden gleich in Zitronensaft oder Essigwasser gelegt, damit sie nicht an der Luft oxidieren und braun werden.

Der Anteil an Vitamin E ist bei Schwarzwurzeln besonders hoch. Die Kohlenhydrate Inulin und Mannit machen sie besonders für Diabetiker gut geeignet. Generell sind sie auf dem Speiseplan von Menschen mit empfindlichem Magen gut aufgehoben. Auch gesagt werden muss allerdings, dass ihr Genuss zu Blähungen führen kann. Ein Spaziergang nach dem Essen tut hier gute Dienste. Der Name „Winterspargel" besagt, dass Schwarzwurzeln gut gelagert werden können, am besten im kühlen Keller. Auch der spargelähnliche Geschmack mit nussiger Komponente hat zu dieser Bezeichnung beigetragen. Schwarzwurzeln können für sämtliche Spargelrezepte verwendet werden! Lecker schmecken sie auch überbacken oder paniert und gebraten. Die gelben Blüten sind eine hübsche Zutat für Salate; sie erscheinen ab dem zweiten Standjahr.

Bekannte Sorten sind 'Duplex', 'Hoffmanns Schwarze Pfahl', 'Russische Riesen' und 'Schwarzer Peter'.

Die **Haferwurzel** ist die kleine, etwas zartere Schwester der Schwarzwurzel. Sie wird vergleichend auch „Weißwurzel" genannt. Bis heute bekannt ist ihr zartes Aroma, das deutlich feiner als das der Schwarzwurzel ist. Gartengourmets haben ihr den Namen „Austernpflanze" gegeben, was auf die besondere, seltene Geschmacksnote hinweist. Sie soll aber auch gut in ein erotisches Liebesmahl passen.

Beim Schälen und Kochen sind dieselben Hinweise wie bei der Schwarzwurzel zu beachten (siehe oben). Auch die Zubereitung ist entsprechend. Haferwurzeln schmecken mit einer hellen Kräutersoße, in Spargelgerichten und Suppen. Passende Gewürze sind Petersilie, Kerbel und Muskatnuss.

Die auffällig schöne, violette Blüte der Haferwurzel schmeckt leicht bitter und macht beispielsweise Kräuterbutter besser verdaulich. Ein weiterer Grund, um die Pflanze selbst im Garten zu kultivieren, sind die schmalen, zarten Blätter. Mit ihrem bittersüßlichen Aroma passen sie in allerlei Wildkräutergerichte und Salate. Nicht nur die Wurzeln, auch die jungen Triebe können wie Spargel auf dem Teller angerichtet werden.

In größerem Umfang werden Haferwurzeln noch von Engländern, Franzosen und Italienern kultiviert. Erhältliche Sorten sind 'Salsify' und 'Sandwich Island'.

Der Anbau im Garten

Schwarz- und Haferwurzeln werden gleich kultiviert. Sie lieben leichte und sommertrockene Böden in voller Sonne, wo sich die schmalen Blätter optimal entwickeln können. In den tief gelockerten Boden sät man die langen, streichholzförmigen Samen in einer Reihe aus: So wachsen lange, gestreckte Wurzeln. Wichtig ist, die zarten Keimlinge mit Bio-Schneckenkorn zu schützen. Die Pflanzen bevorzugen Beete, die bereits im Vorjahr mit Kompost versorgt und kultiviert wurden. Wie an ihrem Wildstandort im mageren Trockenrasen, vertragen sie keine unnötige Stickstoffdüngung.

Die Pflanzen sind mehrjährig, die Ernte der Wurzeln erfolgt ab dem ersten Standjahr. Dabei leistet eine Grabegabel gute Dienste, um die Wurzeln unbeschädigt aus dem Boden zu holen. In den Folgejahren werden die Wurzeln feiner und verzweigter, sind aber immer noch gut essbar. Schwarzwurzeln eignen sich auch für die Permakultur, da sie über mehrere Jahre an einer Stelle stehen bleiben können. Beide Arten sind völlig frosthart, auch im Winter kann geerntet werden! Als Kälteschutz deckt man die Pflanzen mit einer Lage Fichtenreisig ab. Eine Mulchdecke aus Stroh isoliert zwar besser, allerdings zählen auch Mäuse zu den Mitessern: Zur Kontrolle lassen sich die Fichtenäste einfacher hochheben.

Köstliche Kombination: Schwarzwurzeln mit Ziegenkäse und Walnuss-Vinaigrette.

Topinambur – die Erdartischocke
Helianthus tuberosus

Frisch geraspelt und als Salat angemacht, offenbaren die Erdartischocken ihr feines Aroma. Sie überzeugen den Gaumen auch gedünstet oder wie Bratkartoffeln in der Pfanne zubereitet.

Diese Gemüsepflanze blüht so herrlich leuchtend gelb, dass man sie für eine Zierpflanze halten könnte! Tatsächlich ist Topinambur eng mit der Sonnenblume (*Helianthus annuus*) verwandt. Der Volksname „Erdartischocke" verrät mehr über die Qualität ihrer schmackhaften Knollen: Die Delikatesse lässt sich roh, gebraten, gedünstet und auch gebacken genießen.

Topinambur stammt aus den USA, wo die Wildpflanze bereits sehr früh in Kultur genommen wurde. Im Jahr 1605 entdeckte sie der Gründer von Französisch-Kanada bei den Algonkin-Indianern, wo Topinambur „Sonnenwurzel" genannt wurde.

Am französischen Hof war das Gemüse bei den verwöhnten Gaumen der hohen Herren schon bald sehr gefragt. Der Name Topinambur ist darauf zurückzuführen, dass zeitgleich mit der Einführung in Paris einige brasilianische Indios vom Stamm der Tupinambá zur Volksbelustigung gezeigt wurden. So verknüpfte man irrtümlicherweise die nordamerikanische Sonnenblume mit den südamerikanischen Indianern.

Das Gemüse schmeckt mild nussig. Die süßliche Komponente lässt sich neutralisieren, indem man beim Kochen etwas Zitronensaft zugibt. Dieser verhindert auch, dass die rohen, geschälten Knollen braun werden. Durch Schälen gehen jedoch wertvolle Inhaltsstoffe verloren: Abbürsten genügt!

Topinambur enthält neben reichlich Kalium und Eisen auch Insulin – deswegen wurde das Gemüse als „Genusskartoffel für Diabetiker" bekannt. Der Zuckerspiegel bleibt nach dem Essen konstant, die Knollen sind daher auch gut zum Abnehmen geeignet.

Topinamburpflanzen sind mehrjährig und können als Knollen im Boden überwintern. Wenn der Boden nicht vereist ist, lässt sich sogar frisches Gemüse für das Weihnachtsmenü ernten. Die Pflanzen werden bis zu 2 m hoch, was die Vitalität der Pflanze sichtbar macht. Für die Permakultur ist die Pflanze ein Traum: Einmal gepflanzt, lässt sie sich immer wieder am selben Platz beernten. Topinambur erzeugt drei bis vier Mal so viel Ertrag pro Fläche wie Kartoffeln! Daher nutzt man ihn im Schwarzwald bei der Produktion von Schnaps („Rossler") und im Bereich der Energiepflanzen für Biosprit. Ertragreich ist auch die Kultur auf Balkon und Terrasse, in einem Gemisch aus lehmiger Erde und Bio-Blumenerde mit Kokosfaser als Wasserspeicher. Die Ernte im Herbst ist schnell erledigt: Man schüttet einfach den Topf aus. Die strahlend gelben Blüten ergeben zusätzlich einen hübschen Strauß für die Blumenvase.

Fruchtiger Topinambursalat

Die Topinamburknollen schälen, waschen und fein hobeln. Äpfel schälen und in Stifte schneiden. Die Ananasscheiben in Stücke schneiden, Walnüsse grob hacken, alles zusammen mit den Mandarinschnitzen in eine Schüssel geben. Den Zitronensaft mit Salz, Pfeffer und Zucker verrühren, dann unter den Salat mischen. Mayonnaise mit Sauerrahm verrühren und unterheben. Den Salat mehrere Stunden ziehen lassen, dann nochmals abschmecken.

600 g Topinamburknollen
2 große Äpfel
3 Scheiben Ananas
125 g Walnüsse
200 g Mandarinen
Saft von 1 Zitrone
Salz, Pfeffer, 1 Prise Zucker
3 EL Mayonnaise oder Crème fraîche
3 EL Sauerrahm

Nachtkerze – Delikatesse aus dem Bauerngarten
Oenothera biennis, Oenothera glazioviana

Wer kennt heute noch die Nachtkerze? Ja, sie steht oft verwildert in unseren Gärten. Was kaum noch jemand weiß: Die Wurzeln der „Schinkenwurz" ergeben ein köstliches Gemüse! Es lohnt sich, sie wieder neu zu entdecken. In ihrer Heimat, den östlichen USA, wurde sie schon früh von den Indianern genutzt. Im Jahr 1612 pflanzte man sie erstmalig als Blütenwunder im botanischen Garten zu Padua. Ihre leuchtend gelbe Blüte galt als Kuriosum, da sie sich erst unmittelbar nach Sonnenuntergang öffnet und Nachtfalter als Bestäuber anlockt. Das Öffnen der Blüten verläuft so schnell, dass man dabei zusehen kann! Zudem duftet die Nachtkerze betörend.

Von kulinarischem Interesse ist die gesamte Pflanze: Wurzeln, Blätter und Blüten sind essbar. Besonders die Pfahlwurzel ist gekocht ein Genuss! Sie schmeckt süßlich mit einer leicht scharfen Note. Weiterhin ist sie stärkehaltig und färbt sich beim Kochen zartrosa, was ihr den Namen „Schinkenwurz" einbrachte. Die geschälten Wurzeln werden in Salzwasser bissfest gekocht, klein geschnitten und als Salat oder auch wie Schwarzwurzeln mit einer hellen Kräutersoße zubereitet. Die junge Blattrosette und die jungen Blätter sind eine vitaminreiche Salatzugabe und eine tolle Suppengrundlage. Mit den großen, leicht süßlichen Blüten kann man Salate verschönern und Kräuterbutter färben. Ich streue auch gern die frischen, grünen Samen über meinen Salat. Sie enthalten das kostbare Nachtkerzenöl, das zu den teuersten Ölen der Welt gehört. Es enthält die seltene Gammalinolensäure und ist in Hautsalben und Wundcremes enthalten. Das Öl hilft bei trockener Haut sowie bei verschiedenen Verletzungen und Krankheiten der Haut. Die Sprossspitzen der Nachtkerze werden bei Magenverstimmungen und Erkältungen als Aufguss eingesetzt. Auch die gesamte Pflanze fand ihren heilenden Einsatz: Die Indianer in den USA rieben sich vor einer kräftezehrenden Aufgabe damit ein. Hierzulande wurde die „Schinkenwurz" auch als Schweinefutter verwendet: Der Schinken dieser Schweine war hervorragend.

Wichtig zu wissen ist: Solange die Pflanze nicht blüht, erntet man die noch nicht verholzte Wurzel im ersten Anbaujahr. Im Bio-Samenhandel erhält man heute schon Exemplare, die schöne, dicke Wurzeln bilden. Die Samen können an jeder nicht zu trockenen Stelle im Garten ausgesät werden. In gelockerten, humosen Böden wachsen die Wurzeln zu prächtigen Exemplaren heran.

Die Nachtkerze keimt schnell und bereichert den Garten mit all ihren bewundernswerten Eigenschaften. Hat sich die Blütenschönheit erst einmal niedergelassen, samt sie sich schnell von alleine aus. Aber im Salat sind die Samen ja bestens aufgehoben! Die traditionelle Bauerngartenpflanze ist eine Sinnes- und Gaumenfreude der besonderen Art.

Rettich und Radieschen – einfaches Gärtnervergnügen
Raphanus sativus, Raphanus sativus var. sativus

Rund oder länglich, rot, weiß, violett oder schwarz: auf jeden Fall scharf und knackig! Rettich und Radieschen sind ein Feuerwerk für Auge und Gaumen. Das Knollengemüse lässt sich leicht anbauen, sowohl im Garten als auch in Töpfen. Kinder können mit Radieschen gut ans Gärtnern herangeführt werden: Sie reifen so schnell heran, dass man beim Wachsen fast zusehen kann. Schon vier bis acht Wochen nach der Aussaat kann geerntet werden.

Die ersten Nachweise für den Rettichanbau führen nach Vorderasien und Ägypten. Die Römer brachten das Wurzelgemüse über die Alpen nach Germanien, wo es hervorragend wuchs und immer noch wächst. Spätestens seit dem Mittelalter wurden Rettiche über die Klostergärten hinaus bekannt und beliebt. Durch die Verbindung der Klöster mit der Bierkultur findet sich hier vielleicht schon die Wurzel der bayerischen Liebe zum Radi. Gestandene Mannsbilder haben aus der Form schon immer eine vitalisierende Wirkung abgeleitet.

Die üppige Farben- und Formenvielfalt macht es möglich, dass heute jede Region ihre eigenen Vorlieben hat: Neben den üblichen rotschaligen Rettichen gibt es blaue, schwarze, violette und weiße Exemplare, auch gelbe und zweifarbige Sorten sind dabei. Asiatische Rettiche können innen sogar buntfleischig sein. Bei den Radieschen sind die heute gebräuchlichen runden, roten Formen erst seit dem 16. Jahrhundert bekannt.

Scharfe Rettiche und Radieschen werden durch Salzen gemildert. Für einen Salat hobelt man das Gemüse fein, salzt kräftig und legt es einige Minuten auf Küchenpapier. Jetzt „weint" der Radi, und das muss er auch, um milder zu werden. Das ausgetretene Wasser wird abgefangen, dann das Dressing untergemischt. Abschließend noch ein wenig Zucker oder Honig in die Salatsoße – und genießen. Bei Radieschen können übrigens auch die jungen Blätter mitgegessen werden.

Falls die Pflanzen zum Blühen kommen, was normalerweise erst nach Ausbildung der Rüben passiert, werden sowohl die Blüten als auch die jungen Samenschoten vernascht. Sie schmecken fein in Salaten oder Kräuterbutter. Die Schoten ergeben zudem einen knackigen Snack, den ich am liebsten mit einem Joghurt-Dip serviere. Radieschen und Rettiche enthalten sehr viel Vitamin C: Schon ein Rettich deckt den Tagesbedarf eines Erwachsenen! Der Schwarze

Bei dem Knollengemüse wirkt sich eine liebevolle Kultur direkt auf den Geschmack aus: Regelmäßiges Gießen von der Saat bis zur Ernte führt zu einer feinen Würze mit dem typischen Geschmack. Zu wenig Wasser macht die Rüben dagegen sehr scharf.

Der pikante Geschmack des Rettichs wird bei uns vor allem pur genossen. Aber auch in gekochter Form würzt er allerlei Suppen und Soßen.

Rettich (*Rhapanus sativus var. niger*) ist auch als Heilpflanze begehrt. Ein altes Hausmittel daraus ist ein schleimlösender Hustensaft. Dazu füllt man den in der Mitte ausgehöhlten Rettich mit Honig und stellt ihn an einen dunklen Platz. Nach etwa zwei Stunden bildet sich der Rettich-Honig-Saft, der in ein Gefäß gegeben und kühl gestellt wird. Schon Kinder ab zwei Jahren können mehrmals täglich einen Teelöffel davon einnehmen.

Rettiche und Radieschen werden ähnlich kultiviert. Mit als erste Gemüse im zeitigen Frühjahr sät man sie ins geschützte Freiland oder in den Balkonkasten. Dabei ist es empfehlenswert, die Keimlinge mit einem weißen Gärtnervlies abzudecken. Das schützt die Saat, hält nachts die Kälte ab und schafft tagsüber ein optimales Mikroklima. Die Samen werden flach in Reihen ausgestreut. Es sollte ein tief gelockerter, humoser Standort sein, der von viel Sonne verwöhnt wird. Die passende Sorte sucht man sich nach der jeweiligen Jahreszeit aus. So vertragen Sommersorten beispielsweise mehr Hitze. Rettiche und Radieschen reagieren empfindlich auf Temperaturspitzen oder sommerlichen Wassermangel. Ist es bei der Keimung zu heiß, bildet sich keine schmackhafte Wurzel – die Pflanze geht unmittelbar in die Blüte über. Bei der sommerlichen Aussaat rate ich deswegen zu einer Schattierung mit einem feuchten Jutegewebe. Für ein ruhiges und gleichmäßiges Wachstum sollte man sich mit Düngergaben zurückhalten. Schnell wirkende, mineralische Dünger oder gar Flüssigdünger führen zu weichem Gewebe, das Fäulnis und Schädlingsbefall begünstigt. Auch eine Nitratbelastung kann entstehen. Eine Handvoll Kompost im Vorjahr wird gerne genommen, mehr ist nicht nötig. Wichtig für die Bodenqualität ist ein jährlicher Standortwechsel.

Durch den Klimawandel verursacht, gibt es in den letzten Jahren eine starke Ausbreitung von Rettichfliege und Kohlmottenschildlaus („Weiße Fliege"). Um dem vorzubeugen, sollten bei der Aussaat Gesteinsmehle oder „Bio-Gemüse-Streumittel" (Neudorff) in die Saatrillen ausgestreut werden. Ein Gemüseschutznetz während der gesamten Kulturdauer verhindert das Eindringen der Rettichfliegenlarven in die Wurzeln und den Befall der Blätter durch die Kohlmottenschildlaus. Wenn die Blätter schon betroffen sind, empfehle ich biologische Ölpräparate. Eine Mischkultur mit Kräutern, Lauch, Melde, Möhre, Salat, Spinat oder Tomate wirkt sich günstig aus, auch bei der Vermeidung von Schädlingen!

Traditionelle Gemüsesorten: 'Schifferstädter Mairettich'

Diese wunderbare Sorte ist als Frührettich bereits im Mai erntereif! Weiß und etwa 30 cm lang war er lange Jahre die Spitzen-

sorte im Schifferstädter Anbaugebiet (südliches Rheinland-Pfalz). Die dortigen sandig-lehmigen Böden ermöglichen ein gleichmäßiges Wachstum der Rettiche. Aufgrund dieser und anderer regionaler Sorten wurde 1936 das berühmte Rettichfest in Schifferstadt begründet, das jedes Jahr im Juni gefeiert wird.

Die Länge des 'Schifferstädter Mairettich' liegt zwischen dem großen 'Eiszapfen'-Radieschen und dem bayerischen „Brotzeitradi": Diese familienfreundliche Länge macht ihn bis heute so beliebt. Seine milde Schärfe wird vor allem pur, also aufgeschnitten mit Salz und Pfeffer verzehrt. Auch als Salat mit einer milden Essigsoße wird er gern angerichtet. Leider verschwand die Sorte vor 15 Jahren aus den offiziellen Samenlisten. Heute wird der 'Schifferstädter Mairettich' aber wieder durch Privatpersonen und verschiedene Initiativen (z. B. Biogartenfreunde Schifferstadt) erhalten. In den letzten Jahren entdeckten Presse und gehobene Küche diesen Schatz wieder neu – sodass mit dem Erhalt und der Kultur der Sorte gerechnet werden darf.

Bunte Radieschen-Vielfalt und Französischer Rettich (rechts).

Rettich-Quark-Dip

Rettich schälen und grob raspeln. Kräftig salzen und für 15 Minuten in einer Schüssel stehen lassen. Mittlerweile den Quark mit Joghurt und Zitronensaft glatt rühren. Das entstandene Rettichwasser wegschütten, die Rettichraspel mit dem Quark mischen. Bei Bedarf nochmals salzen, pfeffern und den fein gehackten Dill unterheben. Mindestens eine halbe Stunde im Kühlschrank ziehen lassen, vor dem Servieren nochmals abschmecken.

1 großer Rettich (z. B. 'Schifferstädter Mairettich')
250 g Sahne- oder Magerquark
3 EL Joghurt
1 Spritzer Zitronensaft
Salz, Pfeffer
1/2 Bund frischer Dill

Speiserüben und Steckrüben – das schnelle Gemüse
Brassica rapa subsp. rapa, Brassica napus subsp. rapifera

Zu den Speiserüben gehören Mai-, Herbst- und Stoppelrüben. Weil sie so schnell heranwachsen, sind sie sehr begehrt: Schon nach etwa acht Wochen können die ersten Exemplare geerntet werden. Ihr meist gelbes oder weißes Fleisch ist zart und schmelzend, mit einem leichten Meerrettich-Aroma. Wie Kohlrabi eignen sich die Rüben hervorragend als Rohkost im Salat oder schonend blanchiert. Sie sind also auch im Handumdrehen zubereitet.

Die Rübenform ist zumeist rund, es gibt aber auch längliche. Die runde **Mairübe** oder Navette (*Brassica rapa subsp. rapa var. majalis*) ist eine der schnellsten: Sie ist nach der Frühjahrssaat schon im Mai erntereif! Bekannt wurde die Mairübe auch durch die Teltower Rübchen, die bereits Goethe und Kant genossen. Heute werden sie wieder als Delikatesse vermarktet. Hier handelte es sich zwar wahrscheinlich nicht um eine eigene Art, sondern um ähnliche regionale Sorten, dennoch hat sich dieser Rübentyp bis heute gehalten. In Bayern gibt es ähnlich beliebte Sorten.
Kulinarisch sind Mairüben immer wieder ein Vergnügen. Sie können als klassische, zarte Beilage wie die Teltower Rübchen und auch für ein leckeres Süppchen genutzt werden. Gefüllt mit Hackfleisch, Bratlingsmasse oder Käse machen sie ebenfalls eine gute Figur. Wenn sie frisch aus dem Garten kommen, genieße ich sie pur, wie einen Rettich mit Salz und Pfeffer. Auch ein Salat daraus ist ein zart-knackiger Gaumenschmaus.

Die **Steckrübe** oder Bodenkohlrabi ist wohl die am meisten verkannte Rübe. Ihr schlechter Ruf ist auf die Kriegsjahre zurückzuführen. Wie mir meine Großeltern erzählten, gab es damals auch in meiner Familie ständig Steckrübeneintopf mit Wasser. Dabei war die Sättigung entscheidend, nicht der Geschmack. Der Kinderreim „Die Rüben, die Rüben, die haben mich vertrieben" erzählt davon, wie unbeliebt Steckrüben waren. Ich selbst möchte das ureigene Aroma heute nicht mehr missen. Meine kulinarischen Highlights: Steckrübenpüree, der winterliche Steckrüben-Gemüse-Eintopf sowie „Steckrüben-Spiralen", die ich mit einem Gemüseschneider in Form bringe. Schon die alten Römer haben eifrig Steckrüben kultiviert. Sie können als Jungpflanzen gesteckt werden und wachsen gern in lehmigen Böden. Stoppelrüben bevorzugen eher

Giersch

Giersch (*Aegopodium podagraria*) kennen viele Gärtner nur als lästiges Wildkraut. Tatsächlich haben wir es hier mit einem aromatischen Blattgemüse zu tun! Die „Soldatenpetersilie" passt als Würze in Kräutersoßen, -butter und Blattsalate, ist aber aber auch gedünstet wie Spinat eine Gaumenfreude. Die dunkelgrünen Blätter behalten beim Kochen ihre Bissfestigkeit und sind zum Einfrieren geeignet.

Die heimische Wildstaude mag halbschattige, humose und leicht lehmige Böden. Dort kann sie dichte Bestände mit einer Wuchshöhe von 30–40 cm ausbilden. Für Gartenfreunde eignen sich am besten die weit weniger wuchsfreudigen, buntlaubigen Sorten. Die weißbunte 'Variegatum' passt auch gut in den Balkonkasten. Sie ist eine tolle Ergänzung zu den üblichen Küchenkräutern und deutlich schnittfester als Petersilie. Die gelbbunte 'Gold Marginal Form' wächst wunderbar in dunklen Schattenecken: Ihre grüngelben Blätter leuchten heraus. Für die Permakultur ist Giersch eine wichtige, ständig zu beerntende Pflanze. Unter meinen Obststräuchern wächst er zusammen mit Bär- und Wunderlauch.

leichte und sandige Substrate. So kann man für jeden Standort die optimale Sorte finden. Die Jungpflanzen sollten vor Kohlerdflöhen geschützt werden. Hacken und Mulchen sorgen für einen weichen Boden, den die kleinen, schwarzen Käfer nicht mögen. Über die Blätter stäube ich Gesteinsmehl als zusätzlichen Schutz.

Die Rüben bilden sich nicht unter der Erde, sondern unmittelbar darüber. Deswegen sind die Pflanzen sehr robust gegenüber Kulturmaßnahmen wie Hacken und Grubbern. Nur wenn der Boden gut gelockert ist, können sich die Wurzeln optimal entwickeln. In den Sommermonaten wird ab Ende Juni ausgesät und gepflanzt. Leichtes Anhäufeln verbessert den Geschmack und sorgt dafür, dass die Rüben nicht holzig werden. Regelmäßige Wassergaben bewirken eine feste, gleichmäßige Form ohne trockene Stellen. Ein organischer Bio-Gemüsedünger garantiert ein langsames und stabiles Wachstum. Innerhalb von drei Monaten wachsen kräftige Rüben heran, die im September erntereif sind. Damit sie nicht zu süß werden, schützt man sie vor starken Frösten. Die Rüben lassen sich gut lagern, am besten in einem dunklen Keller oder in der Erdmiete.

Meine Sortenempfehlungen: siehe Seite 204

Zwiebeln
und Lauch

Speisezwiebeln – altbekannte Gaumenfreuden
Allium cepa

Zwiebeln wurden früher an der Zimmerdecke, über den Türen und im Stall aufgehängt, um Krankheiten und jegliches Übel fernzuhalten. Gegen die Pest konnte die Zwiebel zwar nichts ausrichten, aber sie dient heute noch als gutes Hausmittel bei vielen Beschwerden.

Zwiebeln galten einst als Schutzpflanzen gegen das Böse. Man aß sie nicht nur, sondern trug sie auch mit sich herum. Die Speisezwiebel begleitet den Menschen schon seit mehr als 4000 Jahren, seit 1000 n. Chr. ist sie ein fester Bestandteil unserer Gärten. Im alten Ägypten diente sie als billiges Volksnahrungsmittel, mit dem die Arbeiter an den Pyramiden verpflegt wurden. Man fand auch Mumien, bei denen Zwiebeln mit in die Binden eingewickelt waren. Griechen und Römer verzehrten die Zwiebel auch schon sehr früh, vor allem die einfachen Leute. 1543 unterschied man erstmals die heute bekannten Sorten mit gelber, roter und weißer Schale. Der berühmte Zwiebelkuchen ist seit dem 16. Jahrhundert belegt. Nach wie vor schön sind traditionell geflochtene Zwiebelzöpfe.

In vielen Gemüse- und Fleischgerichten dürfen Zwiebeln nicht fehlen. Als würzende Zutat sind sie roh oder gekocht fast universell einsetzbar. Wer ihren Geschmack am liebsten pur genießt, dem empfehle ich Perlzwiebeln in „Mixed Pickles", Zwiebel-Flammkuchen, -chutney, -aufstrich, -marmelade, -schmalz und -suppe oder einen kräftigen Wurstsalat. Die von Gourmets geschätzten Schalotten sind eine spezielle Zwiebelart (*Allium cepa var. aggregatum, ehemals A. ascalonium*), die deutlich milder und aromatischer als die gemeine Speisezwiebel ist. Im Unterschied zu dieser entwickelt sie in einem Jahr ein ganzes Nest an neuen Schalotten. Diese können in der Küche verwendet oder im Folgejahr als Steckzwiebeln genutzt werden.

Speisezwiebeln werden meist in Saatplatten gesät. Um Platz auf dem Beet zu sparen, setze ich längliche und runde Formen versetzt im Wechsel. Auch mit Steckzwiebeln kann man so verfahren. Lokale Zwiebelsorten spiegeln den Charakter der jeweiligen Böden und der regionalen Vorlieben wider. Die Pflanzen bevorzugen in der Regel lehmig-humose Substrate. Auf frischen Dünger reagieren sie empfindlich. Man pflanzt am besten in ein Beet, das schon im Vorjahr mit reifem Kompost gedüngt wurde. Ein langsam wirkender Bio-Gemüsedünger ist bei Bedarf und für stark wachsende Sorten zu Saisonbeginn gut möglich. Zwiebeln brauchen eine sommerliche Trockenphase zum Ausreifen: Gießen im Sommer führt zu mangelnder Haltbarkeit und Fäulnis. Im Herbst reifen die Zwiebeln und trocknen ein. Wenn das Laub gelb geworden ist, hebt man die Zwiebeln vorsichtig mit einer Grabegabel aus dem Boden und lässt sie auf dem Beet nachtrocknen.

Bei **Frühlings-** oder **Lauchzwiebeln** werden nur die jungen Pflanzen als Zwiebelgrün genutzt. Meist handelt es sich um eine eigene Art *(Allium fistulosum)*. Als Salatwürze oder gedünstete Beilage sind diese Zwiebeln eine Gaumenfreude. Werden einige Zwiebelchen im Beet belassen, erhält man im folgenden Jahr eine wunderbare, weiße Kugelblüte und reichlich Samen für die eigene Nachzucht. Zudem teilt sich die in der Erde verbleibende Zwiebel und bildet neue, essbare Seitenzwiebeln aus. Da die Pflanze mehrjährig ist, kann man sie so über einige Jahre nutzen.

Um die Zwiebeln vor der gefürchteten Zwiebelfliege und der Lauchmotte zu schützen, empfehle ich ein Gemüseschutznetz während der gesamten Kulturdauer. Es wächst mit, schafft ein optimales Kleinklima und hält sämtliche Mitesser draußen – wenn es an den Seiten sorgfältig mit Erde abgedeckt ist. Die Mischkultur mit Möhren hat sich leider als unwirksamer Pflanzenschutz herausgestellt. Gerade dann, wenn die Möhren in sommerlichen Hitzephasen Wasser brauchen, ist für die Zwiebeln Trockenheit das Richtige. Das Gießen führt dann zu weichem Gewebe, das die Zwiebelfliegen geradezu anlockt. Hilfreich ist dagegen eine Umrandung aus duftenden Heilkräutern wie Fenchel, Dill, Kamille, Ringelblume und Koriander. Sie schaffen eine Duftbarriere, die den Befall mindert.

Traditionelle Gemüsesorten: 'Höri Bülle'

Die 'Höri Bülle' ist eine der letzten traditionellen Zwiebelsorten Deutschlands. Ihren bemerkenswerten Namen hat sie von ihrem einzigen Anbaugebiet, der Bodensee-Halbinsel Höri. Zu Zwiebeln sagt man hier „Bülle". Die rote, flachrunde und leicht ovale 'Höri Bülle' wächst auf den dunkelsandigen Böden des ehemaligen Seeufers. Früher war sie aufgrund ihres milden, fruchtigen Aromas weit verbreitet. Der milde Geschmack kommt durch den geringen Anteil an Zwiebelölen. Auch beim Schneiden tränen die Augen kaum. Sie kann also gut empfindlicheren Gaumen und Kindern serviert werden. Ich mag die rot-weiße Zwiebelsorte besonders gern frisch auf einem Tomatenbrot oder im traditionellen Fleischsalat. Durch ihren einzigartigen Geschmack wurde die Sorte in die „Arche des Geschmacks" von Slow Food aufgenommen (siehe Seite 27). Samen und Zwiebeln erhält man auf den herbstlichen Böllen- oder Büllen-Märkten rund um den Bodensee oder im Internet. Um eigenes Saatgut zu gewinnen, erntet man die fast ausgereiften, weißen Blüten und lässt diese geschützt nachtrocknen. Dann reibt man die Samen vorsichtig heraus.

Weitere Sortenempfehlungen: siehe Seite 205

Etagenzwiebeln und Johannislauch – Zwiebelraritäten

Allium cepa var. proliferum, Allium senescens

Die „Ewige Zwiebel" ist eine auffällige Kuriosität für Beet und Kübel.

Das ewige Leben – dieser Wunsch ist wohl so alt wie die Menschheit selbst. Aber nicht etwa der Mensch hat sich diesem Ziel genähert, sondern eine Zwiebelart: die **Etagenzwiebel**. In ihrer ganzen Erscheinung und der Art, sich zu vermehren ist sie eine botanische Kuriosität. Die Pflanze entsteht aus kleinen bis mittelgroßen Zwiebeln, die wie in einem Nest unten im Boden sitzen. Daraus erhebt sich ein Stängel, an dessen oberem Ende wieder ein ganzes Nest mit etwas kleineren Zwiebeln ausgebildet wird. Bei gutem Stand kann sogar noch eine weitere Etage mit Zwiebelchen obenauf wachsen!

Gegen Ende der Saison kippt der Stängel um, und die Zwiebeln berühren den Boden – wo sie schnell wieder Wurzeln schlagen. Man nennt sie auch „Luftzwiebeln". All diese kleinen Zwiebeln sind genetisch identisch, man kann sie einfach im Garten verteilen oder gleich in die Küche tragen. Etagenzwiebeln blühen im Allgemeinen nicht und vermehren sich nur über Brutzwiebeln. Kulinarisch kann man sämtliche Zwiebeln der Pflanze nutzen, wobei es natürlich sinnvoll ist, die Mutterzwiebel im Boden zu belassen.

Für alle, die ihr Essen gerne mit etwas „Feuer" würzen, ist die Etagenzwiebel das Richtige. Sie hat ein sehr kräftiges Aroma und eine gute Schärfe. Wie Silberzwiebeln sind sie wunderbar zum Einlegen geeignet. Als Brotbelag oder Salatwürze schmecken sie sehr intensiv. Auch die grünen Schlotten und zarten Stängel kann man im Frühjahr verspeisen.

Für Etagenzwiebeln ist eine lehmig-sandige Erde wichtig. Gedüngt wird nur mit etwas reifem Kompost. Alle drei bis fünf Jahre wechselt man den Standort, da die Zwiebeln langfristig nur ungern in den eigenen Wurzelausscheidungen sitzen.

Auch für den Balkongärtner sind die „Ewigen Zwiebeln" sehr gut geeignet. Man pflanzt sie in ein Gemisch aus lehmigem Substrat und Bio-Blumenerde, dem etwas Kokosfaser und Gesteinsmehl zugesetzt wird. Das Substrat sollte nach drei Jahren erneuert werden – dann ist die Pflanze auch im Topf „unsterblich"!

Eine weitere Zwiebelrarität ist der **Johannislauch**, der auch schon seit Jahrhunderten in unseren Gärten überlebt. Dafür spricht sein Vorkommen in den Weinbergen an Neckar und Main. In Westfa-

len wird er heute noch in den Hausgärten kultiviert, während er in anderen Regionen meist durch die einfache Frühlingszwiebel verdrängt wurde. Dabei schmecken die Zwiebelchen des Johannislauchs und sein Zwiebelgrün sehr aromatisch.

Die Pflanzen bilden kleinere, längliche Zwiebeln mit hellbrauner Schale. Da sie nicht blühen, kann man sie nur über spezielle Sorten-Erhalter oder auf Gartenmärkten bekommen. Ab August werden sie in Reihen gesteckt, wo sie schon im Herbst zum ersten Mal austreiben. Im Winter teilen sie sich und erscheinen im Frühjahr neu. Noch vor dem Schnittlauch kann man das grüne Laub ab März/April mehrfach schneiden. Will man die Zwiebelchen am Johannistag (24. Juni) für die Lagerung bis August ernten, sollte man sich dabei etwas zurückhalten. Die robusten Zwiebelchen werden aus dem Boden genommen und halten eine trockene Sommerruhe. Im Balkonkasten oder in der Kräuterspirale sollte im Sommer nicht zusätzlich gegossen werden.

Winterheckzwiebeln –
Dauergäste im Beet
Allium fistulosum

*Bekannte Namen der Winter-
heckzwiebeln sind „Schnitt-" oder
„Schlottenzwiebeln", dabei bezeichnen die „Schlotten" die hohlen
Stängel mit dem schnittlauchähn-
lichen Geschmack. Die Art zählt zu
den Lauchzwiebeln, zu denen auch
Frühlingszwiebeln gehören.*

Ursprünglich stammt die Winterheckzwiebel wohl aus dem chine-
sischen Raum. Dort gab es bis zu den Handelskontakten mit dem
Westen keine eigentlichen Zwiebeln, die gelagert werden konnten. Stattdessen säte man das ganze Jahr immer wieder neue Sätze
der Winterheckzwiebeln. Es wird vermutet, dass sie seit dem Mittelalter auch bei uns in Kultur sind; sicher wissen wir es erst für
die Zeit nach dem 17. Jahrhundert.

Von den Winterheckzwiebeln wird vor allem das geschmacks-
intensive, grüne Laub zubereitet – die Zwiebel ist nur noch als
unterschiedlich große, weiße Verdickung zu erkennen. Diese
Zwiebelart ist zu jeder Jahreszeit eine wunderbar frische, aroma-
tische Beigabe zu allerlei Gerichten. Sie bereichert insbesondere
Salate. Ich streue das frische Grün am liebsten über ein Brot mit
Kräuterquark. Kurz gedünstet würzen Winterheckzwiebeln auch
gekochte Speisen. Mit leckeren Soßen werden sie heute als eigen-
ständiges Beilagengemüse zubereitet. In der leichten asiatischen
Küche und bei Speisen aus dem Wok dürfen sie nicht fehlen.
Winterheckzwiebeln enthalten viel Vitamin C und sekundäre
Pflanzenstoffe. Als besonders gesundheitsfördernd sind die zwie-
beltypischen Öle und Schwefelverbindungen zu nennen, die vor
allem antiseptisch und antiviral wirken.

Die mehrjährige, am richtigen Standort völlig winterharte Zwiebelart kann als Dauergast im Beet bleiben. Nach drei Jahren werden die Pflanzen umgesetzt und vereinzelt, weil sie sich dann über
die Brutzwiebeln stark vermehrt haben und zu dicht stehen. Als
Frühlingszwiebeln sät man sie ab Ende April alle zwei Wochen
satzweise in Reihen aus. Dann kann das ganze Jahr über geerntet
werden. Zur Überwinterung werden die Zwiebeln ab September vereinzelt. Das ermöglicht die erste Ernte im Folgejahr gleich
nach dem letzten Frost!
Wichtig ist nach meiner Erfahrung, dass die Erde am Standort
nicht zu lehmig ist. So ein Boden wird im Winter zu kalt und bin-
det zu viel Wasser. Die Winterheckzwiebeln faulen hier in kurzer
Zeit weg. An einem falschen oder überdüngten Standort ist die
Zwiebelart empfindlich gegenüber Falschem Mehltau. Dagegen
setze ich im frühen Stadium Bio-Mehltaumittel oder eine Backpulverzubereitung ein. Alle anderen Mitesser, z. B. die Zwiebelfliege,
kann man durch Mischkulturen mit stark duftenden Kräutern
verwirren. Der ganzjährige Einsatz eines Gemüseschutznetzes

verhindert effektiv jeglichen Befall. Bekannte Sorten sind 'Braun-schalige', 'Ishikura long white', 'Rein Weiße', 'Schaftzwiebel, wei-ßer Schaft' und die bekannte 'Winterhecke'.

Zwiebel-Rotwein-Chutney

Zwiebeln und Äpfel schälen, beides in kleine Würfel schneiden. Balsamico und Rotwein zusammen mit Salz, Cayennepfeffer, Zu-cker, Lorbeerblatt und Nelkenpulver aufkochen. Zwiebel- und Apfelwürfel zufügen und nochmals aufkochen lassen. Dann bei geringer Hitzezufuhr etwa 45 Minuten leise köcheln lassen, da-bei immer wieder umrühren. Das Lorbeerblatt entfernen und das Chutney heiß in sterilisierte Gläser füllen. Kühl lagern.

500 g Zwiebeln
500 g säuerliche Äpfel
275 ml Balsamico
100 ml Rotwein
1 EL Salz, Cayennepfeffer
250 g Zucker
1 Lorbeerblatt
1 TL Nelkenpulver

Lauch – wohltuend und aromatisch
Allium porrum

Frischer Lauch, auch Porree genannt, ist ein beliebtes Wintergemüse. Die ursprüngliche Wildpflanze gibt es nicht mehr. Das deutet darauf hin, dass schon sehr früh mit der Züchtung begonnen wurde. Die Germanen hatten sogar ein eigenes Schriftzeichen: die Lauch-Rune „Laguz". Sie sollte die Macht haben, alles Festsitzende und Blockierte zu lösen sowie die Körpersäfte wieder in Fluss zu bringen. Neben ihren Siedlungen legten die Germanen sogar reine Lauchgärten an, die auch als Schutz vor dem Bösen dienten. Hierzulande wurde der Lauch im Jahr 800 n. Chr. erstmals schriftlich erwähnt. Noch im 16. Jahrhundert besaß Porree eine grundständige, zwiebelartige Verdickung – während unser moderner Stangentyp ab dem 19. Jahrhundert in Mode kam.

Lauch ist besonders leicht und kalorienarm, da er mehr als 90 % Wasser und nur wenige Kohlenhydrate und Fette enthält. Was ihn rundum wertvoll macht, sind die geschmacksspendenden Schwefelverbindungen. Sie wirken vorbeugend gegen winterliche Erkrankungen und stärken das Immunsystem.

Lauch ist kulinarisch vielseitig einsetzbar: Ein sommerlicher Schichtsalat, ein herbstliches Käse-Lauchsüppchen und ein winterlicher Lauchauflauf sind nur einige der vielen Möglichkeiten. Als Beilagengemüse ist Lauch immer zart und bissfest zugleich.
Die jungen Lauchpflanzen werden in schmale, eingetiefte Rillen ins Beet gepflanzt. Ich häufle die Erde am Rand auf, um im Wachstumsverlauf mehrfach die unteren Stängelpartien anzuhäufeln. So bleiben die Stängel schön weiß. Lauch sollte man nicht frisch düngen, weil sonst die Winterhärte verloren geht und die Stangen schneller faulen. Gegen Lauchfliegen und -motten hilft ein Gemüseschutznetz. Lässt man einige dünne Stangen über den Winter stehen, blüht der Porree im nächsten Jahr mit einer einzigen weißen Kugelblüte. Nach der Samenbildung stirbt die Pflanze ab. Es bleiben jedoch einige Brutzwiebeln im Boden zurück, die man wunderbar als Perlzwiebelchen einlegen kann. Auch frisch im Salat oder auf dem Käsebrot genieße ich sie gerne.

Lauchstangen wurden früher nicht nur im Winter gegessen, sondern auch als Sommerlauch kultiviert. Diese Sorten sind nur bis zum Herbst gartentauglich, dagegen hält Winterlauch selbst starken Frösten stand. Für die winterliche Ernte empfiehlt sich eine Vliesauflage, die den Schnee abfängt. Das erleichtert die Arbeit deutlich. Meine Sortenempfehlungen für Sommerlauch: 'Bavaria', 'Bulga-

rische Riesen', 'Hilari' und 'Schweizer Riesen'. Winterlauch: 'Blau-
grüner Winter', 'Bleu de Solaise', 'Carentan', 'Haldor', 'Herbstriesen 2/Hannibal', 'St. Victor', 'Siegfried' und 'Zefa Plus'.

Cremige Lauchsuppe mit Lachs

Die Lauchstangen halbieren und unter fließendem Wasser gründlich waschen, besonders die Innenseiten der Blätter. In breite
Streifen schneiden. Kartoffeln schälen, in Würfel schneiden und
zusammen mit dem Lauch in einen Topf geben. Die Hühnerbrühe
und den Weißwein zugießen und das Gemüse weich garen. Dann
pürieren, die Crème légère dazugeben und kurz aufkochen. Mit
Salz, Pfeffer und Muskatnuss abschmecken. Den Lachs in Streifen schneiden. Die Suppe auf die Teller verteilen, Lachs dazugeben und mit gehacktem Dill bestreut servieren.

4 Lauchstangen
2 mittelgroße Kartoffeln
1 l Hühnerbrühe
100 ml Weißwein
200 g Crème légère oder
Crème fraîche
Salz, Pfeffer, Muskatnuss
4 Scheiben Räucherlachs
1/2 Bund frischer Dill

Schnittknoblauch – ein würziger Genuss
Allium tuberosum

Zart wie Schnittlauch, kräftig im Geschmack: Schnittknoblauch ist eine besonders praktische Pflanze für alle, die Knoblauch lieben und diesen gerne wie Schnittlauch verarbeiten wollen. Im Gegensatz zum Knoblauch nutzt man hier nicht in erster Linie die Zwiebeln, sondern die grünen Blättchen, die immer wieder bei Bedarf nachgeerntet werden können.

In China wird Schnittknoblauch schon seit mehreren tausend Jahren angebaut. Er sieht ähnlich aus wie Schnittlauch, aber seine grünen, kantigen Stängel sind etwas heller und vor allem breiter. Auch er wächst aus einem Nest von Zwiebeln hervor, wird bis zu 60 cm groß und mag im Garten die gleichen Stellen im Beet.

Durch das stetige Nachwachsen ist Schnittknoblauch vor allem bei Gartengourmets beliebt, die neuen Schwung in die Küche bringen wollen. Auch bei den Gästen ist Schnittknoblauch gefragt, da sein „Duft" am nächsten Tag kaum noch wahrzunehmen ist. Gesund ist Schnittknoblauch vor allem durch die scharfen Senfölglykoside und die Schwefelverbindungen, die für den typischen Geschmack sorgen. Seine weißen Blüten sind wie die violetten Schnittlauchblüten eine wunderbare Bereicherung für jede Kräuterbutter und allerlei Salate. Die leichte Schärfe sorgt für bessere Verträglichkeit. Auch die Zwiebelchen des Schnittknoblauchs können verwendet werden – wie normaler Knoblauch.

Ich verstreue die Samen an vielen Stellen im Garten, da sich die Pflanzen an passenden Standorten leicht ohne meine Mithilfe entwickeln. Ameisen sind ebenfalls an den Anhängseln der Samen interessiert und schleppen diese so lange über die Beete, bis sich der Fettkörper ablöst. Nach einiger Zeit kann man überall im Garten verstreut kleine Zwiebeln finden, die sich rasch zu aromatischen Pflanzen entwickeln: Ideal für den genussorientierten Gärtner, der am liebsten nur ernten möchte! Schnittknoblauch eignet sich auch sehr gut für die Permakultur, die Wert auf einen nachhaltigen, vielfältigen und naturnahen Anbau legt. Sein natürlicher Standort befindet sich unter Büschen und Bäumen. Da Schnittknoblauch im Sommer geerntet wird, passt er gut zum Bärlauch (*Allium ursinum*), der die gleichen Standorte bevorzugt, aber nach der Blüte im Frühjahr wieder in den Boden einzieht. Dann wird der Platz für den Schnittknoblauch frei. Beide wachsen am besten in lehmig-humosen Böden, die gut mit Wasser versorgt werden. Auch in Balkonkästen und Kübeln fühlt sich Schnittknoblauch wohl; optimal ist ein Bio-Substrat mit Kokosfasern und etwas beigemischtem Lehmpulver.

Durch das stetige Nachwachsen ist Schnittknoblauch vor allem bei Gartengourmets beliebt, die neuen Schwung in die Küche bringen wollen. Auch bei den Gästen ist Schnittknoblauch gefragt, da sein „Duft" am nächsten Tag kaum noch wahrzunehmen ist.

Salsa Verde mit Schnittknoblauch

Alle Zutaten außer Salz und Pfeffer in einen Mixer geben und pürieren, dann salzen und pfeffern. Mindestens 1 Stunde ziehen lassen, bei Bedarf nochmals nachwürzen. Die Salsa Verde passt gut als Soße zu Steaks und Bratlingen oder als Dip zu allerlei Fingerfood.

2 Bund Schnittknoblauch
2 Bund Petersilie
1 Bund Estragon
10 Basilikumblätter
2 Knoblauchzehen
1 EL Dijon-Senf
1 EL Kapern
3 Sardellenfilets
2 EL weißer Balsamico
8 EL Olivenöl
Salz, Pfeffer

Bärlauch und Wunderlauch –
zwei Wilde für Garten und Teller
Allium ursinum, Allium paradoxum

Bärlauch wächst in der Natur am liebsten in schattigen, humosen Schluchten unter alten Bäumen. Hier ist die Pflanze im Frühjahr mit Licht und Wasser versorgt. Im trockenen Sommer wird sie von den Laubbäumen geschützt und kann sich regenerieren.

Bärlauch ist heute in aller Munde. Der beliebte, frische Geschmack und sein gesundheitlicher Wert haben allerdings schon zum Raubbau an den Naturstandorten geführt: ein guter Grund, beim Sammeln zurückhaltend zu ernten oder Bärlauch gleich selbst zu kultivieren.

Bärlauch braucht einen lehmig-humosen Boden, der im Sommer nicht zu trocken wird. Um ihn im Garten anzusiedeln, dürfen die Zwiebeln nicht aus den geschützten Biotopen entnommen werden. Exemplare aus gärtnerischer Vermehrung sind an Gartenbedingungen gewöhnt und wachsen besser an. Der beste Standort ist unter einem Strauch oder einem Baum.

Bärlauchblätter werden als Gemüse oder als Gewürz verwendet. Sie schmecken frisch aufs Brot, im Salat oder als Aufstrich. Gedünstet passt Bärlauch wunderbar in Gemüsemischungen oder, wie Spinat gekocht, zu Kartoffel- und Nudelgerichten. Die Blüten vom Bärlauch krönen Salate oder ein einfaches Käsebrot. Sie würzen Kräuterbutter und lassen sich wie Kapern einlegen.
Bärlauch verleiht Bärenkräfte – aber er regt auch „bärig" die Verdauung an. Früher wurde er deshalb zur inneren Reinigung angewendet. Weniger Blatt ist hier manchmal mehr Genuss.

Zuweilen scheitert der Versuch, Bärlauch im eigenen Garten zu kultivieren. Für diesen Fall und für alle experimentierfreudigen Gartengourmets empfehle ich den **Wunderlauch**. Diese Art besitzt ähnliche Wirkstoffe, ist aber deutlich besser für trockene und sandige Gartenböden geeignet, zudem verträgt er mehr Sonne. In unserer Hauptstadt nennt man ihn schon „Berliner Bärlauch", da er sich hier massenhaft ausbreitet. Aufgrund seines feinen Geschmacks wird er gern in der Berliner Eventküche verwendet. Die Herkunft aus dem Kaukasus macht die Pflanze hierzulande vollständig winterhart, sie ist pflegeleicht und anspruchslos. Wunderlauch heißt auch „Seltsamer Lauch", weil er zur Vermehrung neben den schönen, weißen Blütchen auch Brutzwiebeln hervorbringt. Diese berühren den Boden, wenn der Stängel abreift und umfällt. Auf diese Weise bildet Wunderlauch schnell rasenartige Bestände aus. Diese Wuchsfreude macht ihn zu einer Bereicherung für den Garten – und liefert eine ausreichende Basis für alle Pestofreunde. Auch die kleinen Perlzwiebeln sind eine Delikatesse. Die essbaren Blüten erscheinen ab Ende April.

Rosslauch und Weinbergslauch

Rosslauch, auch Gemüse- oder Kohllauch (*Allium oleraceum*), genannt, ist einer meiner persönlichen Favoriten: Ich mag das kräftige Aroma. Ab Ende März nutze ich die frisch austreibenden Röhrchen noch vor dem Schnittlauch. Durch seine etwas härtere Struktur bleibt Rosslauch beim Kochen länger knackig. Die Pflanze gibt im Sommer ein schönes Bild ab: Auf den 1 m hohen Stängeln stehen die kleinen, bräunlich-violetten Brutzwiebeln zusammen mit kleinen, weiß-rötlich gezeichneten Blüten. Die Zwiebeln streue ich überall im Garten aus. Da die Pflanze lehmige Böden mag und nicht lästig wird, fügt sie sich überall gut ein. Rosslauch bereichert Gemüse- und ganz besonders Kohlgerichte mit seiner angenehmen Würze.

Weinbergslauch (*Allium vineale*) findet sich tatsächlich meist in den Randbereichen von Weinbergen. Da er ein Sonnenkind ist, liebt er steinig durchlässigen Boden in Balkonkasten oder Kräuterspirale. Die auffällig schöne, neue Sorte 'Hair' wird gern im Staudengarten gepflanzt und kann genauso kulinarisch genutzt werden.

Weitere Sortenempfehlungen des Autors

Auberginen
Robuste Sorten, die auch im Freiland gut ausreifen: Violett und rund sind Obsidian und Runde von Valence. Violett und länglich: De Barbentane, Florentinische Aubergine (Violetta di Firenze), New Yorker Riesen, Tschechische Frühe. Violett und lang: Blaukönigin, Lila Freiland, Pingtung long, Sehr frühe Aubergine von De Barbentane, Violette. Gelb: Striped Toga. Grün: Applegreen, Lao Green Stripe und Louisiana Long Green. Weißlich: Dourga, Rotonda Bianca, Sfumata di Rosa, Ungarische Listada, Weiße Eierfrucht.

Auch die rote Frucht der verwandten Art Solanum aethiopicum kann als besondere Deko genutzt und gegessen werden. Erhältliche Sorten sind Red Ruffled und Rouge de Turquie.

Rote, Gelbe und Weiße Bete
Traditionelle und moderne Sorten, mit bunter Rübe: Crapaudine und Tondo di Chioggia. Gelb: Golden und Golden Burpee. Rot: Ägyptische Plattrunde, Covent Garden, Cylindra, Detroit, Formanova, Forono, Jannis, Moneta, Robuschka und der Klassiker Rote Kugel. Weiß: Albina Vereduna.

Honig- und Zuckermelonen
Für Mitteleuropa rate ich zu folgenden Sorten: Gelbschalig sind Alt-Frankreich, Ananas, Blenheim Orange, Sungold und die Weihnachtsmelone Honey dew. Cantaloupe- und Netzmelonen: Benary's Zuckerkugel, Chilton, Early Hanover und Troubadour. Grünschalig: Ananas D'Amerique, Ancien, Kolchosnitzka, Petit Gris de Rennes, Noir des Carmes und der Klassiker Charentais.

Kartoffeln
Hell und rund sind Adretta (Kartoffel des Jahres 2009), Eggeblomme, Hansa, Heideniere, La Bonnotte (auch Bonet, Bonnette oder Bounotte), Linda (die Protestkartoffel), Sieglinde (Kartoffel des Jahres 2010). Rund mit rosa und violetter Schale sind Ackersegen, Duke of York (Eerstling), Reichskanzler, Ruby und Skerry Blue. Hervorragende Hörnchentypen, also längliche bis hörnchenförmige Sorten sind Bamberger Hörnchen (das Original aus der Arche des Geschmacks, Schale gelbrosa), Corne de Gatte (rosa), Juliette des Sables, Laratte (La Ratte, gelb), Mandelkartoffel, Naglerner Kipfler (Kipferl), Rosa Tannenzapfen (Pink Fir Apple, rosa). Fast völlig blau ist die bekannte Vitelotte (Trüffelkartoffel von der Loire). Blaufleischig sind auch Blaue Elise (Violetta), Blauer Schwede (Blue Congo) und Königspurpur. Die seltenen rotfleischigen Sorten sind Highland Red Burgundy und Rosalinde (auch Rosemarie).

Kürbisse
Lecker und robuste Garten- und Halloween-Kürbisse: Baby Boo (ein Mini-Kürbis), Bush Delicata, Connecticut Field, Cornue d'hiver, Howden, Jack be Little, Jack O'Lantern, Kamo Kamo, Montana Jack, Pomme d'or Courge, Small Sugar, Spookie, Sweet Dumpling, Tom Fox, Winter Luxury und Youngs Beauty.

Gut verfügbare und robuste Riesen-Kürbisse für unser Klima, große Früchte liefern: Blue Hubbard, Gelber Zentner, Green Hubbard, Potiron Courge Du Perou und Rouge vif d'Etampes(Roter Zentner). Mittelgroße Früchte: Amish Pie, Blue Ballet, Berrychon Marina di Chioggia, Flat White Boer, Full Moon, Galeux d Eysines, Golden Delicious, Jarrahdale, Potimarron, Potiron Rouge, Sweet Meat, Ungarischer Blauer, New Zealand Blue, Vif d'Etampes und Whangaparoa Crown. Die Kleinsten der Riesen: Baby Blue, Berettina Piacentina, Blue Balet, Buen Gusto de Horno, Buttercup, Golden Nugget, Golden Pumpkin, Marble, Mooregold, Moranga Coroa, Queensland Blue, Tronco, Redondo Verde, Valenciano, Verruqueux du Portugal. Längliche Früchte: Banana blue, Friedrich Nietzsche und Pink Jumbo Banana. Sorten, die man mit Schale verzehren kann, sind die japanischen Hokkaido-Typen: Black Forest, Blue Kuri, Hokkaido grün und Uchiki Kuri (Oranger Hokkaido).

Mairüben und Steckrüben
Mairüben: Bayerische Rübe, Märkische Rübe, Pfatterer Rüben, Teltower Rübchen, Bicolor (Runde weiße Rotköpfige), Bortfelder, Boule de Neige, Goldball, Jaune Boule d'Or, Navet de Milan Rouge, Räben Zürcher, Ulmer Ochsenhörner und Stoppelrübe aus der Wildschönau. Herbstrüben: Blanc dur d'hiver, Di Milano a colletto rosa, Mezza lunga colletto viola, Palla di Neve, Tonda a coletto viola und Zefa Typ rot. Geschmacklich gute Steckrübensorten: Amarillo Cuello Verde, Flaschenrübe Kaineder, Gelbe Schmalz, Helenor, Hoffmanns Gelbe, Razloge 2, Wilhelmsburger und York.

Möhren
Orange, stumpfe Möhren: Chantenay (London Market), Duwicker und Guerande Orange. Frühe Sorten: Amsterdamer, China robust, Gonsenheimer Treib, Pariser Markt und Tip Top. Orange, lange Sorten: Berlicumer, Flakkeer, Nantaise, Oxhella,

Rothild und Vita Lunga. Orange Wintermöhren: Lange rote Stumpfe ohne Herz, Riesen von Colmar, Rodelika, Rote Riesen. Gelbe Möhren: Gochsheimer Gelbe, Lobbericher Gelbe, Longuejaunes du Doubs und Pfälzer Gelbe. Weiß: Weiße Küttiger. Violett: Dragon Carrot und Gniff. Bunt: Colorada.

Paprika und Chili

Empfehlenswerte, mild-scharfe Sorten: Aci Sivri, Fresno, Georgia Flame, Hungarian Wax, Medusa, Pimento L, Rio Grande und Tequila Sunrise. Scharf: Black Hungarian, Criolla Sella, Hot Portugal, Lemon Drop, Marbles, Mulato Isleno, Pretty Purple Pepper, Serrano. Sehr scharf: Aji Cristal, Bolivian Rainbow, Filius Blue, Jamaican Hot Yellow, Jamaican Hot Chocolate, Numex Sunset, Thai Hot. Extrem scharf: Ballon, Chili de Arbol, Mushrooms, Red Habanero, Scotch Bonnet, Tepin.

Petersilie

Geeignete Sorten mit glattem Blatt sind Einfache Schnitt, Gigante d'Italia, Gigante di Napoli und Italienische Glatte. Krause Blätter haben Extra krause, Grüne Perle, Mooskrause, Riccio verde und Smaragda. Als Wurzel wird die Sorte Berliner genutzt.

Sellerie

Knollensellerie: Alba, Balder, Bergers weiße Kugel, Celeri a Cotes Geant Dore, Hochdahler Markt, Ibis, Iram, Magdeburger Markt, Mars, Mentor, Monarch, Ortho, Volltreffer, Riese von Prag und Wiener Riesen. Schnittsellerie: Aromatischer und Gewöhnlicher Schnitt. Stangensellerie: A Côtes Pascal oder Giant Pascal (Englischer Weißer), D Elne, Dorato dAsti, Gigante Dorato, Tall Utah und Weißer.

Tomaten

Cocktailtomaten, bunt: Cherry Zebra, Fuzzy Wuzzy, Tigerella. Gelb: Birnenförmige Gelbe, Black Plum, Clementine, Cerise Gelb, Gelbe Dattelwein, Gelbe von Thun, Ildi, Tigerette Cherry, Weiße Mirabelle, Yellow Submarine, Zitronentraube. Grün: Green and Grape, Tangerine. Rot: Baselbieter Röteli, Cerise Rot, Columbianum, Deutsche Kartoffeltomate, Gardener's Delight, Himbeerrose, Maiglöckchen, Mexikanische Honigtomate, Olirose, Principe Borghese, Resi, Zuckertraube. Schwarz: Black Cherry. Fleischtomaten: Bunte Ananastomate, Brandywine, Bührer Keel, Kellogs Breakfast, Milchperle, Rindfleischtomate, Zeelig. Gelb: Big Rainbow, Froschkönigs Goldkugel, Gelbe Sankt Vinzenz, Sibirische Frühe. Grün: Evergreen. Rot: Belgische Riesen, Berner Rose, Cheroquee Purple, Delicieuse de Burpée, Kleines Ochsenherz, Merveille des Marchés,

Royale des Guineaux. Schwarz: Purpurkalebasse, Schwarzer Prinz.

Mark- oder Pürretomaten, Stopftomaten, bunt: Cream Sausage. Gelb: De Berao gelb, Gelbe Paprika, Vincent, Yellow Stuffer. Grün: Green Sausage. Rot: Amish Pasta, Andenhorn, Burgess Stuffing, De Berao rot, Marmande, Prinz Borghese, Reisetomate, San Marzano, Stierblut, Zahnradtomate.

Salattomaten, bunt: Black Zebra, Charbonneuse, Fuzzi Wuzzi, Red Target, Striped Roman, Weißer Pfirsich, White Beauty. Gelb: Amber, Auriga, Banana Legs, Gelbes Venusbrüstchen, Goldene Königin, Japanisches Ei, Sieger. Grün: Aunt Ruby's, German Green, Green Sausage, Grünes Zebra, Lime Green. Rot: Bonner Beste, Carotina, Deutscher Fleiß, Gärtner's Wonne, Harzfeuer (Original), Hellfrucht, König Humbert, Matina, Moneymaker, Phytoresista, Quadro, Rote Zora, Rotkäppchen, Süße von Ungarn, Tafelfreude. Schwarz: Japanische Trüffeltomate, Noire de Crimée.

Wildtomaten, bunte: Pubescens, White Currant. Gelb: Gelbe Wildtomate, Schmucktomate. Rot: Humboldtii, Johannisbeertomate, Peruanische Wildtomate, Rote Murmel.

Speziell für den Balkongärtner gibt es klein bleibende Sorten für Kübel und Kästen: Besonders geeignet sind die Hängetomate Balconi Red, Hoffmanns Rentita und Tumbling Tom Red.

Topinambur

Die Sorten unterscheiden sich nach den Formen der Knollen. Im Moment gibt es Bianka (früh, gelb), Fuseau (gerade Knolle), Gföler Rote (rote Schale), Gigant (weiße Schale, extra groß), Gute Gelbe (mittelspät, gelb), Lola (spät, lilarosa), Rote Zonenkugel (mittelpät, rot), Topianka (mittelspät, gelb), Topstar (hellschalig), Violet de Rennes (mittelspät, rot), Völkenroder Spindel (viele kleine Knollen) und Waldspindel (mittelspät, rot).

Zwiebeln

Rund und gelb: Ailsa Craig, De Lescure, Dorata di Parma,Exhibition, Rijnsburg 5 (Bajosta), Jmai Early Yellow, Piatta di Bergamo, Sturon, Stuttgarter Riesen, Wädenswiler Flachrunde und Zittauer Gelbe. Rund und rot: Braunschweiger, dunkelblutrote, Della Rocca Bruna, Di Genova, Höri Bülle, Red Baron, Robelja, Rossa di Toscana, Rossa Savonese, Rouge de Genève, Tonda di Firenze und Tropea Rossa Tonda. Länglich und gelb: Fränkische Birnenförmige. Länglich und rot: Rossa Lunga di Firenze und Rose de Florence. Frühlingszwiebeln: Barletta, Bianca Precoce Marzatica, Blanc de Pompei, Ishikura Long White, La Reine und Negaro.

Sämtlich Rezeptangaben im Buch sind für 4 Portionen berechnet

Bezugsquellen

Samen von traditionellen Sorten

Alle im Buch genannten Dinge:

Vielfaltsgärtnerei Christian Havenith
Auf der Esch 24
56653 Wassenach
Tel. 02636/807735
www.vielfalts-gaertnerei.de

Arche Noah Schaugarten
Obere Straße 40
A – 3553 Schiltern
www.arche-noah.at (Shop)

Bingenheimer Saatgut
Kronstraße 24
61209 Echzell-Bingenheim
Tel. 06035/18990
www.bingenheimersaatgut.de

Bio-Saatgut Gaby Krautkrämer
Eulengasse 2
55288 Armsheim
Tel. 06734/915580
www.bio-saatgut.de

Botanik Sämereien
Aemtlerstrasse 74
CH – 8003 Zürich
Tel. 0041/439601967
www.saemereien.ch

Dreschflegel
In der Aue 31
37213 Witzenhausen
Tel. 05542/502744
www.dreschflegel-shop.de

Irinas Tomaten & Kräuter
Blattenhof 1
93142 Maxhütte-Haidhof
Tel. 09471/21300
www.irinas-tomaten.de

Stochay Italienische Samen
Kuenstrasse 41
50733 Köln
Tel. 0221/7200951
www.italienische-samen.de

C. und R. Zollinger
CH – 1897 Les Evouettes
Tel. 0041/244814035
www.zollinger-samen.ch

Zubehör

Bio-Saatgut und Endivienhauben:

Bigler Samen
Bahnhofstraße 23
Postfach 62
CH – 3315 Bätterkinden
Tel. 0041/326651731
www.biglersamen.ch

Holzsiebe Maria Schulz
Waldweg 15
A-9523 Villach-Landskron
Tel. 0043/424241754
www.holzsiebe.info

Baumann Saatzuchtbedarf
Siercker Straße 5
74638 Waldenburg
www.baumann-saatzuchtbedarf.de

Frank Götz Pflanzenzubehör
Ammerweg 6
76476 Bischweier
Tel. 07222/949351
www.goetzpflanzenzubehoer.de

Gartenwerkzeuge

Gartengeräte aus Kupfer:
Roland Rietkötter
Gluckweg 43
48147 Münster
Tel. 0251/2302280
www.permakultur-mutter-erde.de

Geschmiedete Gartenspaten:
Baack Spaten
Rudolf Diesel Weg 5
25551 Hohenlockstedt
Telefon: +49 (0)4826 1407
www.baackspaten.de

Geschmiedete Gartengeräte von Krumpholz, Garten-Literatur:
Verband Deutscher Garten-Center e.V.
Carl-Bosch-Str.19
D 53501 Grafschaft-Ringen
Tel. 02641/9069810
www.garten-center.de
www.olerum.de

Geschmiedete niederländische Gartengeräte:
www.sneeboer.com

Gartenhandeggen:
BTS Bautechnische Systeme
Im Wirrigen 15
45731 Waltrop
Tel. 02309/9350
www.bts-europe.de

Setzhacken:
Krenhof
Judenburgerstraße 188
A – 8580 Köflach
0043/314425050
www.krenhof.at

Gartenmesser:
OTTER Messer
Irlenfeld 5
42699 Solingen
Tel. 0212/337829
www.otter-messer.de

Russische Flachschneider, Radhacken:
Thing über www.manufactum.de

Gärtnern ohne Torf

GEPA The Fair Trade Company
GEPA-Weg 1
42327 Wuppertal
www.gepa.de

Baustoffhandel Thekla Fuhrmann
Dorfmathen 3
39291 Wörmlitz
Tel. 039224/68206
www.humusziegel.de

Terra Preta Palaterra
Hofstraße 5
67822 Hengstbacherhof
Tel. 0800/5050508
www.palaterra.eu
www.juwi.de

Niem-Handel Gerald Moser
Waldstraße 3
64579 Gernsheim
Tel. 06258/949555
www.niem-handel.de

Verrottbare Töpfe:
Biofibre
(ehemals napac)
Sonnenring 35
84032 Altdorf
Tel. 0871/3080
www.biofibre.de

Pflanzenschutzmittel, Pflanzenstärkungsmittel

Bioplant Naturverfahren
Carl-Benz-Str. 4
78467 Konstanz
Tel. 07531/60473
www.biplantol.de

Blue Ocean
Dorfstr. 7
85653 Aying
Tel. 0731/88015001
www.biotaurus.com

DCM Cuxin
Cuxhavener Landstr. 3a
21758 Otterndorf
Tel. 04751/922232
www.cuxin.de

K und R Handelsgesellschaft b. R.
Holunderweg 8
72415 Grosselfingen
Tel. 07476/700005
www.bio-duenger.com

Neudorff
An der Mühle 3
31860 Emmerthal
Tel. 05155/6240
www.neudorff.de

Maltaflor
Kirchberg 37b
D-56626 Andernach
Tel. 02632/948320
www.maltaflor.de

Oscorna
Erbacher Straße 41
89079 Ulm
Tel. 0731/946640
www.oscorna.de

Gesteinsmehl Eifelgold:
Rheinische Provinzial-Basalt- u. Lavawerke
Kölner Straße 22
53489 Sinzig
www.rpbl.de

Schacht
Bültenweg 48
38106 Braunschweig
Tel. 0531/238030
www.schacht.de

Bildnachweis

Fotolia
S. 8 o li und re, 28, 31, 32 re, 34 alle, 35, 36, 37, 48, 52, 59, 74, 79, 86, 97, 98, 102, 116, 118 alle, 119 alle, 120, 121 alle, 124, 127, 131, 138, 142, 143, 144 re, 145 alle, 152, 154, 155, 156, 160, 167, 175 re, 200

Christian Havenith
S. 16 alle, 18, 19, 20, 21 alle, 22, 23, 24, 25, 26, 27, 29, 40, 41, 44, 45, 47, 56, 76, 87, 106, 107, 123, 136, 141, 153, 176, 177, 194

iStockphoto
U1 o li und o mitte li, U4 alle, S. 5, 8 u re, 11 o re und u li, 12, 13, 14, 15, 17, 30, 32 li, 33, 39, 49, 60, 63 re, 64, 66 alle, 82, 84, 85, 93, 94, 96, 99 alle, 100, 101, 103 alle, 104, 105, 114, 117, 125, 126, 134, 137, 140, 144 li, 149, 150, 170, 173, 185, 186, 187 alle, 188, 192, 193, 195, 196, 198, 201, 202, 203

Stockfood
U1 groß, o re und o mitte re, S. 7, 8 u li, 9 alle, 11 o li und u re, 42, 46, 50, 51, 53, 55, 57, 58, 62, 63 li, 65, 67, 69, 71, 73, 75, 77, 78, 81, 88, 89 alle, 90, 91, 92, 108, 111, 113, 129, 133, 139, 146, 147, 157, 158, 159, 161, 162, 164, 165, 166, 168, 172, 174, 175 li, 178, 179, 180, 181, 182, 183, 184, 189, 190, 197, 199

Maiga Werner
S. 163

ISBN 978-3-86362-003-5

Redaktion und Lektorat: Julia Genazino
Gestaltung, Bildredaktion und Satz: Christine Paxmann text • konzept • grafik, München

Die Informationen und Ratschläge in diesem Werk wurden von den Autoren und vom Verlag sorgfältig erwogen und geprüft, dennoch kann eine Garantie nicht übernommen werden. Eine Haftung der Autoren bzw. des Verlags und seiner Beauftragten für Personen-, Sach- und Vermögensschäden ist ausgeschlossen.

Printed in Italy 2012

Verlagswebsite: www.d-hverlag.de
Themenwebsite: www.aus-liebe-zum-landleben.de

FSC
www.fsc.org
MIX
Papier aus ver-
antwortungsvollen
Quellen
FSC® C015829